浙东运河文化研究丛书

浙东运河
民俗风情

赵任飞 编著

Folk Customs and
Culture along
the Zhedong Canal

ZHEJIANG UNIVERSITY PRESS
浙江大学出版社
· 杭州 ·

图书在版编目（CIP）数据

浙东运河民俗风情 / 赵任飞编著. -- 杭州 ：浙江
大学出版社，2024. 8. -- ISBN 978-7-308-25334-5

Ⅰ. K892.455

中国国家版本馆 CIP 数据核字第 20243HH746 号

浙东运河民俗风情
ZHEDONG YUNHE MINSU FENGQING

赵任飞　编著

策划统筹	金更达　宋旭华
责任编辑	周挺启
责任校对	蔡　帆
封面设计	杭州浙信文化传播有限公司
出版发行	浙江大学出版社
	（杭州市天目山路 148 号　邮政编码 310007）
	（网址：http://www.zjupress.com）
排　　版	杭州浙信文化传播有限公司
印　　刷	绍兴市越生彩印有限公司
开　　本	710mm×1000mm　1/16
印　　张	20.75
字　　数	298 千
版 印 次	2024 年 8 月第 1 版　2024 年 8 月第 1 次印刷
书　　号	ISBN 978-7-308-25334-5
定　　价	98.00 元

"绍兴文化研究工程成果文库"序

　　文化是观察世界的窗口，每一种文化都有其独特的符号、价值和历史。文化是理解自身的钥匙，我们的身份认同、思维方式、行为模式等，都深深打上了文化的烙印。文化更是纵览时空的明灯，它映射着我们来时的足迹，照亮了我们前行的道路。

　　绍兴是中华文明体系中一个极具辨识度的地域样本，早在近万年前的新石器时代早中期，嵊州小黄山就有於越先民繁衍生息。华夏文明的重要奠基人尧、舜、禹等，都在绍兴留下大量的遗迹遗存和典故传说。有历史记载以来，绍兴境域和地名屡有递嬗，春秋时期为越国都城腹地，秦汉时期为会稽郡，隋唐时期称越州，南宋时取"绍奕世之宏休，兴百年之丕绪"之意改越州为绍兴，至今已沿用近千年。

　　绍兴地处长江三角洲南翼，神奇的北纬 30° 线把绍兴和世界诸多璀璨文明发源地联结在一起。绍兴有会稽山脉南北蜿蜒和浙东运河东西横贯，"从山阴道上行，山川自相映发，使人应接不暇"，"千岩竞秀，万壑争流，草木蒙笼其上，若云兴霞蔚"。基于坐陆面海的独特地理环境，越地先民以山为骨为脊，以水为脉为魂，艰苦卓绝，不断创造，形成了与自然风光交相辉映的壮丽人文景观。

　　越史数千年，可以说是一部跨越时空的文化史诗，它融合了地域特色、人文特质、时代特征，生动展现了绍兴人民孜孜不倦的热爱、追求与创造，早已渗透到了一代又一代绍兴人的血脉中。绍兴文化以先秦於越民族文化暨越国文化为辉煌起点，在与吴文化、楚文化等交流融合中，不断吐故纳新、丰富发展，逐渐形成了刚柔并济的独有特质，这在"鉴湖越台名士乡"彪炳史册的先贤们身上得到充分展现：从大禹的公而忘私、治水定邦，到勾践的卧薪尝胆、发愤图强；从王充的求真务实、破除谶纬，到谢安的高卧东山、决胜千里；从陆游的壮志未酬、诗成万首，到王阳明的知行合一、"真三不朽"；从徐渭的狂狷奇绝、"有明一人"，到张岱的心怀故国、"私史无贰"；从秋瑾的豪迈任侠、大义昭昭，到蔡元培的兼容并包、开明开放；从周恩来"面壁十年图破壁"的凌云志，到鲁迅"我以我血荐轩辕"的"民族魂"……一代代英雄豪杰无不深刻展现着绍兴鲜明的文化品格。

"稽山何巍巍，浙江水汤汤。"世纪之初，时任浙江省委书记习近平同志敏锐感知文化对经济社会发展的独特作用，强调进一步发挥浙江的人文优势，把"加快建设文化大省"纳入"八八战略"总体布局。他曾多次亲临绍兴调研文化工作，对文化基因挖掘、文化阵地打造、文化设施建设、文化队伍提升、人文经济发展等方面作出重要指示，勉励绍兴为繁荣和发展社会主义文化事业作出新的贡献。习近平总书记还在多种场合反复讲到王充、陆游、王阳明、秋瑾、蔡元培、鲁迅等绍兴文化名人，征引诗文、阐发思想，其言谆谆，其意殷殷。这些年来，绍兴广大干部群众始终把习近平总书记的深情厚爱牢记于心、见效于行，努力把文化这个最深沉的动力充分激发出来，把这个绍兴最鲜明的特质充分彰显出来，把这个共富最靓丽的底色充分展示出来，不断以人文底蕴赋能经济发展，以经济发展助推文化繁荣，全力打造人文经济学绍兴范例。这种人文经济共荣共生的特质，正是这座千年古城穿越时空的独特魅力，也是其阔步前行的深层动力。

2022年3月，为深入贯彻习近平总书记在哲学社会科学工作座谈会上的重要讲话精神，认真落实浙江文化研究工程实施十五周年座谈会精神，绍兴在全省率先启动绍兴市"十四五"文化研究工程，对文化历史与现状展开全面、系统、有序的研究。一方面，借此挖掘和梳理绍兴历史文化资源，繁荣和丰富当代文化建设，规划和指导未来文化发展；另一方面，绍兴文化作为中华文化的重要组成部分，其当代的研究与传承是深入贯彻习近平文化思想的生动体现，对推动中华优秀传统文化保护传承具有重要意义。这是绍兴实施文化研究工程的初心和使命。

绍兴文化研究工程围绕"今、古、人、文"四个方面展开，出版系列图书，打造浙江文化研究工程的"绍兴样板"。在研究内容上，重点聚焦诗路文化、宋韵文化、运河文化、黄酒文化、戏曲文化等文化形态，挖掘绍兴历史文化底蕴；深入开展绍兴名人研究，解码名士之乡的文化基因；全面荟萃地方文献典籍，编纂出版《绍兴大典》，梳理绍兴千年文脉传承；系统展示古城精彩蝶变，解读人文经济绍兴实践。在研究力量上，通过建设特色研究平台、加强市内外院校与研究机构合作、公开邀约全国顶尖学者参与等方式，形成内外联动的整体合力，进一步提升研究层次和学术影响。

2023 年 9 月，习近平总书记再次亲临浙江考察，对浙江提出"要在建设中华民族现代文明上积极探索"的新要求，赋予绍兴"谱写新时代胆剑篇"的新使命。站在新的历史起点上，我们期待，通过深化绍兴文化研究工程，进一步擦亮历史文化名城和"东亚文化之都"的金名片，通过集结文化研究成果，进一步夯实赓续历史文脉、推进文化创造性转化和创新性发展的坚实根基。我们坚信，在习近平文化思想的指引下，坚持历史为根、文化为魂，必将能够更好扛起新的文化使命，打造更多中华民族现代文明建设的标志性成果，创造新时代绍兴文化新的高峰。

是为序。

中共绍兴市委书记 施惠芳

2024 年 8 月

"浙东运河文化研究丛书"序

　　四十余年的水利史、运河史及相关研究厚积薄发，多学科的学者合力推出了"浙东运河文化研究丛书"十卷本，将水利史、运河史研究扩展到水文化、运河文化研究领域，绍兴文化界迎来了又一个丰收季。丛书即将出版，主编嘱我作序。绍兴本就是蕴含深厚历史文化传统的城市，如今重点组织完成一套围绕浙东运河的包括历史、文化、地理、水利等多方面的研究成果，本是顺理成章的事，不需要他人多语。但是绍兴市领导为这个项目的启动和完成注入精力颇多，诸位作者付出了诸多心血和努力，所取得的成绩令人鼓舞，因此必须表示祝贺！并附带着对水文化研究的意义以及水历史与水文化的关系，谈点个人的看法，以就教于方家。

　　历史上的水文化研究蔚为大观。黄河流域的龙山文化、二里头文化，附属于长江流域的三星堆文化、河姆渡文化等，大都保有水文化的内容。当然考古学所揭示出来的物质创造和生产力水平，远落后于当今社会的计算机技术、航天工程所代表的物质进步和科技水平。但由于时代久远，这些远逝的物质成果和精神创造，都已演变成为一种文化符号。可见，文化概念是和历史密切相关的，如都江堰、大运河已被列为世界文化遗产，它们既是文化的物质载体，也是历史文化。进入春秋战国时期，老子、孔子、管子、荀子等先祖，对水的物质性和社会性也有许多深刻的阐释。《管子·水地》揭示了水的物质性，认为水是造就地球、构成生物的基本物质："水者何也？万物之本原也，诸生之宗室也"，"万物莫不以生"。在水的精神文化方面，大师们也都有生动的阐释。例如《荀子·宥坐》记载了孔子和弟子子贡之间的对话，这些对话颇为生动有趣。子贡问孔子：您为什么遇见大水都要停下来仔细观察呢？孔子答曰：你看，水滋养着万种生物，似德；水始终遵循着向低处流的道理，似义；水浩浩荡荡无穷无尽，似道；水跌落万丈悬崖而不恐惧，似勇；水无论居于何种容器，表面都是平的，似法；水满不必用"概"而自然平整，似正；水能深入细小孔隙，似察；水能使万物清洁，似善化；河水虽经过万种曲折，必流向东，似志。因此君子见到大水必然要停下来仔细观察。孔子阐述了对水文化的认知，他说水性，又从水性中提炼出人性和社会性，以及其中蕴含的哲理，展示水文化的美丽、丰富、生动和深刻。类似的认识不胜枚举，这里仅举此例。

近代以来，文科和理科相互融通的理念颇受推崇，许多著名学者纷纷倡导。祖籍绍兴的北大校长蔡元培在 1918 年前后曾多次在文章中提倡文理融通的理念。他曾力主"破学生专己守残之陋见"，要求学生"融通文、理两科之界限：习文科各门者，不可不兼习理科中之某种（如习史学者，兼习地质学；习哲学者，兼习生物学之类）；习理科者，不可不兼习文科之某种（如哲学史、文明史之类）"。他还指出："治自然科学者，局守一门，而不肯稍涉哲学，而不知哲学即科学之归宿，其中如自然哲学一部，尤为科学家所需要。"他坚信文理融通可以生发新思考和新认识。今时今日，融通的理念更应成为学术界的共识。近现代科学巨匠爱因斯坦也曾致力于科学与人文的相互融通。1931 年，他在对加州理工学院学生的演讲中提出："如果你们想使你们一生的工作有益于人类，那么，你们只懂得应用科学本身是不够的。关心人的本身，应当始终成为一切技术上奋斗的主要目标。……在你们埋头于图表和方程时，千万不要忘记这一点！"爱因斯坦自身贯彻实践了他科学应该服务于人文的理念。由此，视文化为政治、经济、科技的原动力，亦无不可。

文化体现出一种思维方式。

无论是东方文明还是西方文明，科学在古代都与人文处于同一体系，后来才发生分化。近百年来，西方更强调分析，而东方更强调综合。历史上的水问题，本来是在多种复杂条件下发生的，如果脱离了人文的背景，将难以获得全面的解读。历史、人文与科学相互融通，才能寻得可信的答案。以水利所属的学科为例，早前它是属于土木工程类的，后来单独分出来，再后来又分属水资源、泥沙、结构、岩土、机电等学科门类。学科门类越分越细，但各学科并非原本就是这样独立存在的，而是由于我们一时从整体上认识不了那么复杂的水问题，于是将其分解成一个个学科来研究，一个学科之中再分若干研究方向。然而细分以后，分解的各个部分就逐渐远离水利的整体，甚至妨碍对整体的理解。对学科的细分促进了认识的深入，但原本的整体被拆分后，在使用单一的、精密的分析方法去解读受多因子影响的问题时，可能得出与实际相差甚远的结论。诺贝尔奖获得者、比利时物理化学家普里高津就认为，"现代科学的新趋势已经走向一个新的综合，一个新的归纳"，他呼吁"将强调实验及定量表述的西方传统，和整合研究的自在系统的中国传统结合起来"，倡导对已有的学科门类进行整合，并要求历史和人文研究的加入。文艺复兴时期，欧洲一些思想家力求在古希腊和古罗马的优秀思想中寻找智慧。如今，我们在科学研究和方法论上是否也需要"复兴"点什么？这种"复兴"或可以使人们的认识得到某种程度的升华。

自然科学需要持有怀疑态度和批判精神，而其来源之一便是比较与融通，便是科学与人文的结合。新的学科生长点往往便生发于可以激发更多想象力的交叉领域研究。苏轼在观察庐山时说："横看成岭侧成峰，远近高低各不同。不识庐山真面目，只缘身在此山中。"大自然千姿百态，有无数个角度可以解读它，科学是一个，人文是另一个，而科学与人文的交叉融合将会使认识更加全面和丰富。既然现代基础科学在继承传统文化的过程中，依然能够推陈出新，正如数学家吴文俊和药理学家屠呦呦的工作所展现的那样，那么像水问题这样以大自然为背景、受人文因素影响更多、边界条件更复杂的学科领域，更要发挥交叉研究的优势。

古往今来，水问题的历史研究相沿不断。即使在近百年来水利科学技术突飞猛进的时代，水问题的历史研究仍不失其光辉，其本质便在于具有整合融通的优势。例如，近几十年来，水利史在着重探讨水利工程技术及其溯源研究的基础上，又加强了水利与社会相互影响的研究，其着眼点是进一步考察社会、政治、经济、文化、环境对水利的影响；同时引入相关自然科学学科如地理、气象和相关社会科学学科如哲学、经济的研究方法，以及开发相关的整合研究途径与方法，在师法古今中引申出对现实水问题，特别是宏观问题有实际价值的意见和办法。

研究水问题，水利史的加入甚至是提供了一条捷径。水利史的研究在大型工程和水利思想建设中的作用是有迹可循的。中国水利水电科学研究院水利史研究所就曾提出有说服力的成果。1989 年，《长江三峡地区大型岩崩与滑坡的历史与现状初步考察》被纳入《长江三峡地质地震专家论证文集》；1991 年提出的"灾害的双重属性"概念，被 2002 年修订的《中华人民共和国水法》所吸收；1991 年在"纪念鉴湖建成 1850 周年暨绍兴平原古代水利研讨会"上提出的"人与自然和谐发展"，被时任水利部部长认为是"破解中国水问题的核心理念"；1994 年完成的"三峡库区移民环境容量研究"项目，提出"分批外迁到环境容量相对宽裕的地区，实施开发性移民"的新方针，由长江水利委员会上报国务院三峡工程建设委员会办公室，两年后直接引起原定的长江三峡水库移民"就地后靠"方针的根本改变。2000 年以来，多项中国灌溉工程遗产的历史研究被国际组织认可，多项工程被纳入世界灌溉工程遗产名录。围绕京杭运河、隋唐运河、浙东运河全线及其重要节点的一系列成果，对中国大运河申遗起到了基础性支撑作用。这些成果是水利史基础研究长期积累的显现，其中一些成果既是水历史研究，又是水文化研究。

现代人有时轻视古人，认为他们的认知"简单"。但哪怕是"简单"的水问题，也包含了最基本的水流与建筑物间错综复杂的相互作用，以及对人与自然关系最基本的理解。这种"简单"其实是在排除了一些非基本的复杂因素的干扰后，问题本质得以更清晰地呈现，体现了大道至简、古今相通的智慧。爱因斯坦曾在 1944 年尖锐地指出："物理学的当前困难，迫使物理学家比其前辈更深入地去掌握哲学问题。"这句话不仅限于物理学范畴，实乃振聋发聩的警世恒言，提醒我们所有学科领域都应重视对历史与文化的探究。在此再一次重申："现代科学技术的发展对古老历史科学提出了新的要求，同时它又为历史研究的深入提供了新的方法和手段。科学的发展非但不应排斥历史与文化，相反地，把历史的经验和信息科学化，正是科学所要完成的重要课题。"

文化还是一种精神。

大禹治水的"禹疏九河""三过家门而不入"的佳话，铸就了中华民族艰苦奋斗的民族精神，其中蕴含的改造与顺应自然、人与自然和谐共生的思想尤为宝贵。世上许多民族有大洪水再造世界的故事流传，但只有大禹治水是讲先民在领袖带领下通过众志成城的奋斗战胜了洪水，奠定了中华大地的繁荣发展，并使得禹文化从此成为民族文化宝库中的一颗璀璨明珠。

又如都江堰飞沙堰与分水鱼嘴和宝瓶口配合，实现了自动调节内外江的分流比，既使枯水期多送水入宝瓶口，又利用凤栖窝前的弯道，强化了弯道环流，使洪水期多排沙到外江，把水力学与河流泥沙动力学原理发挥得近乎完美，可谓"乘势利导，因时制宜"哲学思想在工程实践中的生动应用，深刻诠释了人与自然和谐共生的理念。有赖科学与人文的结合，都江堰实现了运行两千多年的举世公认的卓越成就。

在水文化中，人与自然的和谐是永恒的主题。北宋时期，黄河堤防频繁决溢，治河思想因此空前活跃。苏轼在《禹之所以通水之法》一文中提出："治河之要，宜推其理，而酌之以人情。"这里的"理"，是治河的科学原理，"人情"则是社会。他认为："古者，河之侧无居民，弃其地以为水委。今也，堤之而庐民其上，所谓爱尺寸而忘千里也。"他继承了大禹的治水理念，结合宋代人居情况，建议设置滞洪区以减轻洪灾损失，极有见地。

重视水历史和水文化研究不是一时兴起，它就是中华文化的重要组成部分。在水利科学技术迅猛发展的今天，传统水利工程技术已经陈旧，但随着时代的发展，人们越来越清楚地看到，水利的成败得失不仅取决于对水的运动规律的认知和水利设施安全的保障，也直接受到诸多社会因素的影响。离开广阔而深刻的人文、历史背景来孤立地就水利谈水利是片面的。甚至可以认为，对许多水问题的解答，只靠自然科学是无能为力的，急需人文学科的参与。我们在五千年文明史中积累的许多经验和教训，都来自传统文化。因此，面对水问题，我们需要跨学科的综合视角，将自然科学与人文科学紧密结合。如果我们只寄希望于人为设计的各种各样的模型，其局限性显而易见，我们必须同时向大自然学习，因为大自然才是真正的大师。

以上对水历史和水文化的认识，是我有感于本丛书的布陈表达了类似的理解而就此说点补充的话。

至于夏商周三代之后的我国早期运河工程，《史记·河渠书》就曾历数。司马迁说："此渠皆可行舟，有余则用溉浸，百姓飨其利。"此中所言也包括吴越一带的运河在内。《越绝书》具体记载的有吴国境内太湖西边的胥溪，东边围绕太湖并入长江的常州、无锡、苏州间的水路，再向南横绝钱塘江而直入山阴（即今之绍兴）。山阴再向东则有"山阴故水道"直通曹娥江，这就是本丛书重点讨论的浙东运河的前身。越国有了古代浙东运河之利，就有了向北与吴国争锋以及与诸侯争霸的资本，于是演绎了"卧薪尝胆"和"十年生聚，十年教训"的历史剧目。交通的便利更促进了本地区文化的发展。

学习文化，理解其中丰富的内涵，对研究运河的历史发展大有裨益；同时，深入钻研运河工程和运河历史，也会对其文化内涵有更深度的解读，二者相得益彰，非只注重一方可比。"浙东运河文化研究丛书"十卷本的布陈涵盖了运河史、文化遗存、运河生态廊道、通江达海交通衔接与文化传播、名人行迹、历代文学与诗歌、名城与名镇、民俗与民风、传统产业继承与发扬等诸方面。丛书在以往研究基础上吸纳了最新的研究成果，通过近年来对史料的进一步挖掘和多视角的解读，以及对文化遗存的新发现，还原了浙东运河历史文化的诸多细节，将浙东运河与中国大运河的相关性、独特性及其在中国历史中的地位更为生动地呈现了出来，诠释了主流学界对文化的定义，即文化是"人类知识、信仰和行为的整体。在这一定义上，文化包括语言、思想、信仰、风俗习惯、禁忌、法规、制度、工具、技术、艺术品、礼仪、仪式及其他有关成分"（《不列颠百科全书》国际中文版）。由此也可见本丛书的内容丰富和意义深远。

丛书作者们通过努力完成了一项创新性的工作，促进了水利史尤其是运河史和运河文化研究的进一步成长。由此继之，也期待浙东运河与文化交叉研究的再深入，产出更多的优秀成果，让古老的浙东运河展现出时代的风采。

谨致祝贺。

周魁一

2024 年 1 月 26 日于白浮泉畔

前 言

"百里不同风，千里不同俗"，风俗因时因地而异。民俗风情归根到底是由一地的自然环境、经济状况、精神风貌等决定的，具有独特的地域特色。

浙东运河自西向东流入东海，流经区域地势南高北低，整体平坦，河湖密布，又濒临东海。运河沿线地处中低纬度的东南沿海地区，光照充足，温度适中，降水充沛，山原海台阶式地形利于居住和耕作。这里历史悠久，物产丰盛，文化繁荣，人才辈出，尤其南宋建都临安后，浙东运河成为当时重要的航运河道，这一地区也是历代最富庶地区之一。

浙东运河与神奇的北纬30°线几乎重叠，人类文明在此留下了深深的记忆。运河流域属古百越之地，早先的越人断发文身，勇敢勤劳，他们以渔猎和种植为主业。千百年来，传承至今的民俗，古老传统，个性鲜明，别具一格，自成一体，它不仅具有浓郁的江南水乡风情，更具有独特的越族风情。

本书着重介绍这一区域的生产商贸习俗、日常生活习俗、文化信仰习俗三大块内容。生产商贸是社会发展的基础，浙东运河流域的生产商贸以农耕、经商、捕捞为特色，创造出了经济发达、物产丰盈的富足社会。发达的生产商贸也造就了浙东运河沿岸无数的名城、名镇、名村，尤其以宁波、绍兴两市为最。这里盛产的丝绸、茶叶、绍酒、瓷器等闻名遐迩，畅销海内外。在长期的农田耕作、水上劳作、手工匠作、商业营作的实践中，浙东运河流域的先辈们总结传承下来特定的仪式、规矩、情怀，逐渐演变成为约定俗成的风俗习惯，许多民风民俗逾千年不变，且历久弥新。

此地的节庆习俗最早起源于原始崇拜。华夏先民有祭祀日月星辰、山川社稷的习惯，以祈求自然的恩赐、神灵的保护。浙东运河流域的传统节日、农事节气、风俗活动与全国广大地区尤其是长江流域的江南水乡基本一致。

此地更具代表性的是日常生活习俗。越族在此地生息繁衍已久，其文明赓续至今未曾中断，浸淫于越民血脉中、外化于越地日常生活中的各种风俗习惯，不仅内容丰富，而且形式多样，已经成了文化瑰宝，涵养滋润着民众的精神世界。

一方水土养一方人，厚重的越文化积淀、南北文化的交融、山原海的地形，形成了此地既独特又多元的文化习俗和风情。这里的人们尚文重节，勤劳务实，敢为天下先。浙东运河流域时代流淌在血液中的民俗风情，以它无处不在的影响力，勾起人们的乡愁，催促游子回乡的脚步。这正是中华民族历经千年仍能紧紧凝聚在一起的精神源泉！

浙东运河（摄于 1880 年左右　迄今为止发现的最早的浙东运河照片）

浙东运河上行驶的帆船（摄于 1983 年）

浙东运河实景图（摄于 20 世纪 80 年代）

目　录 I C O N T E N T S

第一章
生产商贸习俗

目 录 I C O N T E N T S

第二章
日常生活习俗

目 录 I C O N T E N T S

第三章
文化信仰习俗

第一章
生产商贸习俗

浙东运河流域多为平原、丘陵地形，东临大海，光照充足，温度适宜，降水充沛，四季分明，非常适合人类的生产和生活。

浙东运河沿线的人们，一向以耕田、捕鱼为主业。尤其宁绍一带，田稻丰收、出海平安、生意兴隆是他们最大的希冀，因此催生出了许多与生产商贸民俗相关的约定俗成的仪式、规矩、禁忌。本篇着重对这些民俗进行系统梳理，旨在促进新时代民俗风情的传承与创新。

第一节　节庆习俗

我国是个礼仪之邦，在长期发展过程中逐步形成了反映生活情趣、民族文化传统、饮食习惯的岁时习俗。我国古代的传统节日有立春、春节、元宵、清明、端午、七夕、中秋、重阳、冬至等。

浙东运河流域的传统节日、农事节气与全国广大地区基本一致，其主要活动也大体相同，只是糅进了自己地域文化的特色，显得更加别致。

"正月初一吃圆子，二月里放鸢子，三月清明买青团子，四月里蚕宝宝上山做茧子，五月端午吃粽子，六月里摇扇子，七月上帐子，蒲扇拍蚊子，八月中秋炒南瓜子、西瓜子，九月里打梧桐子，十月剥橘子，十一月踢毽子，十二月年底搓圆子。"一首诗就像是一幅生动的时节风俗图，将一年内的主要节令风俗简明扼要地表现出来。

浙东运河沿线居民，过春节要放鞭炮、穿新衣、戴新帽，元宵节要赏花灯吃元宵，清明要扫墓踏青，端午要吃粽子，七夕要吃巧果，中秋要赏月、吃月饼，重阳要登高，腊八要吃腊八粥，廿三夜要掸尘祭灶神……这些习俗与全国其他地区的习俗相似。当然，也有浓郁的水乡风情、越地特色。

一、岁时节日习俗

以年为周期循环往复，每个时节对应不同内容的民俗活动。

《周髀算经》中把一年分为四季，十二个月，二十四个节气，七十二候（每一节气又分为三候，五天为一候），这便是岁时节令的来历。岁时节日以二十四节气为基础，其中有代表着四季交替的节气，就慢慢变得重要起来，人们特别重视它的作用与意义，有的节气渐渐转变成了节日，被称八节，即立春、春分、立夏、夏至、立秋、秋分、立冬、冬至，简称四立、二分、二至。八节之外再加上清明，这是重要的农事节日。二十四节气不仅在农业生产、渔猎养殖等方面起着指导作用，还深刻影响着人们的日常生活和文化意识。

除了八节外，还有一月一、三月三、五月五、七月七、九月九这样的节日。这些节日之所以是这样的时间安排，与道家的万物皆有阴阳的观念有关。奇数为阳，偶数为阴，阳气代表着光明、坚定、强大、旺盛，古人出于对数字的信仰，节日多为奇数组合，以求吉利。

岁时节日之民俗的形成，最初都与原始的宗教信仰、祭祀崇拜有关。即使后来社会发展了，祭祀崇拜仍是最主要的内容，只是有的节日逐渐演变分化成为以纪念、庆贺或娱乐为主要内容的节日。

岁时节日的类型有：农事节日，指主要内容以农林渔猎等生产习俗为标志的节日。比较重要的农事节日是二十四节气中的八节和清明等。

祭祀节日，指以祭祀神灵祖先、祈福避邪为内容的节日。如清明节、中元节等。

纪念节日，指以追念英雄或做出杰出贡献人物为内容的节日。如浙东运河流域端午节纪念曹娥救父。

庆贺节日，指以庆丰收、贺团圆、祈安福为主要内容的节日。如中秋、过年等。

社交游乐节日，指以水边饮宴、郊外游春为主要内容的节日。如绍兴兰亭三月初三修禊。

正月初一

农历的一月初一，也称正月初一，是我国传统新年，俗称春节或新春，是新一年的开启之日，意义非凡，所以这一天人们辞旧迎新，家人团聚。凌晨早起，就要燃放鞭炮，称为"开门炮"。厅堂中或庭前八仙桌上，要摆放糕点、果品、净茶、净饭，点上香与烛拜天祭地祭祖宗，祈求新的一年平安幸福。全家穿新衣新鞋戴新帽，意为新年可手脚轻健，如果碰到本命年的，家人会准备一套红色的衣裤和袜子，正月初一穿上。早餐很多人家都吃汤圆，寓意团团圆圆，也有人家吃红枣桂圆汤，寓意红火得早，富贵团圆。上午家中晚辈要向长辈行拜年礼，称拜岁。老年人会去附近寺庙上香。新年第一天不管是人还是日用工具，都要休息。

旧时规矩，这天家里不扫地，意思是不把财气扫出去；不杀生，不动剪刀，不倒马桶，不洗涮，俗称"里水不出，外水不进"；说话也要小心，避免说不吉利的话，如果不小心打碎碗之类器皿，要马上说一句岁岁平安，意即将坏事变好事。旧时习惯初一的晚餐要吃得早些，并早睡，不点灯，民间称"同鸡宿"，就是赶着与鸡进舍一样早的时间去睡觉。

元宵节

元宵节，在农历正月十五日，古人称"夜"为"宵"，正月十五是一年中第一个月圆之夜，因此将正月十五称为元宵节。道教把正月十五称上元节，七月十五称中元节，十月十五称下元节，合称三元。三元分别指天、地、人三官，天官喜欢乐，故元宵节就有了点灯笼、吃汤圆以及举办猜灯谜、闹花灯等风俗习惯。

浙东一带旧俗正月十三就上灯,十八才落灯,并在祠堂悬挂祖宗画像以祭祀。其间城乡祠庙、大街小巷、家家户户都悬挂各种龙灯、马灯、狮灯、禽灯、兽灯、船灯、车灯、十二月连环灯、花灯、鱼灯及玻璃灯、金银灯等彩灯,并摆放各式器玩以娱神,俗称"灯祭"。

元宵节赏花灯猜灯谜是一项必不可少的习俗。古时的绍兴,元宵灯会非常热闹,在城内的三座名山——龙山、蕺山、塔山年年都会有灯会,一盏盏灯笼上,写着以唐诗宋词、本地谚语等内容的灯谜,观灯人群聚集在灯笼下绞尽脑汁猜谜语,还有各种元宵文娱活动,十分热闹。

吃汤圆也是这天必不可少的项目,汤圆最早叫"浮元子",后称"元宵"。生意人还美其名曰"元宝",有团圆美满之意。浙东运河一带的汤圆有芝麻馅带汤吃的,尤其以宁波汤圆最为闻名。汤圆须先供祖宗,然后再全家共食。

元宵节的灯既为佳节增光添彩,又为祈求平安,等到二月二"龙抬头之日"把灯笼放进湖里、河里、海里,让它把人间受到的礼遇告诉龙王,祈求龙王及时行雨,让人间风调雨顺,五谷丰登。这么美好的寓意,也是此俗延至今日,长盛不衰的缘由。

立春

立春在每年阳历 2 月 4 日前后,是一年二十四节气中的第一个节气。立是开始之意,春代表着温暖、生长,所以立春代表着万物复苏,寓意吉祥。

浙东运河一带,这时已明显能感觉到早春的气息。在传统农耕社会,春耕播种在即,准备种子,整理田地已进入日常劳作中。古人重视立春,并有迎春的节令习俗,如立春祭、糊春牛、打春牛、送春牛、吃春卷等活动,立春日祭祀芒神(传说芒神为主管农事的春神)和送春牛习俗最为重要。旧时宁波官府在立春前三日开始斋戒,到立春日,官员都要到大校场先农殿春祭,祈天地神明保佑一年农事顺利,五谷丰登。后来春祭仪式慢慢变成全民参与的重要民俗活动。据史料所载,清代宁波的春祭仪式年年如期举行，所供芒神彩画端正，长约两尺，头有双髻，立而不坐，手执牛鞭，似牧童之像。迎时，神亭前有纸牛、活牛各一头，或抬或牵，随之而行，即所谓春牛。并同时有彩亭若干，亭中供有瓷瓶，插富贵花，有"天下太平""五谷丰登"等字。伴以大班鼓吹、抬阁、地戏、秧歌，沿街唱舞，意为劝农。进城之后，人们夹道围观，争抛五谷，称为"看迎春"。最后芒神及春牛供在宁波府衙门前，挂灯结彩。迎春之日，如遇下雪，俗称"踏雪迎春，大熟年成"，视为吉兆。

农历一年中，立春有一个或两个或一个也没有的情况，都是因农历阳历转换造成的，属正常现象。

春分

春分在每年阳历 3 月 20 日前后，分即一半、平分之意，春分处在春季九十天的中分点，这天太阳直射地球赤道，昼夜等长，寒暑平衡，标志着冬天结束春天正式开始。

春分对农事是一个非常重要的节气，春季大忙季节就要开始了，春雷一声响，春笋遍地长，不管是旱地或是水田，一场春雨一场暖，春雨过后耕种将进入繁忙季。

运河流域的早稻及农作物种植，还要防止"倒春寒"，即在天气回暖时会突然遭遇北方冷空气侵入，出现连日阴雨寒冷天气，这对刚刚露芽或尚在幼苗期的农作物会造成致命的伤害。

春分时节，在浙东运河沿岸一带，传统习俗有玩"竖蛋"游戏，即把一个匀称的新鲜鸡蛋，在一个平面上轻轻竖起来，虽然失败者多，但也有成功的。此玩法简单有趣，故有"春分到，蛋儿俏"的说法。春分这一天，秧苗刚露出秧田，怕麻雀来吃谷芽，农民会把不包馅的煮熟汤圆，用细竹丝叉插着，放在田坎边，引诱麻雀来啄食，麻雀一啄便粘住了嘴，知道了不能随便来偷吃，这叫粘雀子嘴，实为保护秧苗。

除了上述的传统习俗外，对浙东运河沿岸的人们，春分日也是扫墓祭祖即春祭的开始，人们外出踏青，放风筝，簪花喝酒，吃鲜嫩春菜。

清明节

清明节是人们最为熟悉的传统祭祖节日，在每年阳历 4 月 5 日前后。此时万物生意盎然，春和景明，扫墓祭祖和踏青郊游便成了清明节的两大主题。

清明节是传统的重大春祭节日，扫墓祭祀、缅怀祖先，能弘扬孝道亲情、唤醒家族共同记忆，促进家族成员的凝聚力和认同感。旧时浙东运河流域祭祖有墓祭、家祭和祠祭三种，现在普遍是墓祭与家祭。

墓祭就是上坟扫墓、祭拜祖先。上坟时，先要清除坟上杂草，铲新土压坟顶，并插纸幡，再把带来的荤素祭品和酒杯摆好，斟满酒，点上香，烧纸钱，再跪拜，祈求祖宗能保佑全家平安、兴旺发达，最后放鞭炮。在浙东许多地方的习俗中，新亡故者最初三年里，家人一定要在清明节当天去上坟或清明节前几天，赶在别人之前去上坟。

家祭，做清明羹饭，绍兴一带称"作羹"，宁波俗称"做羹饭"。准备清明羹饭时，需要在桌上摆九盘菜肴，外加青饺（团）一盘、米饭一碗。桌子按木纹直放，朝里摆。上、左、右三方放凳子，桌上摆放十二只酒盏、十二双筷子。下方是放香案烛台的地方，为跪拜之处。点起香烛倒上酒后，男主人手拿三炷香，先去大门外朝天祭拜，再在祭桌前拜三拜，同时口中要念祷语，把香插在香案上，再行三叩三拜大礼，子孙按辈分礼拜。酒过三巡，行过三拜，烧纸钱，主人拔香出堂，对天再三拜。礼毕回屋，吹灭蜡烛，把香烛放到屋外，移动桌子，摆回原样，倒掉青饺和米饭，其余菜留着自吃。

祠祭指有祠堂田（亦称太公田）的大族还有一次较为隆重的祠祭，由各房轮值，当办者按菜谱置菜宴请族人，称吃（清明）羹饭。宗祠祭祀一般都定在清明当日，在自家的祠堂里进行。但须在村内敲锣告示，并带领小孩去"拜太公"。再在族长主持下宗祠祭祖，族长给太公太婆敬酒后，子孙们再叩拜祷告。

清明时节正值春回大地之时，人们在扫墓后去踏青游玩。女人们会将柳枝插在鬓发上，孩子要戴由柳枝编成的帽子，寓有"思青（亲）"之意，也有"清明不戴柳，红颜变白头""清明戴杨柳，下世有娘舅"的说法。

过去，因清明时节人们从各地赶往家乡祭祖，所以航行于江浙沪一带的轮船在清明节前后格外繁忙。绍兴一带，坐船来上坟祭祖的也特别多，也有豪门大户携家带眷坐轿子上坟祭祖，有些富裕人家还雇用吹鼓手来烘托氛围。

立夏

立夏在每年阳历 5 月 6 日前后，是夏季的第一个节气。夏在古语里是大的意思，故立夏表示春天播种的植物已经直立长大了。

立夏在浙东运河一带有吃立夏饭、吃立夏蛋、秤人和尝三新等习俗。

立夏这天吃立夏饭，立夏饭讲究一点是用赤豆、黄豆、黑豆、青豆、绿豆等五色豆和米煮成"五色饭"，但更多是用蚕豆和糯米一起煮的蚕豆糯米饭。

立夏这天煮的茶叶蛋也叫"立夏蛋"。宁波有句民谣"立夏吃只蛋，力气大一万"，所以吃蛋是过立夏的重头戏。宁波人这天还会吃"脚骨笋"，把两根三四寸长的鲜熟笋一口吃下，说吃了能"脚骨健"（腿脚灵活，意为身体健康）。

立夏这天有吃樱桃、竹笋、豆（蚕豆、豌豆）三鲜的习惯，这时正好是这三种时鲜大量上市时，据说这样能保平安健康地度过夏天。

民谣有称"立夏胸挂蛋，孩子不疰夏"的说法。夏天病，一般民间称疰夏。古时把煮熟蛋放在彩线编织的网袋里，挂在小孩的脖子上，防止儿童在夏季出现厌食、神倦、身瘦等症状；成年人用绳拴一粒樟脑丸，挂在长衫腋下第一粒扣子上，据说能预防夏天的疾病。为防疰夏，立夏这天无论老幼每人都要称体重。

另外如果男孩到十六岁了，父母这天要烧一只小公鸡给孩子吃，俗称"神仙鸡"。男孩子吃了此鸡则意味着从此成年了，要自食其力了。

立夏这一天不能坐门槛。老一辈人相传立夏不能坐门槛，否则整个夏天都会无精打采。

夏至

夏至在每年阳历6月21日前后，这天太阳直射北回归线，是北半球一年中白昼最长夜晚最短的一天，民间有俗语云"嬉要嬉夏至日，困要困冬至夜"。夏至是盛夏的起点，之后的天气越来越热，浙东运河流域阴雨连绵的梅雨季也将正式登场。

此时，麦子收割已毕，早稻插秧也完成，所谓"夏至关秧门"，农作物进入旺盛的生长期，此时除草防病虫很重要。

浙东运河沿岸一带因新麦刚刚收获，各家各户都吃面食，有吃面、吃饼、做"麦田鸡""麦糊烧"的，称为"冬至馄饨夏至面"，这个尝新麦的传统已经延续了上千年。另外从夏至起开始防暑，食用一些绿豆粥、木莲豆腐等来消暑。

夏至这天民间要祭祖，称为"做夏至"。夏至日也会进行龙舟竞渡，据绍兴《万历府志》记载："山、会农人作竞渡会，衣小儿衣，歌农歌，率数十人共一舟，以先后相驰逐，观者如堵。"

秋分

秋分，平分秋色是它最好的解释。秋分在阳历9月23日前后，按农历来讲，秋季从立秋到霜降九十天，秋分正好是其中分点。此时由昼夜平分逐渐变为昼短夜长，气温也逐日下降。民间有"一场秋雨一场寒"，"白露秋分夜，一夜冷一夜"的说法。

浙东的秋分正是晚稻收割与小麦、油菜播种的关键时节。农民怕霜冻或连日的阴雨会造成稻谷倒伏而霉烂，越冬作物早点播种也可充分利用冬季前的余温，使幼苗壮健越冬无忧，所以要抢收抢种。

古代有春祭日、秋祭月的习俗。早期的中秋节曾经是秋分这天，中秋节是由传统的"秋分祭月"发展而来的。

古代把土地神和祭祀土地神的地方都叫"社"。按照民间习俗，每到播种或收获的季节，农民们都要立社祭祀，祈求或酬报土地神。古人认为土生万物，所以土地神是广为敬奉的神灵之一。古人在秋分时节会设立秋社，祭祀土地神，祈求五谷丰登。

秋分被看作是丰收节日，此时风清菊黄秋期半，蟹肥谷满桂飘香。古时候的绍兴，在寓意丰收的秋分节气，流传着"谢天拜地"的习俗，其主题也是祭月与谢土地神。

秋分开始人们最好是早睡早起，多食用绿豆百合汤等润肺食物，防止"秋燥"。真正意义上的秋天已经到了，秋高气爽，丹桂飘香、满眼都是黄金色，硕果累累。大范围的秋收、秋种马上来临。这时的农村池中挖藕、湖中采菱、上山取栗、下田掘芋，吃的东西最多最新鲜，是一年中最美好的季节。

按绍兴习俗，新嫁的女儿这时候可以回娘家小住到中秋节，享受回娘家与父母团聚的温馨。秋分竖蛋民俗也一直保留着。

端午节

端午节在农历的五月初五，也有称重午节的。端午节原是为了纪念屈原投江而设，在浙东运河沿岸，也有端午节为纪念孝女曹娥，还有其他纪念伍子胥、越王勾践操练水军等诸多说法。端午节是集祭神祈福、辟邪祛病、娱乐饮食于一体的民俗大节。

端午节习俗有祭神（屈原、曹娥）、吃粽子、赛龙舟、挂艾草和菖蒲、佩香囊等。宁绍一带还要吃"五黄"，即黄鱼、咸蛋黄、雄黄酒、黄鳝、黄瓜，主要是为了补气祛湿、驱毒避邪、强健体魄。家家门前悬挂的艾草菖蒲，其实是有讲究的。古人认为端午前后长势茂盛的艾草与菖蒲阳气旺，挂在门上有辟邪斩妖的作用，还有驱毒虫的功效。端午赛龙舟在浙东也是定俗，原意是借划龙舟，驱散江中鱼群不去吃屈原的身体，后沿袭成一种体育竞赛。

中秋节

中秋节是个团圆节，由秋分时节的祭月节沿袭而来。最早的中秋节就是秋分这天，后来发现秋分这一天时间不固定，也不一定有圆月，所以中秋节慢慢固定成了农历八月十五，只要天晴一定有圆月，可以满足人们抬头望明月的美好愿望。

中秋节吃月饼的习俗源自嫦娥奔月的传说。嫦娥吃了长生不老药，飞向月宫，夫君后羿日夜思念，于是在中秋之夜，仰望明月，设下香案，摆上嫦娥最爱吃的糕点，表达思妻之情。另有为了祭月把饼做成圆形寓意像月亮一样圆、团圆之饼之说。

中秋时正是浙东运河流域丹桂飘香之时，所以有赏桂花、饮桂花酒的习俗。

中秋节月亮特别亮特别圆，此时身在异乡的亲人也回到了家，按照习俗，合家团聚，家家户户在庭院摆上桌子，端上祭月必备供品月饼、老南瓜。此时绍兴菱角正处在最鲜嫩阶段，人们会用红绳扎成一串串作为祭月供品，再加一些时令果品糕点。摆好祭品，开始祭月，家人依次拜月神，祈求花好月圆，人寿年丰。然后一家人一边赏月一边吃月饼和美食，其乐融融。

重阳节

《易经》中把六定为阴数，把九定为阳数，重阳节定在农历的九月九日，日与月均为阳，故称重阳。战国时期已形成了过重阳节的习俗，历史悠久。

古人认为九九重阳是吉祥的日子，这天民间会举行丰收祭祀的活动，也有登高赏秋、饮宴祈寿的习俗。

浙东运河流域的绍兴、宁波，重阳节登高是主要传统习俗。绍兴城内的重阳登高，习惯登香炉峰。一来香炉峰高度适合，离城又近，爬上峰顶，可一览越地胜景；二则香炉峰顶终年香火不绝，可拜佛祈福；三则可借庙宇场地置办菊花宴，一边欣赏大好秋色，一边饮酒赋诗，品尝肥蟹秋果。

重阳节要吃"重阳糕"。旧时很多农村或山区人家会做重阳糕。这时，晚稻已收割上市，农民以新晚米掺上新糯米，按比例碾成米粉，与水和成米粉团，将粉团放在木制的印糕板上压制菱形的糕坯，上面撒上新鲜香郁的桂花，中间嵌上一颗栗子肉，蒸熟就成了重阳糕。重阳糕先供在灶司堂，再供在祖先堂，请灶司菩萨和祖先品尝，然后分赠给亲戚朋友。新鲜食材，传统做法，今天的重阳糕尤为老人儿童所喜爱。

立冬

立冬在阳历 11 月 7 日前后，它意味着生气渐终，万物将进入休养、收藏状态，寒冷的冬季开始了。

立冬在古代是个非常重要的节日。浙东运河沿岸有祭祀、进补和冬酿等习俗。祭祀以时令佳品向祖宗神灵祭祀，祈求上天赐予风调雨顺。立冬这天人们犒劳辛苦一年的自己，所以立冬这天要休息，并且要杀鸡宰羊做好吃的，真像有句谚语说的"立冬补冬，补嘴空"。另外有条件的会买些滋补药材或食材来滋补身体。

在绍兴，立冬对于酿酒来说是一个非常重要的日子。这天，绍兴黄酒开始投料发酵，此时，气温偏低，细菌繁殖大大降低，而低温长时间发酵过程中又能使绍酒有独特的风味，所以从立冬开始，到第二年立春这段时间，是酿酒发酵的最佳时机，被称为黄酒冬酿期。

在宁波，立冬这天必吃赤豆糯米饭、烤菜和酒酿圆子、甘蔗这几样食品。赤豆糯米饭、酒酿圆子既暖胃除湿，还有团圆寓意。烤菜是宁波人的最爱，它用油菜或大头菜烧制，加酱油和料酒，融合了甜、咸、鲜三味，煸烤后浓香四溢。一般宁波人在做烤菜时，还会顺带放入几块年糕，烤菜鲜咸入味，年糕软糯可口，堪称绝配。甘蔗有"立冬食蔗齿不痛"的说法，立冬的甘蔗已经成熟，吃了不会上火，而且还可以保护牙齿，并有滋补之功效。

冬至

在浙东地区冬至代表着真正的寒冬到了，数九寒天是指从这天开始数九，一直数到九九八十一天，九尽桃花开，冬寒变成了春暖。冬至时间在阳历 12 月 22 日前后，民谚有"冬至大如年，皇帝老子早过年"的说法。古人把冬至看成是大吉之日，祭祀与宴饮自然是不能少的习俗。

在宁波的传统习俗中，冬至必吃番薯和汤果，"番"和"翻"同音，冬至吃番薯，就是将过去一年的霉运全部"翻"过去。汤果，就是酒酿圆子，酒酿在宁波话中叫"浆板"，"浆"又跟宁波话"涨"同音，代表"高涨""圆满"之意。所以吃汤果不仅是团圆之意，还有讨"财运高涨""福气高涨"的好彩头。宁波人还会吃一样传统小吃——大头菜烤年糕。冬至前夜，家家烤大头菜，每户家中的大灶火都烧得旺旺的，而且整晚不灭，将灶台烧得"烘烘相"，薪火不熄，代代相传，预示今后的日子红红火火。

绍兴冬至过节基本与宁波相同，还有一些特有习俗，冬至前一天，叫"冬至夜"，如果出嫁女回娘家这夜必须回夫家，参加夫家祭祖和做冬至。绍兴人冬至有吃馄饨的习俗，叫"冬至馄饨夏至面"。绍兴是著名的酒乡，在冬至，家家都会酿酒，冬酿最佳时节一般在立冬和冬至前后。

浙东运河流域民间崇尚冬至进补，俗语说"三九补一冬，来年无病痛"。中医认为冬季是生机潜伏、阳气内藏的季节，是保养、积蓄能量的最佳时机，进补养生主要是服一些中药和滋补品，提高身体的抗病能力。另有一种民间偏方叫冬至萝卜，即在冬至时把萝卜扔到房屋的瓦片上，经风吹日晒后，取下来挂在室内墙上，这种萝卜是治痢疾的良药。

冬至夜是一年中最长的一夜，古时叫睡觉要睡冬至夜，在睡前要洗热水脚，意思是养成晚上热水洗脚的好习惯，保护双脚皮肤不因天气太冷而开裂，也祈求来年走得顺利。另一层意思是认为冬至夜的梦最美好，此夜梦兆可以占卜一年吉凶，所以那一夜要比平常睡得早些，以求好梦。

在物资匮乏的年代，过冬至对穷人来说，意味着饥寒交迫日子的来临。冬至日也会有善男信女，送棉衣和粮食，帮助穷苦人抵御严寒。

年节

年节就是农历新年，俗称过年，是一年中最隆重的节日。过年最主要是大年三十和除夕夜、正月初一这两天。绍兴、宁波从农历十二月二十日夜开始，就开始叫廿夜、廿五夜、廿八夜、三十夜，夜指落夜，即晚上还要干活，不能早早睡觉，也充分体现了过年是所有节俗中准备最充分、内容最丰富、时间跨度最长、气氛最热闹的节日。

浙东运河流域从农历廿夜起全家老少就为过年开始忙碌，过年前一般准备年货、掸尘清扫、送灶神，年三十以祭祖请菩萨、吃团圆饭、守岁迎新等为主题，正月初一后，以拜岁即拜访亲戚朋友为主。

年前，准备年货主要有舂年糕、裹粽子、做豆腐，有条件的会杀猪，这是家家户户必备的过年食品，祭祀神祇、招待亲朋都少不了它们。村民会集中一起舂年糕，热闹，有吃又好玩。裹粽子，裹时孩子与家里大人一齐动手，好玩又有成就感，煮粽子时的清香会久久弥漫在屋内，沁人心脾，是孩子们最高兴的事，即使"落夜"孩子们也会时醒时睡玩到深夜。当然还有杀鸡宰鹅，绍兴人叫"化牲屠"，过年过节讲杀讲宰不吉利。

浙东运河沿岸人家在农历二十三有送灶神习俗，廿三夜要"送灶神上天"，也叫过小年。送灶神，绍兴俗话叫"送灶司菩萨上天"。传说灶神是玉皇大帝派驻在每户人家的神，负责"上天奏好事，下界保平安"，廿三夜是他向玉皇大帝禀报这家的善恶情况的日子。为让他在玉皇大帝面前说好话，事先要供奉麦芽糖，再加一些荤素祭品祭拜，用竹片编成马，并在上面贴"灶司像"，绑在掸尘用过的扫帚上，纸元宝与纸钱一起点燃烧掉，称之把灶神送上天了。

廿四夜（有的地方是廿三夜），有掸尘清扫房子的习俗。民间掸尘就是把屋内屋外，上至房梁下至地面的角角落落全部打扫干净。清扫出来的杂草和打扫工具会在年夜饭吃完后，点燃烧成炭火，男人们从炭火上跨过去，意为把这一年的霉运、晦气统统消除。民间还有一个说法，这天不能争吵，否则会增加晦气，即使打扫干净，也无法弥补由争吵带来的霉运，所以要和和气气的。掸尘这一习俗，既有干干净净过大年之意，又寄托着人们辞旧迎新、祈求无病无灾的美好愿望。

祝福，俗话叫"请祝福菩萨"。时间在廿三夜到廿八夜之间，选择农历中"宜祭祀"的日子，来举行年终隆重的"祝福大典"，祈求来年人畜安康、五谷丰登。拂晓前请"勤俭菩萨"，黄昏时请"懒惰菩萨"。祭品有整只熟鸡、鹅、猪头等荤菜，再加三茶六酒，年糕，粽子，活鱼一条，此外要有盐盘、刀俎、水果、山珍等，所有祭品都要贴上红纸或系上红绳，鸡鹅身上插七根盘着肠子的竹筷，头朝神像腿跪着，猪头要朝上摆。祭祀活动只有家中男人才能参加，祭神时动作要快，斟酒后立即送神，燃化神像后赶紧关门。祭神后有的人家就吃"散福酒"，有些人家再祭祖宗，做"全堂羹饭"。宁波的祝福"请菩萨"时间在三十夜，其他礼俗与绍兴基本相同。

年三十的晚饭叫年夜饭，是一年中最重要的一餐晚饭，也叫分岁饭。年夜饭是团圆饭，外出的亲人都会赶回家来。晚饭吃完，长辈会给小辈分压岁钱，压岁钱一般用红纸包好，小辈拿到后不可立即拆开，应放在枕头底下，第二天才能拆，叫压岁，用意是让孩子平安健康成长。晚饭后一家人守岁，有的人家会一起做汤圆，在子夜有放爆竹等活动。旧俗中这一夜灯不灭，不早睡，全家人开心快乐迎新年。守岁有辞旧年迎新年之意。

旧时，生活穷困的人过年叫年关，一年中欠的债在大年三十前是要还的，债还不出难以过年，有可怜的人还因负债还不上，被迫外出躲债的。

二、其他岁时习俗

一年中除了重要的节气、节日外，还会有一些特殊的节庆习俗。

二月初二

古代天文学中，农历二月初二这天黄昏时，"龙角星"会在东方地平线上出现，称之为"龙抬头"。这标志着阳气自地底而出，春雷乍动、雨水增多、万物生长，春耕由此开始。民间龙抬头的习俗是要理发，儿童理发，可借龙抬头之吉时，保佑健康成长，长大后出人头地；大人理发，为辞旧迎新，带来好运，一切顺顺利利。

在宁波各地，这天还是花朝节，即"百花娘子生日"。旧时的妇女在这一天，用五色线给自己的女孩穿耳洞。旧俗中还有这天忌用针线、不能洗衣服、出嫁女子不能回娘家之说。

三月初三

三月的第一个巳日为上巳，称"上巳节"，也是我国的传统节日。关于上巳节的来历，民间有多种传说：有说是女娲创造万物的日子，所以是为了纪念女娲娘娘创造万物而设立的。也有说是黄帝的诞辰，是为了纪念黄帝的节日。

在浙东运河流域，自魏晋南北朝起，上巳节主要内容是修禊祓除污秽，又称"踏青节"。此时已是暮春，是踏青的好时节，古时人们常在这一天会在溪水边、湖边游玩，一边踏青游玩，享受美好春意，一边祭祀祖先、祈福消灾。东晋书圣王羲之的《兰亭集序》，描绘的就是三月初三的情景。上巳节历代沿袭，至今盛行，现在既有政府组织举办的节日——兰亭书法节，也有民间青少年约伴或一家人携米带菜到溪边湖边空地，临时砌灶煮"天下饭"的野炊。所以三月初三是个情趣盎然、放飞心情、充分享受大自然气息的快乐节日。

四月初八

农历四月初八，民间传说是佛教释迦牟尼佛的诞辰，也是牛的生日。旧时在浙东运河流域的人们有敬佛祈福，敬牛爱牛的习俗。

在宁绍平原，有大量水稻田，耕牛是农民耕作的好帮手。牛常年犁田耕地，辛勤劳作，任劳任怨，所以四月初八设为牛生日。这一天养牛人家会把牛洗得干干净净，牛圈里垫上干燥蓬松的稻草或茅草，还在牛栏和大门上插驱赶蚊蝇的树枝，让牛舒舒服服度过自己的节日。这一天，无论农活多么忙，都要给牛放假休息，不准鞭打牛，更不准宰牛吃肉。这天农民会上山采摘"乌饭叶"和糯米一起煮熟后喂牛，以示对耕牛的敬爱。这天农人也会吃乌糯米饭，条件好点还杀鸡宰鸭，备酒肉、做黑糯米饭祭"牛栏神"，用这种方式表达对牛的敬爱。

六月初六

农历六月初六，是入伏的第一天。浙东运河流域地处亚热带季风气候，经过长长的梅雨天后，太阳露脸，老农民叫晴正了，人们会把家里衣物拿到太阳底下晒一晒，有句俗语叫：六月六，家家晒红绿。尤其这一区域世代以耕读传家，有点见识的人家都会要求孩子多读书，藏书、刻书、读书成风，这天书籍也要拿出来翻晒，以防霉蛀。传说中这几天晒书书不蛀，晒衣衣不蠹。今天的我们之所以还能看到古代保存下来的典籍，这与六月初六晒书和古人对书籍的重视分不开。

这天浙东还有所谓"六月六，狗洗浴"的说法。狗不仅忠于主人，还给主人壮胆管家，是人类的好伴侣，所以把这一天当作"狗生日"，家里养着的狗会在这一天被赶到河里去洗个澡。

六月六，晒得鸭蛋熟。这时已是骄阳似火，绍兴素有酿造之乡的美称，所以这几天晒伏酱，这也是制造酱油、甜面酱的一道必经程序。

七月初七

七月初七叫七夕，相传这天晚上，牛郎织女在鹊桥相会，自古至今，七夕都是一个浪漫温馨的日子

七夕的各地习俗并不完全相同。绍兴的七夕节流传着在南瓜或丝瓜棚下，偷听牛郎和织女鹊桥相会时说的悄悄话，听到的，日后能觅得理想爱人。其实大夏天瓜棚下，只能听到蛙鼓蝉鸣。七夕这天宁绍一带的姑娘，会用木槿叶汁洗头发，让头发变得干净顺滑。这一天家里的妇女儿童也有盥洗打扮的习俗，据说这个习俗是为了纪念西施。

绍兴的七夕节也称乞巧节，旧时家家都会做巧果，一种油炸甜面食，赠送亲友邻居，希望乞求巧艺，是一项重要的社交活动。七与巧相连，所以古代孩子会把笔放到靠近床头的位置来许愿，让自己从此后变得更加聪明智慧。

七月十五

七月十五中元节，又叫鬼节。农历七月十五为道教"三元"之一的"中元节"。中元节在浙东运河流域俗称七月半，是祭祀祖宗的重要日子，家家户户都要"做七月半"来祭祀自家祖宗先辈。

做七月半不一定在农历七月十五日当天做，可在七月十三到十八日这几天内做。古代传说，目连母亲生前做尽恶事，死后被打入地狱，目连为救母亲，利用释迦牟尼弟子的身份和如来佛赐他的禅杖，在七月十三日砸开了"地狱门"，放出了八百万鬼魂，直至十八日，地藏王菩萨要求他把放出的鬼魂收回地狱，目连才作法收鬼魂回归地狱。所以做七月半在这个时间段，主要是保证自家祖宗全部来"吃七月半酒席"。这几天鬼魂无天规约束，游荡在凡尘，为了防止鬼魂侵害凡人，目连在七月十五日举办盛大的盂兰盆会，做大功德，上天终于赦免了目连母亲，让其升天。浙东运河流域这一带很多地方在中元节会办盂兰盆会，有演目连戏、办施茶会等活动，认为演目连戏可以驱走鬼神、消灭灾害，于是演目连戏成为中元节的大事。每年中元节，绍兴民众还有放河（湖）灯的习俗。

三、民间生产节会习俗

八月十八观潮节

因钱塘江喇叭形入海口这一特殊的地形环境，加上月球的强引力导致潮汐出现，在农历八月十八潮汐达到顶峰，形成了排山倒海、气势壮观"天下第一潮"的钱塘江大潮。八月十八观钱塘江大潮，在浙东运河流域、钱塘江两岸已成固定风俗。

观钱江大潮，南北两岸均可。浙东运河沿岸人们观潮一般在南岸。每年大潮汛时的几天里，几十里之外的男女老少会携带美食，成群结队汇集到江边，数十里长堤之上人山人海。钱塘江潮来时，会形成排山倒海的天下奇观。宋代文学家范仲淹曾这样描写钱江大潮"滔天浊浪排空来，翻江倒海山为摧"。观潮节源于汉魏时期,到唐宋时期已经相当出名,至今已有两千多年悠久历史了。

八月十八为成日,有万事可成之意,民间有说法这天是"阳中之阳"重日,重日的意思是好事成双,坏事也成双,遇事多一份谨慎,所以凡事谨慎为妙。此日重土埋金,成日遇红沙,要谨慎出行,尽量少花钱。"浩浩钱江水,滴滴灾民泪。""飓风拔木浪如山,震荡乾坤顷刻间。临海人家千万户,漂流不见一人还。"古代涌潮也确实给沿江百姓带来了一些痛苦和灾难,对观潮弄潮和这天出行的人们提出了警示。

青苗会

浙东运河流域的青苗会,时间在四五月插秧后、稻苗转青时举行。一般每个村都会举办,农民都会停下手中农活,来到祭祀现场,准备各类供品,祭祀仪式由村族中老者主持,祭祀上天和土地神,祈求风调雨顺,无虫侵瘟疫灾祸,保佑农民五谷丰登。

青苗会现场会有各种商贩售卖物品,更有各种表演,热闹非凡。典型的镇海柴桥镇青苗会,以大溟村为会集地,会期有三天。

稻花会

浙东运河流域以盛产稻谷闻名。为获得丰收,每年六月初六会举办稻花会。因这时刚好是稻谷开花时节,属于农闲时,农民叫早稻开花为"浪花",如稻花盛开,丰收也在望。但由于天气越来越热,相应害虫侵蚀农作物传染疾病也会增加,所以农民此时的心情喜忧参半,寻求神灵保佑,祈求丰收是他们的最大愿望,稻花会便应运而生。

稻花会会期三天,每天有不同活动内容,一般先祭祀当地庙神,祭祀要举仪仗、头牌、彩亭作为前导,紧跟着高抬的木牌神位,同时放铳放炮仗,敲锣击鼓,村民列队随后,庙神祭完后巡行到田头村道。各乡各村还会互相客串,举彩灯、彩旗相助,气氛热烈。稻花会的高潮是菩萨王令公的神轿出殿巡视,神轿所到之处,青壮年抢着抬神轿,即使不能抢抬到,能摸到也是莫大安慰,往后时日定有好运。六月六的稻花会在宁波各村镇各类行会之中属规模最大、范围最广的一种民间行会习俗。

宁波前童灯会

在宁波的宁海县，有一个古镇叫前童，前童镇历史悠久，是江南最大的童姓人世代居住区。据历史记载，明正德年间，村里有个叫童濠的人想把白溪的水引出来灌溉农田。村民纷纷支持他，可水渠必经之处土地都属于一些大户所有，这些大户刁难童濠，不接受他高价收购土地的建议。多次协商不成，童濠的舅舅给他出了一计：在鹿山顶上放三只大稻桶，下面装沙土，上面堆满银子，阳光下，银光灿灿，村民看到后马上口口相传，说如果不同意挖渠引水，童濠要用这些银子来打官司。大户们一看这阵势，只得同意开渠，白溪水源源不断，流入村民田地。感恩的前童人，为纪念童濠的善举，创出一种独特的纪念方式——灯会，在每年农历正月十四至十六，举行流动的元宵灯会。

每年正月十四下午，几十个既做工精致又好看好玩的鼓亭和抬阁被抬到一起，开始在镇内外巡游。前面龙旗引导，后面村民抬着鼓亭和抬阁，紧跟的队伍中还有耍狮的和舞龙的来回穿插其中，加上看热闹的，整个巡游队伍长达上千米，浩浩荡荡、热热闹闹地穿街过巷。沿路的居民还会摆一些红枣、桂圆、木耳汤、橘子等食品，给参加行会的乡亲品尝。一般正月十一过后，前童的大街小巷就开始热闹了，各村的人们从四面八方聚拢来，锣鼓喧天，人头攒动，正月十四灯会达到高潮。

最精彩的是晚上的灯会。家家户户门前、街道都挂满了彩灯，整个镇显得流光溢彩、漂亮至极。一些青壮年男子或手提或肩挑或车推数百面铜锣，边敲边吆喝走过一条条大街小巷，似万马奔腾。礼花表演也同时进行，水桶粗的礼花齐点燃，霎时间，焰火喷射升空，把天空照得五彩缤纷，场面十分壮观。当队伍来到古镇中心的童氏宗祠时，会停下脚步，宗祠内童老太公的画像前已经准备了全猪全羊，只要是童家子孙都要进来祭拜。

鼓亭和抬阁是前童灯会的特色，历经几百年现已形成了独特的民间习俗。

第二节　农业生产习俗

从传统的农耕社会开始，民众在生产中一切相沿成习的行为模式和模式化的行为，不仅影响着民众的民间信仰、婚丧节庆、日常生活、文化教育等行为层面、精神层面的习俗，还直接繁衍出生产工具、民间器物等物质层面的习俗。正如民俗学家高丙中所说："民俗研究涉及信仰层面的俗信和迷信、语言层面的口头文学、行为层面的婚丧节庆等活动，此外还有民艺和民剧。"

一、种植习俗

宁绍平原一带人民素以勤劳聪慧闻名，他们在长期的耕种生产中积累经验，在民间形成了许多约定俗成的劳作规范和现象，并固化为这一区域的特定习俗。

水稻种植六株法

大米是浙东运河流域百姓的主食。旧时农民在漫长生产过程中，对种植水稻形成了既方便操作又相对固定高效的操作规矩，这就是水稻种植六株法。因水稻种植时农民是一个人劳作，所以种、耘、割稻都以一个人能覆盖的区域来定。

首先是插秧，即种稻，在平整好的水田里，事先按 1.5 米左右的宽度，用田绳一块块划分好，将已捆扎好的秧苗均匀放在水田里，每个人在自己的长方形区域中插秧。首先人站在中间，两腿分开，比肩宽一些，从左到右，分别是左腿左边两株，两腿中间两株，右腿右边两株，每一行插六株，每株六至八根秧苗，插完一行插第二行，边插边退，直到把这片长方形区域全部插满。插秧时六株分秧要均匀，左右前后要对齐。

耘田，就是用双手在六株稻的周围摸一遍。秧苗插下去十多天后，开始头遍耘田，目的是把没有长牢的浮秧再次种好。等长到稻叶片差不多全部挨在一起时，再耘第二遍田，此时目的是除草以及施的肥料通过耘田均匀给到每一株稻根。讲究一点，有耘第三遍的，作用与第二遍相同。耘田姿势与种田时一样，人站在六株稻中间，左右分开，一边耘一边退，六株稻都要摸到。

收割，一手拿镰刀一手抓住稻秆，将已成熟的稻子割下，一刀一株，六株为一把，割完六株用稻草顺势一扎，再割六株，这样一捧稻就割好了，割好后或递给脱谷粒的人，或整齐放在旁边。割稻的姿势与种田、耘田一样，只不过它是前进的。

整个种、耘、割稻都是以六株为单位的。所以农民有时候戏称自己是摸六株的，意即自己是种田的。

水稻种植六株法（摄于 20 世纪 80 年代）

敬牛

浙东运河流经萧绍平原和宁绍平原，这里有大面积的水稻种植，农民仅靠人工难以完成繁重的水田劳作，需要得力帮手，那便是耕牛。耕牛成了农田耕种重要的劳力，所以，农民非常爱惜耕牛，而且还形成了不少敬牛的习俗。如清明放青节，清明这天耕牛可以随便到田里吃它最喜欢的紫云英（俗称草籽），主人家不会因牛糟蹋作物而驱赶它。立夏是牛的生日。耕牛生日这天，不可劳作，主人要给牛放假，并把牛洗得干干净净，喂上黄酒与鸡蛋，为牛庆贺生日。这天连放牛娃也沾了牛的喜气，可以吃一些美食如麻糍、鸡蛋等。在春耕前以及春耕时，一直要给牛补身子，主要牛饲料为豆饼，这样牛可以很快恢复体力，完成繁重的春夏耕田任务。大年三十，要祭祀牛神，期待来年耕牛更强壮。

烧蝗虫

浙东运河平原地带，多为冲积平原，地貌以沙地为主，松软的土质给很多害虫提供了栖息繁殖之处。以前没有农药治虫，唯一的办法是用人工捕捉，而蝗虫卵又是成块产在庄稼的根部，要除虫卵十分困难，最好的办法是在庄稼未种之前，田里的枯草又最易燃烧之时，用火将虫卵直接烧死。有史记载的1929年萧山特大蝗灾，就发生在沙地。所以在元宵节的这一天，用火烧的办法来消灭害虫，久而久之就成为这一地区的生产习俗。

从元宵节这天开始，家家户户都点燃自家农田的枯草，火势沿着田塍已枯干的芦苇、茅草燃烧起来，火焰如一条条火龙，把整个田野都照亮了，十分壮观。火烧蝗虫的活动一直可以延续到春耕生产开始前。将烧蝗虫列为元宵节的一项内容，遵循了农业生产规律，这也是浙东运河沿岸劳动人民智慧的结晶。

开犁

旧时过完年的宁绍平原农民，会在新年正式下田耕作的第一天，行一个简短祭拜礼，称为开犁。因为这是一年耕种的开始，在正式耕种开始前，农民会点上三炷香，烧点纸钱，祭拜土地神和犁耙这些农具，祈求当年风调雨顺、耕种顺利、收获满满。这天农民也不会做很多农活，只是象征性做一点，希望这一年不要太劳累。

孵秧子

水稻种植是个一系列的过程，从孵秧子开始到做秧田、种田、耘田、收割，每一步都得按农时和规则操作，任何一个环节都不得马虎，否则就难以有好收成。旧时农民没有先进工具，没有农药防病治虫，要想丰收真的非常困难和辛苦。

孵秧子，就是在清明节前后，农民先把种子放入水中，浸泡后让其发芽，这个时候的温度与湿度的控制就非常考验农民的经验，没有丰富的经验指导，浸泡后的谷粒不一定会顺利发芽。所以，人们为了祈求发芽成功，会在把浸泡好了的种子放入缸里后，在上面放一张红纸，红纸上面再压一柄镰刀，希望顺利发芽，民间称这个为"催芽"。等到每一粒谷子都冒出一条白白的细芽时，孵秧子才算完成，这时就可以把秧子抛撒在秧田里了。

育秧苗

浙东地区处于亚热带季风区，一年四季分明，降水量充沛，旧时主要种植双季水稻和一季麦子。早稻育秧一般在清明节前开始准备，育秧苗也叫做秧田，做秧田很重要，只有秧好才能苗壮，这是获得丰收的第一步。做秧田得把水田搞得非常平整和细腻，并要挖出排水沟，然后把孵好的秧子均匀铺撒在长方形的秧田里，待其扎根成长。秧田的排水和灌水，很有讲究，不然，一不小心就会有烂根或枯死的情况发生。一般秧苗长到20—30公分高了，就叫以移到水田里去种植了。

插稻草人

当整片田野里满是金灿灿的稻谷时，成群的鸟类就想来分享这美味的稻谷了。为了驱赶或警示鸟群，农民想出了一个绝好的办法，就是插稻草人。稻草人是农民用草捆扎成人的模样，穿上人的衣服，戴上草帽，伸开的"双臂"上可以扎上扫把，也可扎上扇子等物件，风起时，这个草人还会随风摇曳。把这个似人打扮的草人插在田中间，鸟群看到田间站着的

"人"，就不敢来偷吃谷粒了。稻草人假扮人模样，日夜守护在稻田中间，这个是农民保丰收的妙招！

祭田公田母

宁绍平原一带祭田公田母，是与农业生产有直接关系的祭祀习俗。农民坚信，田公田母掌管着土地丰收，所以为求得田公田母保佑，必须定期祭祀。各地祭祀时间与仪式有些不同。在绍兴农村，一般在春耕前几天，挑一个吉日，多数由妇女带着鸡、肉、酒、饭及香烛纸钱之类祭品，到田野，选好方位，摆上供品，再立一竹竿，上面绑一些纸糊起来的升斗、谷麦穗和写有五谷丰登字样的纸旗等，祭拜完毕后烧一些纸钱，同时把纸旗等也一起烧了，仪式就算结束。

在宁波是分四次祭祀：首次在清明后育秧前，择吉日祭祀。第二次在插秧前，祈求保佑稻谷健康生长。前两次，都是在田塍上，摆一些祭品，点香焚纸钱，跪拜即可。第三次在夏至日，除了常规祭拜外，还要烧麦秆，以驱虫害，穿蓑衣戴笠帽，祈求风调雨顺。第四次在稻谷收割前，与前几次相比，祭品更加丰盛。有时人们还会摘下一把成熟的稻穗作为祭品之一，因为丰收在即，所以本次祭拜田公田母的保佑之恩，也是兑现前几次的承诺。

世世代代生活在宁绍平原的农民，谷物是人们最主要的粮食，所以水稻是否丰收直接关系到农民一家老小能否吃饱饭的生存大事，所以对田公田母的崇拜甚至达到了迷信程度。就连平时在田畈劳动吃饭时，也要先洒点饭菜和酒在地上，表示随时记得田公田母，决不会忘记这些神仙的保佑之情。

双抢

每年的七八月份是一年中农事最为繁忙的季节，抢收早稻，抢种晚稻，所以叫双抢。

为什么要抢？这还得从水稻的生长周期说起，水稻与其他农作物相比，其季节性最强，从孵秧子到育秧苗，从插秧到成熟收割，每一个过程都有严格的时间要求。在浙东运河流域，像晚稻秧苗必须在立秋节气（一般8月8日）前插种完毕，有句农谚"晚稻不过立秋关"，否则会影响到晚稻的产量，严重者甚至会绝收。所以，从7月15日左右可以收割早稻开始到晚稻插种，这二十多天时间内必须完成。时间紧、任务重，加上天气炎热，对劳动者体力也是一个严峻的考验。

双抢，抢的是时间，抢的是收成！

二、重要农具

不同的地域、不同的劳作对象有不同的劳动工具。劳动工具能很好地反映本地区劳动人民的智慧和生产习俗，是这一区域民俗风情的重要组成部分。

犁

犁又叫老木犁，主身用木材制成，贴近土地处有一厚厚大铁片，是旧时翻耕土地的主要农具。据甲骨文记载，犁最早出现于商朝。早期的犁，形制简陋，西周晚期至春秋时期出现了铁犁，开始用牛拉犁耕田。犁的产生年代久远，应用极其广泛，一直到今天有的偏远的乡村仍在使用。

今天使用的犁与商朝制造出来的犁以及国外制造的犁相比，在设计上并没有太大变化。功能上基本上就是翻土、松土、碎土。犁的最重要部位是犁头，犁头装有倒三角形大铁片，可以快速切入泥土里。连接犁头与拴牛的是一根横的木头，这样牛在前边拉犁，农民手扶犁头进行翻土，一般一天可耕田三至四亩，效率还是蛮高的，这也是犁从商代开始用到现在的原因所在吧。可见传统老农具，耕田好帮手一点不假。

耙

浙东运河沿岸的耙，主要用在土地翻耕后，用以粉碎大块泥土和平整土地，曾经是每户农家的必备农具之一。耙有平耙和滚耙两种，平耙是用木板做成1.5米长、1米宽的长方形框，在长的两块木板上装上很多块铁片，工作时铁片朝下。滚耙是在长方形木框架中间，安装个圆形滚桶，上面嵌着呈三角形的铁钉。工作时前面牛拉，后面人站在两块木板上，驱赶指挥牛朝前跑，滚桶滚过的土地既细腻又平整。

农具中还有另一种用于翻晒稻谷和扒草用的耙，它有一个长长的木柄或竹柄，头上装有较锋利的铁叉或竹、木做成的齿，跟《西游记》中猪八戒常拿在手中的耙形状差不多。有趣的是这个形状的耙因为耙齿锋利似钉，攻击性强，一度成为军中利器之一。

龙骨水车

龙骨水车也叫翻水车，是一种提水灌溉用的农具。因其形状像一条龙骨，故叫龙骨水车。

龙骨水车的制造流程：先用木板做成一个长长凹槽，再根据凹槽大小，把一块块小木板，等距离串成一串，这个就是循环的链，即龙骨，把龙骨放入凹槽内，然后装上转动轮子，水车就做成了。将水车尾端放入水

人力脚踏龙骨水车灌溉农田（摄于 20 世纪 20 年代）

中，脚踩轮子，带动龙骨转动，把低处的水汲入水车内带到较高的田里。后人改进技术，利用流水冲力推动水车转动，达到把水从低处运到高处目的的水车，也有利用牛的拉力代替人力的水车，原理都一样。

龙骨水车长度在十米左右，适合近距离提水，它可以直接从井里或河里汲水，灌溉到田里，所以它非常适合浙东运河流域农田灌溉，是夏秋季抗旱不可缺少的农具。

桔槔井灌

井灌在中国有着悠久的历史。《庄子》中记载，公元前 300 年就有了桔槔井灌的机具。当时桔槔井灌是最为新潮的灌溉工具。秦汉之际桔槔井灌随着农业发展很快遍及广大农村，在华北平原及一些丘陵平原地区，庄稼的灌溉水源全部来自井灌，直到 21 世纪初抽水机广泛应用，它才退出历史舞台。

桔槔古时也称作桥，在当时是一种比较先进的浇灌方式，它用一根粗壮木桩先立于井边或河边，在木桩高端捆上一根长长的毛竹，毛竹靠近木桩端，绑上一块大石块或大沙包，另一端再绑住一根细竹竿，竹竿头上挂上水桶，桔槔就算完工了。

汲水时，把竹竿往下拉，把水桶浸入井水中，水桶舀满水后，放手，因另一端系着石块，水桶就升上来了，把水桶里的水倒进田里，整个桔槔井灌动作就算完成了。诸暨有句

桔槔井灌展示实景图（摄于 21 世纪 20 年代）

农谚这样说道："日日三百桶，夜夜归原洞。"现在浙东运河流域的诸暨泉坂村还保留着最为原始的桔槔井灌工程，农民们稻田、蔬菜果园所需水全部来自桔槔井灌。

稻桶

稻桶兼有脱谷粒和装谷粒两大功能。它是呈四方形的大木桶，底略小，开口大些，稻桶一边装有脱谷粒的稻桶床，稻桶床呈梯形，嵌有很多条弓形竹片，稻桶上口一半处围着用竹篾编成的围屏，防止脱粒时谷粒飞向稻桶外。靠稻桶床外侧一般装有一块木板，便于人踩在上面操作。工作时，人捧一捆稻禾，使劲往稻桶床上甩打，使稻谷与稻秆分离。技术改进后，稻桶床改成滚桶，滚桶上嵌有很多弓形铁钩，装上脚踩装置，脱谷粒的速度更快、效率更高。农民叫这种稻桶为打稻机，现在浙东沿岸偏远山区农民仍在使用这种稻桶。脱落的稻谷盛满稻桶了，就掀开竹围屏，用畚箕将稻谷装进箩筐里，直接运送到晒谷场地。

木砻

木砻，是旧时一种去除稻谷外壳，把稻谷变成糙米的工具。形状似一个扁的圆柱形，由上臼、下臼、摇臂和支座组成。上臼、下臼中间一般由木棍连接，上臼一边留有一孔，专门用来放稻谷，木砻工作时，下臼固定，上臼旋转，借臼齿摩擦使稻谷外壳裂脱。木砻旋转靠人的臂力也有靠畜力拉动。

木砻上、下臼如果用石头做成，便是石磨，也是旧时专门用来磨米粉麦粉等的专用工具。木砻与石磨的原理是一样的。

捣臼

旧时农民把糙米变成可口的白米，须再经过捣臼的加工。捣臼由捣和臼两个物件组成，缺一不可，是舂米的器具。捣头（也有叫碓头）一般用硬木或石头做成。臼用大石头凿成，形状像一只大石碗。操作时，石臼里放好糙米，两个人面对面站在石臼两边，双手提捣头，一人一下，有节奏落下捣头。这个就是舂米。在舂米过程中，几次将糙米取出，用竹筛筛出粗糠，这样不停摩擦，使糙米变得越来越精细，成为白米，舂的时间越长，米越精细透亮。

捣臼除了舂米外，也是农村做年糕、麻糍的必备工具。

石磨

石磨是将颗粒粮食加工成粉或浆的一种石制工具。主要由两块大小相同的圆形石磨盘组成，两块磨盘中间都凿有凹凸的磨齿，底盘一般装有比石磨大一圈的托盘，用来承接加工好的粉或浆，上盘接有一木柄，用于牵拉，上盘还有一个圆形孔，用来投入需要磨的粮食。

石磨固定在木架子上，操作时，粮食放入孔内，下盘固定不动，用人力或畜力拉动上盘不断旋转，经凹凸磨牙不停摩擦，将颗粒粮食磨成粉末，也可以是同时放入水与粮食，最后磨成浆状。

据史书记载，到了晋代，聪明的先贤们发明了用水作动力的水磨，水磨使研磨的效力大大提高了。

石磨有两种，一种是家家备有的手磨，只需一人操作即可；另一种为推磨，体形上更大些，由磨担牵动，人力、畜力均可推动，推磨效率比手磨高，一般村里备用。石磨是旧时做豆腐、磨米粉、面粉的必备工具，几乎家家都有。

碾子

碾子也是一种稻谷或麦子脱壳的石制工具。其原理与石磨相同，但形状不同，体积较大，在宁绍平原碾子一般用牛拉动旋转，不使用人力。碾子由石碾盘、碾磙子、碾架等组成，呈圆面的碾盘和呈圆柱形的碾磙子都是用独块石料制成，碾架是用木头做成。碾盘中心设竖轴，连接碾架，架中装碾磙子，牛推或拉，通过碾磙子在碾盘上的滚动达到碾轧加工粮食作物的目的。操作时，先在碾盘上放上稻谷或其他粮食，由牛拉动碾磙子，不停旋转，经过反复碾压，让粮食脱壳。旧时像石磨、碾子、稻桶等属于较大农具，所以往往将它们安置在村落集中之处，村民都可以使用。

水碓

旧时，水碓应该算得上一种很先进的农具。浙东运河流域的农民利用水流力量，达到自动舂米的目的。据史书记载，我国汉代发明了水碓，浙东山区一带在唐代已有了使用滚筒式水碓的记载，明朝宋应星《天工开物》一书中绘有一个水轮带动四个碓的画面。

水碓一般安装在山涧溪水急流之处，凭借自上而下的流水冲力，带动转轮，再拨动碓杆上下舂米，水碓最厉害之处是可以日夜加工粮食，这样大大解放了劳动力。

凡在溪流江河的岸边都可以设置水碓，还可根据水势大小设置多个水碓，设置两个以上的叫连机碓，最常见的是设置四个碓。新中国成立前，今余姚大隐镇共有水碓56处。为方便使用，防止所碓之物不受日晒雨淋，各地的水碓都建有水碓房。后来水碓不仅仅用来舂米、剥壳，还有用来研磨中药和蚊香木粉的。

风车

浙东运河流域的风车特指通过手摇风叶转动产生风，从而把米与谷糠、饱满稻谷和空瘪稻谷分离的一种农具。风车由木材做成，分上下两部分，上部为长方形开口木斗，下部是三面围住的装有风叶的箱子，以四脚支撑，上部长方形开口木斗是用来盛放稻谷或经过碾压后

风车（摄于2003年）

的米与糠，上下部连接处有一块可抽拉木板，主要用来控制上部放入稻谷

米粒的数量。饱满稻谷与空瘪稻谷或米与糠从上部漏下后，经下部风箱，风力把空瘪稻谷或糠扇出风车，而饱满稻谷或米顺着另一通道留下，从而实现饱满稻谷与空瘪稻谷的分离、米与糠的分离。

锄头

锄头是一种最传统最常用的农具。它极其简单又实用，它由长长的木柄和用铁制成长方形锄刀，锄刀一头有一圆孔（实为 D 字形），用来连接木柄，另一头似鱼尾两边尖中间凹。锄刀可根据挖土、作垄、耕垦、锄草等用途不同而制成长方形、狭长形、梯形等不同形状。锄头利用杠杆原理，虽工作效率不是很高，但它使用方便易学，属于万用农具，至今仍是农民种田和城里人种花最为常见的工具。

第三节　水上劳作习俗

早在越国时期，浙东地区就开始从原始的狩猎捕捞到种植养殖的历史性转变。浙东运河流域河湖密布，东临大海，不仅稻田面积很大，水稻产量也很高，而且渔业资源丰富，所以这里的农民也多是渔民。

一、河湖劳作

对浙东运河沿岸的人们来说，捕鱼捞虾就是日常生活。

以舟作生业

萧绍平原、宁绍平原地势平坦，河湖密布，濒临东海，这里的人们驾舟如同双腿走路，十分娴熟。正如陆游在《镜湖女》诗中写道："湖中居人事舟楫，家家以舟作生业。"这是宁绍水乡旧时的寻常之景，也是浙东运河流域的旧时风俗。

风景秀丽的浙东运河绍兴段（摄于 20 世纪 20 年代）

绍兴渔民以舟作生业实景图（摄于 1978 年）

在这里，几乎家家都有一只小划船，船身轻、船速快，载人载货，上街买卖、走亲访友，坐上三四人，可随时出行办事。更多是载人去田间地头干活，载农具、肥料、收获的果蔬、稻谷。这里的农民其实更像渔民，驾舟捕鱼、采菱、摸螺蛳等水上作业，甚至可以进行水上婚嫁，摇着小船看社戏。

夕阳西下，常常可以看到小船悠闲地行进。船夫坐在船尾，背倚一块直竖的木板，左臂腋下夹着一只船橹，稳操方向，两脚一曲一伸地蹬着船桨，推动小船前行。这富有诗意的画面就是浙东运河畔民风的一大写照。

采莲采菱

平原水乡大片的水域，不仅有鱼有虾，也生长着大量的莲藕、大菱等水生植物。用舟船采摘莲菱，不仅成了一大景观，也是浙东运河沿岸的生产习俗。

莲真是个好东西。莲不仅能盛开美丽的莲花，还能结出美味的果实——莲子与莲藕。夏天开莲花结莲蓬，秋天产莲藕，花与蓬长在水面上，藕长在水面下，夏秋两季都能享受到莲带给我们的美丽与丰盛，莲浑身都是宝。

莲蓬的采摘季节一般从小暑开始，立秋前后为旺盛期，秋分前后采完。莲蓬在浙东运河沿岸，算是夏日一个经典的休闲果子，到了七八月份，大街小巷、农贸市场、居民楼门口总会看见一个个农人挑着一担的水莲蓬，三五元一个在卖，不论男女老少总喜欢信手买来，随手剥开，把清香微甜爽脆的嫩莲子直接送到嘴里，既饱了口福，又清热解暑。饭店桌上也有用莲子做成的各种菜肴，如冰镇莲子、糯米莲藕等。

莲藕的挖掘从每年的七月开始，藕农先会去挖一些极嫩的藕苗，可炒着吃，更好的吃法是凉拌，鲜嫩的藕苗脆甜爽口，非常适合做夏天开胃菜。过了七月，藕苗就会渐渐长成粗大的莲藕，这时候开始，农民可根据需求一点点挖藕上来，或做菜或晒藕粉。

农民采莲采菱场景（摄于 1987 年）

农民去采莲采菱一般用无篷小划船，另外还会用颇有特色的"蚌壳船"，尤其是采菱多用这类扁形大木桶，俗称"菱桶"，蚌壳船只有熟谙水性的水乡儿女才敢乘坐和使用。

采菱多在入秋后 8 月中下旬的处暑时节，此时菱叶柔嫩，菱角翠绿，剥开来，将有些涩味的一层薄衣除去，可生吃，也可煮熟吃或炒着吃，都是极其鲜美的。入秋之后，菱角或者深绛浅红，或者深绿浅碧，贮藏的淀粉更为丰富，很多巧妇会把菱肉制成粉状，食用后可以补脾胃，去暑解毒。

无论是在莲塘采莲还是菱塘采菱，都是在炎热的夏天进行，果实虽美味无比，但对农民来说是一份极为辛苦的农活。

汉乐府民歌《江南可采莲》中描述的诗一般美景："江南可采莲，莲叶何田田。鱼戏莲叶间。鱼戏莲叶东，鱼戏莲叶西，鱼戏莲叶南，鱼戏莲叶北。"其中包含着自古以来农民们多少的辛劳与喜悦。

捕鱼摸虾

捕鱼摸虾，勾起多少现代男子儿时的童趣。在浙东运河流域，这便是人们生活生产的日常。捕捉来的鱼虾不仅能丰富饭桌菜品，剩余的还能拿到集市上去卖，赚回钱来贴补家用。

鱼虾不仅生长在河湖溪沟，更多生长在稻田里，尤其在没有用农药之前，稻田里的鱼虾、泥鳅、黄鳝等非常多。农民既种田又养鱼，是农民也是渔民，当然也有专门以捕鱼摸虾扒螺蛳为生业的渔民。

在河湖里捕鱼捉虾的常用工具是船和网，在水田里一般都是用畚箕，在钱塘江、曹娥江边其至用扫帚就能捕捉到大量的毛蟹、白玉蟹。捕鱼捉虾的方法非常多，有专门捕大鱼的要用撒网捕捞，有用掏捻船专捕小鱼小虾的，有专门投放虾笼捕虾的，有用棒槌敲击的方法捕鱼的，还有涨潮、洪涝时捕鱼，以及深水处垂钓，都是水乡劳动人民长期实践经验的总结。

浙东运河上捕鱼船（摄于 1925 年）

这里的水产品种非常多，常见的有鲫鱼、胖头鱼、青鱼、鲢鱼、鳜鱼、鲤鱼、河虾、泥鳅、黄鳝、甲鱼、蟹等。

鸬鹚捕鱼

鸬鹚是一种大型水鸟，灰、黑色居多，样子长得像鸭子，又叫水老鸦。它比鸭子凶猛多了，细长有力的脖颈，里面就能装下不少的鱼，嘴巴又尖又长，非常擅长捕鱼，因此在浙东运河沿岸的一些水乡，就有人长期驯养鸬鹚捕鱼的技艺和习俗。

这项技艺需要人与鸟之间协调配合，经过驯养的鸬鹚，能听懂主人的一些简单指令，往往一声吆喝，鸬鹚就会跳入水中，飞快捕捉到鱼儿，叼着一条外露一截的鱼飞回船上，由渔夫把嘴里鱼取出，再继续潜入水中捕鱼。一天下来，鸬鹚平均可以捕鱼20斤左右。聪敏的鸬鹚当遇到大鱼无法独立捕获时，它们还会一起合作，啄着大鱼的不同部位，把大鱼拖到船边，让渔民用网兜捞上来。鸬鹚捕鱼用的船不大，两侧船舷上都立着多根木桩供鸬鹚栖息。这种船用竹篙撑船，竹篙另一个用处是赶鸬鹚下水和催它们上船。

浙东运河上鸬鹚捕鱼船（摄于1926年）

不用鱼钩，不用撒网，渔民靠鸬鹚将鱼捕上船，鸬鹚捕鱼也成为这一带的独特风景。千百年来，鸬鹚捕鱼是渔民水上劳作的一种，世代相传。鸬鹚凭借其敏锐的视觉和极快的速度，抓鱼百发百中，但这样也会伤害一些受保护鱼类；另一方面鸬鹚是国家二级保护动物，所以许多地方业已禁止鸬鹚捕鱼，鸬鹚捕鱼习俗仅供表演观赏。

耙螺蛳

绍兴有名的一句俗语叫"清明螺，抵只鹅"，意为春天四月的螺蛳肥而无卵，是一年中最好吃的时候。

浙东运河沿岸独特的自然环境，非常适合螺蛳这种喜冬暖夏凉、浅水软土、微生物丰富的湖泊、池塘、水田和缓流的河溪的生物的生长。清明前后，不论是萧山的西小江边，还是绍兴的太平桥边，或是余姚的古塘旁，甚至是一些沿河台阶上，密密麻麻的螺蛳排着，只要有水的地方就有螺蛳的繁殖生长。

农人耙螺蛳的方法非常简单，因为螺蛳不像鱼虾会快速逃掉，所以水浅的地方可直接用手去捧，春夏季一碗螺分分钟就搞定；水稍深一点，人们会在前一天往水里放一把扫帚，第二天把扫帚捞上来，上面就粘着很多的螺；到江河中耙螺蛳，就要用专业的耙螺船和专用工具——螺耙。螺耙用长竹竿做成柄，

绍兴渔民扒螺蛳（摄于 20 世纪 70 年代）

一端手握，另一端装上一个竹箕或长方形网兜，与之配对的是一把竹耙。通常夫妻两人操作：一人划船，一人用耙在湖河江底里轻轻把螺耙入竹箕或网兜，手感比较沉重时将竹箕或网兜提出水面，把螺蛳倒入船舱中。随后再把小螺、石子、杂物剔除，剩下的全是新鲜的螺蛳。

大自然馈赠的鲜美野生螺蛳，是人们餐桌上的常见菜。螺蛳的吃法很多，可煮、可蒸、可醉、可糟，煮熟后挑出螺肉可拌、可炝甚至酱干，无不适宜。而酱爆螺蛳绝对是这里的招牌菜，民间传说"强盗看见勿肯走"。

水龙会

水龙会是旧时宁绍一带常设的民间消防组织，也叫"永济会""太平会"等。

城镇街坊，农村山林，有火情时均能看到水龙会的身影。水龙会一般备有一艘龙舟和一间河边或井边的房屋，还配有一二架木制杠杆式水龙、水桶、吊桶、铜锣、行号、大旗、小旗、梯子、挠钩、刀锯斧、扛索、号衣、号帽、灯笼等设施，以备救火时用。水龙会的成员叫龙兵，大都是由各行各业身体强健的男性青壮年义务担任，每个水龙会都有一名负责组织和保管器材的"龙头"，救火时"龙头"会首先确定安放水龙的位置，并迅速套装上水，进行现场指挥，统一调度，分工明确，行动一致。如遇火灾，敲锣为号，救火兵四方云集，不管白天还是晚上，即刻赶到。救火时，司龙者管水龙，司苗者对准苗水，司筹者凭筹给钱，司烛者白天用小旗、晚上用高灯笼，旗上灯上写明做什么事，旁人一看便知。即使是遇到楼房或高处火灾，他们也会勇敢去救。当然事先备好了梯子、挠钩等用具，他们用粗大绳索搭起梯子，攀缘而上。为了救护被火围困的人，有时甚至还会拆屋。《杭俗遗风》中曾称赞这些人"其用力之踊跃，诚有奋不顾身之势"。水龙会扑灭火灾后，会吹号一声，鸣锣一下，称为"太平锣"，让沿途乡亲知道，大火已经扑灭，大家可以放心。

水龙会成员平时会在农闲时做演练，有的水龙会有统一的服装鞋帽和装备，有时夜间巡逻，队伍整齐，高举灯笼，提示百姓小心火烛，附近百姓也会随之而行，非常热闹又起警示作用。

民间传说农历五月二十为分龙日。这天开始，龙命令下属各自分头下雨，分龙日也由此而来。各地的水龙会习惯在这天组织龙兵举行浇龙（喷水）比赛，参加比赛的龙舟一般都漆成接近水色的蓝色或白色，但也有通体金黄的"小金龙"。每到一个村口，各路龙舟总要进行一番速度的竞赛，每年龙兵如蚁，观者似潮。旧时分龙日浇龙比赛，实际上是在干燥的夏秋季到来之前，进行一次灭火救灾实战演习，非常有必要。

水龙会虽说是个民间消防组织，连经费都是民间募集的，但其作用不可小觑。

二、海上劳作

浙东运河流域的宁波，河湖海洋资源极其丰富，鱼及各类水产品成为这一带的重要生活必需品。考古证实，先民们在六千多年前已有出东海捕海鱼的记录。先是在海涂，慢慢到浅海、近海；先是手抓棒打，后使用渔船渔网。数千年来逐步形成了一系列的捕捞习俗，其中有许多信仰、特定的岁时节气习俗流传至今。

赶海捕鱼

赶海是海边居民根据潮涨潮落的规律，赶在潮落时，到海滩上捡拾因涨潮而被推上来留下的海鲜。赶海抓海鲜是当地人最为快乐幸福的事，人人可参与，不用专业技术和工具，就能捡到新鲜野生的海鲜。

在大海里捕鱼，传统方法有围网捕捞、拖网捕捞、钓鱼三种，主要是前两种。围网捕捞，首先用渔网将鱼群围绕起来，然后收紧渔网底部绳索，将网中鱼拖上船里的方法。近海捕鱼多用此方法。围网可以分为定置围网和漂流围网两种。定置围网是将渔网固定在一定位置，等待鱼群主动进入网中。漂流围网则是将渔网随海水漂动，捕捞经过的鱼群。

拖网捕捞，是通过船只拖曳，将渔网投入水中，收网拉回捕捞鱼类。拖网是一种常见的捕鱼工具，主要用于捕捞中小型鱼类和底栖生物。这种方法适用于浅海和近海区域。最大的缺点是易对底层生态造成破坏。

钓鱼是捕海鱼的一种补充方式，它需要在海上找到适合的鱼群，然后用鱼饵鱼钩鱼线把鱼钓上来。海上钓鱼有浮钓和重钓两种。

在波涛汹涌的大海里捕鱼，渔民与风浪搏击，生命安全、收获多少都是未知数，而且极易受天气影响。所以海事、渔猎活动中的禁忌不但多而且神秘，于是对神的崇拜、各种禁忌行为就成为渔民生活中不可缺少的一部分。如渔民出海日须逢双、出海前先敬龙王、请菩萨，以保平安。渔民开船捕鱼，最希望第一网捕上墨鱼，因墨鱼"黑心"，是特大的吉兆，能满载而归。如果是白鳘鱼，认为白辛苦，不吉利。吃鱼不能翻动鱼身，以避翻船之厄运；妇女不能跨越渔网，认为不干净要倒运；小孩不能在渔网下游戏，意味着鱼会从网底溜走。

虽然有些禁忌从科学层面讲毫无依据，只是一种心理暗示和心灵寄托，但作为风俗习惯仍然保留下来。

造海船习俗

宁波的渔民以捕鱼为生，很多时候都在海上漂泊，所以一条坚固的船就是对生命的最好保护。渔民尊称渔船为"船龙"。渔民把造船看得比造房还重要。造渔船先要请造船师傅、精选材料，择吉日开工，亲戚朋友要送酒肉、馒头，要放鞭炮，船头一定要藏金银，并用银钉钉合，这是船的灵魂，安装船眼、新船造好下海前有各种祭神仪式。仪式既隆重又热闹，过程既慎重又神秘。还要三牲福礼敬请天地神灵，感谢造船师傅，还要在新船梁头披红挂彩。渔船造底的这天，被定为船的生日。每年的这一天，无论渔船在家还是外出捕捞，都要给船过生日。

给新船起名也是有一番讲究的，有请德高望重有文化的人早早取好的，也有的应现场人情物态即兴而成的，总之要求大吉大利、雅俗共赏。

渔船定彩

渔船定彩是整个造船过程中最后一道工序，就是给船装上"船眼睛"，称"定彩"。这道工序完成了，这条船才活了，有生命了，渔民会把这条木船尊为"船龙"，定彩是真正的画龙点睛之作。

装船眼也是有讲究的：在两船眼里要各藏一枚银元，船眼须下视，意为始终在寻鱼，船眼只能用三枚银钉子，先用两枚定位，钉第三枚时必须在良辰吉时，银钉要包上红布条一次性敲入。

新船下水

新船下水前，船头会涂成红、黑、白三色，在船尾各插一丈二尺高的旗帜，旗帜上写"天上圣母娘娘"，并用红、黄、蓝、白、黑各色布匹披挂船身，船头船尾会插满各种写着吉利丰收语言的旗帜。选好吉日良辰，下水时，由船主揭去蒙在船眼上的红布，称"启眼"，船主会用热水洗船眼，意思是船眼明亮，可帮助找到鱼群。

新船下水时，一边敲锣打鼓、鸣放鞭炮；一边几十名身强力壮、父母双全的青壮年慢慢将船推入水中，称"赴水"（宁波话谐音"富庶"）。赴水时，船东家会站在船头上，向船匠师傅谢恩，对所有参加人员分抛馒头，称之"发福"。

船老大

渔船里的人分工明确，等级森严。船老大是一船之长，对渔船内的事全面负责，最主要是他有掌握鱼群洄游规律的能力，是灵魂人物，地位很高，船上的其他人须绝对服从船老大的指挥。

对船老大敬重与服从是船上的规矩，如与他见面或告别时都要有礼貌地说一声"顺风"或"满载"；饭桌上船老大坐首席，主菜放他前面并且头要朝向他。船老大可以是船主，也可以是雇来的。

船关菩萨

在浙东沿海一带，渔家的保护神主要是妈祖和船关菩萨。船关菩萨也称船关老爷，在每艘渔船的后舱，都摆着一个精致的神龛，专供船关菩萨。在菩萨两旁，会立两个小神千里眼与顺风耳，意即专听船关菩萨差遣，神龛前放一只香炉，终日香火不断。

每当新船下海或有鱼汛出海时，都要用猪头、全鸭、鲜鱼做供品向船关菩萨祈福，称"祝福"。出海捕到的第一条大黄鱼，也要先供奉菩萨。捕鱼将归时，船老大会从供奉的猪头上割下猪鼻抛入海里，叫"散福"。

祭海

千百年来相传至今的祭海习俗影响力很大，是渔民崇拜信仰海龙王及海上神仙的一种习俗。早在史前就有祭海活动，《新唐书·礼乐志》也有祭四海龙王的记载，到清雍正官方合祭到达顶峰。同时，民间祭海风俗也一直盛行，所以祭海有官方祭海与民间祭海两种。

官方祭海是历代封建王朝统治者，出于各种需要和目的，举行的盛大的祭海典礼。渔民祭海无时无处不在，船上常年专供船关菩萨，在新船下水，渔船开洋（农历立夏大黄鱼汛、乌贼汛、鳓鱼汛、鲳鱼汛时，渔船第一次出洋），拢洋（渔船靠岸或结束捕捞），以及鱼汛结束谢洋等重大节日，都会举行祭海仪式，船船如此，村村如此，相沿成俗。

祭海的供品、仪式、焚化品与其他祭祀仪式差不多，目的都是祈求出海捕鱼时平安丰收。特别的是有的祭祀时，会放一副棺材板，称"太平坊"，出海时把它放在船上。这样做的意思是海上捕捞可能会碰到大风大浪，万一渔民葬身大海，就把棺材板推入水中，也算死有葬身之地了，与陆地上人死后入土为安同义。

祭海的积极意义是教育人们敬畏海洋，善待海洋，感恩海洋。

海难求救

船在大海中航行，难免会碰到各种事故。除遇大风浪外，较为常见的是渔船触礁或漏水等意外。碰到事故，渔民有一套约定俗成的求救做法：如首先在船头显眼位置倒插一把扫帚，然后在桅顶挂起破衣，起到告知和求救过往船只的作用，如是晚上，须点起火把或灯笼，敲打面盆、铁锅等器皿求救。过往船只看到或听到后，必须立即全力救援，不会见死不救。当救护船靠拢遇难船时，先抛缆绳救人，然后用缆绳拖船。遇险者在跳船或跳到安全地方时，要先把鞋子或杂物扔过去，然后再跳，这是为了避邪不把厄运带过去。在海上看到漂浮的尸体时，要打捞上来，但是朝天女尸或伏着男尸，都要等海浪把尸体打翻转身后才能打捞，捞尸前要用镶边篷布蒙住船眼，避免邪气侵害了船体。渔民出海，定期不归的，亲人会把他的衣服绑在船头的竹竿上。过往船只一旦发现尸体或听到消息，会及时传告。这也是渔民们在海洋作业中团队合作、有难互帮精神的体现。

妈祖信仰

宁波渔民对妈祖的信仰绝对虔诚，妈祖也被尊称为天后、天妃、海神娘娘，是渔民和船员的守护神，被认为具有保佑渔民安全出海、丰收的力量。妈祖信仰起源于中国南部沿海地区，后来逐渐传播到全国各地，并成为华人社区和海洋相关行业的信仰之一。尽管妈祖信仰与道教密切相关，但妈祖信仰并不仅限于道教教派，它也融合了其他宗教元素。因此，可以说妈祖信仰具有多元化的宗教特征，既有道教的神灵崇拜，也有佛教的慈悲救度和"儒教"的道德教化。每年农历三月二十三日和九月九日，渔民们都会去娘娘宫举行隆重的祭祀活动。渔民还会带着自制的小船灯，从四面八方汇集到渔港岸边，将内有燃着蜡烛的小船放入大海，让小船随风向海中漂去，一时灯影水光，互相映衬，肃穆而神秘。接着，渔民们在海边摆设供品，焚香烧纸，以求出海捕鱼能平安丰收。供品中蒸鸡和蒸鱼必不可缺，取"吉（鸡）庆有余（鱼）快（鲙）发财"之意。

船头拜北

船头拜北，是指冬季岸边停泊的渔船的船头须面向北，朝拜北斗星，祈求北斗星未来继续指引航向，逢凶化吉。当然还须同时举行拜北仪式：船主在船头设香案，摆供品，另一人点上火把，举着绕船转圈，此时敲响六面铜锣，点亮四盏红灯，升起两面三角神旗，船主点燃香烛，跪在船头向北三叩首，并念祈求保佑吉利的话。

跑火把

跑火把是旧时渔民过年必行的一个渔俗，其目的一是增加过年的热闹气氛，二是给船壮胆求来年出海平安。跑火把过程如下：船的主人把芦苇捆扎好作为火把，到大年三十晚上子夜时，点燃火把，让两个人各举一个火把，跑到一个个庙里，再跑到河沿海边，绕着自家的渔船跑圈，边跑边喊"大将军八面威风，二将军开路先锋，船头压浪、舵后生风"等吉祥口号。所到各庙大门敞开，明灯高悬，迎接火把，船主们依次在各庙进香拜庙神。跑火把队伍前有铜锣开道，神旗、灯笼紧跟其后，千万只火把汇聚成一条条火龙，穿梭于各庙宇、道路、岸边、渔船中，场面壮观热烈，把渔乡的除夕夜照得如同白昼，终点是自家渔船，火把不可中途熄灭，必须等到火把燃烧完毕才认为吉利。

起驳

起驳原意是用小船将大船里货物运至岸上，这里其实是指旧时宁波一种讨彩头做法。起驳在除夕夜，有渔船的人家，在经过跑火把、拜北斗这些祭祀活动后，想象中船主的渔船已经是鱼虾多到装不下的程度了，需要有人帮忙分享一些。因此，一些孩子或穷苦的人员，便会在大人授意下，一边高喊着"起驳起来"，一边拥进船主家，船主家会高兴地将一些糖果零食分赠给他们。他们嘴里吃着、手里捧着、衣角里兜着，蹦蹦跳跳高兴喊着"一网打两船，一网金，二网银，三网打个聚宝盆"离开。旧时，物资不丰富，尤其家境贫寒的渔民，即使是过年也很少有吃到这些食品，所以他们会很开心，珍惜去每家起驳的机会。对于船主家来说，过年过节，分发果品，图个吉祥，所以整个起驳活动自始至终都充满了喜庆的气氛。

除夕夜观年景

除夕夜观年景是渔民家除夕的一个必备习俗。除夕夜十二点，正是除旧迎新之际，全家老小会走到室外，仰望天空，焚烧神纸（印有各种神像的符纸）。烧神纸的寓意是送诸神离位升天。一家之长在仰望天空时，会作出观天象后的判断：如果繁星满天，微风和煦，便会高兴大喊"好天"，其他人也会附和喊好天，内心会感谢上天保佑，这一年人船平安顺遂；如果此时还能听到猫叫，则会更加欣喜，代表"猫叫有鱼"，来年一定是个好年景。否则，便认为来年年景一般，要更加努力和小心行事。

制血渔网

血渔网指渔民为引鱼和使渔网更结实的一种习俗，也是一门古老的技艺。制作过程并不复杂，把干燥渔网放进一个大缸里，再倒进去新鲜的猪血，让渔网全部被猪血浸透为止，目的是让渔网染上一层保护膜，再捞出来，或在强阳光下晒干，或在大蒸锅里蒸，也有把新织成的渔网或使用一年的旧渔网先用桐油刷一遍，再浸泡在猪血里的。

浸过猪血的渔网，一方面能防止海水的腐蚀，增加使用寿命，另一个好处是，血渔网撒到海里后，鱼群很远就能闻到猪血的腥味，能引诱鱼群入网，增加鱼虾上网的概率。制血渔网是渔民提高捕鱼概率实践经验的总结。

鱼汛

海洋渔业中，在特定时间内，某种鱼类或海洋生物成群集中出现在一定海域，称为鱼汛。海洋鱼汛的出现是渔民出海捕鱼的信号。所以能否准确掌握鱼汛是直接关系到渔民是否丰收的大事。一年中鱼汛有清明到大暑间的春夏汛，立秋到重阳的秋汛，重阳到年末的冬汛。鱼汛生成原因是，鱼类或其他海洋生物有规律的产卵、洄游、密集滞留的时间。

故这个时间长短决定鱼汛期的长短，当然还与渔场的地理位置、气候、海洋环境变化也有关，鱼汛也并非每年每季都一样，它会有持续时间长短和密集程度的变化。准确的鱼汛是保证捕捞高产的重要条件。

开洋与谢洋

根据鱼汛情况，渔民出海捕捞称为开洋，鱼汛结束渔船平安返回港口称谢洋。渔民祈求开洋平安、丰收会举行隆重的开船仪式，仪式在鼓乐鞭炮声中开始，彩船沿着渔港巡游，再进行祭海仪式，向大海敬献全猪全羊、五谷五果、酒类等供品，场面隆重而热闹。

谢洋是渔民为了感恩以东海龙王为代表的海上诸位神灵的祭祀民俗。以祭海为核心的祭祀仪式，祭祀地点可以在当地龙王宫、渔港码头或渔船上，现场放置龙王神位，燃烛点香，供以猪羊鹅等五牲及果蔬，渔民虔诚敬酒祈福。礼仪仪式讲究，程序严谨。仪式结束后，所有祭祀食物由渔民们共餐同食，意为有福同享。开洋与谢洋习俗经千百年传袭成节，至今宁波象山、镇海等地都非常重视这一节日文化活动。

鸣锣惊鱼

鸣锣惊鱼，是渔民在海上围网捕鱼的一个行之有效的方法。最初鸣锣惊鱼是为了防御鲸鱼对渔船的侵扰，因为鲸鱼的出没可能会导致船翻人亡，损失惨重。后来海上鲸群也不多见了，渔民们却意外发现使劲敲打铜锣，洪亮的铜锣声会将鱼群震得晕头转向，不知所从，此时渔民立即撒网捕捞，继续敲击铜锣，鱼虾拼命挣扎，受惊上浮，便可以捕获大量的鱼虾，满舱而归。此法屡试屡中十分奏效。于是，渔民们出海时就在船舱中常备铜锣，以备驱赶鲸群之不测，又可用于惊鱼捕捞。最为经典的是，黄花鱼汛期时，渔民用此方法可以达到一网打两船效果，捕捞效率大大提高了。

娘娘庙里挂帆船

古代渔民出海捕捞，安危难测，尤其在家里的亲人，整日担心、害怕，为求人船平安，按自家渔船的样子做一只小船模型，用绳挂在娘娘庙里的房梁上，意即祈求娘娘保护自家船只。如家人出海劳作时遇到大风浪了，陆地上的亲人便会立即往娘娘庙里跑，仔细察看自家的小船船底是否潮湿。如果船底潮湿，表明娘娘已驾船去搭救自家的亲人了。家人会跪地谢恩娘娘，也希望搭救成功，以此来慰藉内心的极度恐慌。

迎头鬃

"头鬃"，在闽南语中的原意指头发，后引申为领头、第一。旧时渔行老板为了刺激渔民多捕鱼，也为防止渔船把海货卖给别的渔行，便采用了"举头鬃"的办法，即评出第一名。具体做法是在汛期结束后，各个渔行都会评出产量最高的渔船，并给此渔船船老大送旗赠物，十分荣耀。

接下来便是择吉日举行迎头鬃仪式。迎头鬃是很隆重的渔事活动。渔行主会拿着红包和头鬃旗，一路敲锣打鼓、燃放鞭炮，热热闹闹地送到获得头鬃的船老大家里。船老大则摆酒宴款待众人。席上，船老大坐上位。宴会结束后，船老大和船员又一路敲锣打鼓，把头鬃旗送上渔船，祭拜船上供奉的妈祖神位，再把旗升到桅杆上。年成好的时候，得到头鬃的渔船和渔行还会出资请外地戏班来渔港演出，与大家同乐。

举头鬃是争第一，迎头鬃是对第一的表彰和奖赏。这一生产习俗会激发竞争意识，增强荣誉感，对生产起到一定的推动作用。

同船同命、夫妻同甘苦

旧时的出海捕捞，不仅是同船的所有人利害一致，就连留在陆上的妻子与出海的丈夫的命运也休戚相关，所以渔民就有同船同命、夫妻同甘苦的习俗。

从出海开洋到汛期结束后返港谢洋，渔船在海上捕捞中，全船伙计同船同命，齐心协力，即使有人家里发生意外，也不能私自在本渔季尚未结束前离船。这就是同船同命。

海上捕捞一直到每年十一月底渔船才会返港过冬。旧时有习俗规定只有等自家的渔船安全回来了，在家的女人们才可以穿棉袄。如果渔船被困在海上或外埠，不能回家过冬，这只渔船上所有渔民的家属，特别是已婚女子，不管天气多么寒冷，也不能穿棉袄，这就是夫妻同甘共苦。

禁向邻船借物

渔船在海上劳作，往往要比较长时间停留在海上，难免会缺淡水或其他生活生产必需品。当遇到过往船只或熟悉的渔民时，是禁止向他们借的，因为在多数老渔民意识里，最忌讳相互借东西，因为借别人东西就等于夺别人的财气。即使非借不可，也是有讲究的，那就要先送木柴给对方，表示不夺他人财气；而当邻船缺乏淡水或其他必需物资时，主动给予帮助的，接受帮助者也要有所回赠，当然不必是贵重物资，也是一根木柴即可。因此不少渔民在出海时都会备足柴火，一方面作为燃料用，另一方面以备急需馈赠用。

吃鱼规矩

对海边渔民来说，吃鱼的规矩既严格又神圣。因为对渔民们来说，鱼是他们生活的主要经济来源，也是他们需要敬重的对象。因此，吃鱼时规矩颇多。吃鱼时，主人会用筷子示意客人先开吃，待客人尝第一筷后，宾主才可一道食用；吃鱼顺序必须先吃面上鱼肉，吃干净并剔掉鱼骨后再吃下面的鱼肉，不能先挖鱼眼睛吃，在吃鱼时不能用筷子翻动鱼身，口中更不能说"翻鱼身"。因这个原因，主人怕客人不知道规矩，所以总是早早拿起筷子，从鱼刺的缝隙中伸进去，细心地拨出整块的鱼肉请客人食用，同时会说："顺着再吃！顺着再吃！"

孩子吃鱼也有很多的规矩。老渔民认为，小孩吃了鱼头会捉鱼、吃了鱼尾会摇船、吃了鱼翅（鳍）会游泳。一般不给孩子吃鱼子，认为吃了会变笨，也不让孩子吃鱼脸，认为鱼脸是无情肉，吃了会使孩子变小气。但虾蟹等水产品可以任由孩子食用。

海边渔民节庆吃鱼时，要老大先动筷其他人才能吃。老大吃鱼头，挡橹（小老大）吃鱼尾，其他人吃中段，不能吃错部位。据说曾发生过挡橹未吃到鱼尾，把橹板锯断的故事，而作为老板只能忍气吞声道歉，可见吃鱼规矩之严格。

第四节　手工业习俗

浙东运河流域历史悠久、经济发达、物产丰富、文化灿烂，这些无不体现着这里劳动人民的勤劳与智慧。这一区域被誉为黄酒之乡、服装之都、石桥之乡、越瓷之乡等，这与一代代能工巧匠的精湛手艺与汗水铸就是分不开的。

浙东运河流域山原海地形、河湖密布的自然环境催生出如酿酒业、陶瓷烧制、石材营造、纺织制衣、朱金木雕等门类众多的手工业，以及后来分工更细而产生的木匠、泥匠、石匠、铁匠、铜匠、锡匠、箪匠、船工、漆匠、裁缝等"百作手艺"匠。所有手工匠都有自己信奉的祖师，例如铁匠、铜匠、银匠认为祖师爷是太上老君，石匠、木匠、泥水匠均奉鲁班为师。旧俗学手艺一定要拜师，诸匠中不承认无师自通，即便是技术再精，同行不认，东家也不请。拜师要办"拜师酒"，要订立师徒合约，并宴请各工匠亲友。拜师时，徒弟向师傅师母跪拜行礼，师兄弟间举酒庆贺。学徒期满后称"半庄"。学徒期满后方可出师，以后便算为正式工匠。正式工匠可以自投东家，可自行开业，但不能与师傅抢生意。逢年过节还要携礼看望师傅，叫一日为师终身为父。

千百年来，这些手工业者在他们的生产和生活中形成的独特仪式、规矩，影响着手工业的发展。

一、手艺工匠

木匠

木匠在我国古代是百工中极为重要的工种，被称为古代四大匠之一，其专指用木头建造房屋和制造家具船舶等物件的人，也称木工。在古代几乎所有的建与制都离不开木匠，是涉及范围很广的工种。中国最早的木工可以追溯到有巢氏，有巢氏用木构架搭建了人类最早的建筑物——巢居。浙东运河流域专业的木工在原始社会晚期就已经出现了。

木匠的工具很多，有斧、锛、锯、曲尺、墨斗、刨、凿、钻、锉、羊角锤、墨斗等，工具专门用木箱装放，忌他人乱动。在宁绍一带木匠做活经常会有"留尾巴"的习俗，哪怕干完活后留点刨花，让主人家自己来收拾，其用意是暗示主人家希望"还有活干"。但在做棺材活时，一定要收拾得干净利落，否则，会被误认为是在诅咒东家再死人，是犯大忌讳的。徒弟拜师学艺要三年，这三年内徒弟没有工钱，一般不回家，三年期满。

木工内部还有较细分工，有专门造房的、造船的、做家具农具的等。

泥瓦匠

泥瓦匠，俗称"泥水匠"，指从事砌砖、盖瓦、造桥、修路的工匠。泥瓦匠在百工中极其重要，被称为古代四大匠之一。泥瓦匠从瓦匠发展而来，早期的瓦匠仅承担做瓦和盖瓦这两件事。据传专业的泥瓦匠最早出自宋代，当时著名理学家朱熹曾这样描写泥瓦匠"天晴盖瓦，下雨和泥"。泥瓦匠与木工、石工等有一个共同祖师爷鲁班。相传鲁班的小名叫"双"，所以泥水匠在盖房安瓦时忌双排或双行，为的是避开祖师的名讳。农历五月初七举行"鲁班会"，工匠们隆重祭祀祖师，祈求祖师保佑自己四季平安。泥瓦匠基本的从业技术是砌砖、抹墙，要做到横平竖直。

瓦匠盖瓦这事很有讲究，因瓦也分九等，所以古代什么人家盖什么瓦、配什么瓦饰都有严格规定，不得僭越，但凡僭越都有杀头的危险。旧时砌墙是夯匠的事，一座房屋由木匠搭建架子，夯匠夯墙、瓦匠盖瓦。到出现专业窑厂后，瓦匠、夯匠才慢慢变成一体。近代钢筋水泥在一栋房子的占比越来越大时，泥水匠真正壮大成了一个行业——建筑业。

铁匠

铁匠，以铁为原料，用铁锤打造出生产工具和生活用品。铁匠的祖师爷是春秋时老君，老君也是道家的创始人，旧时的铁匠在百工中极其重要，被称为古代四大匠之一。

旧时有谚语称"世上三行苦，撑船打铁磨豆腐"。要打造一件铁制品，需经选料、烧火、捶打、成型、淬火等十几道工序，不仅要忍受烟熏火燎的环境之苦，还劳累至极。随着生产力发展，现在已经很难见到手工打铁和铁匠了。

打铁是重活，又是个技术活。铁匠一般都有一个自己的铁匠铺，有一座用来煅烧铁坯的火炉，工具非常多，仅锤子就有一二十种，大锤重达十多斤，必备的工具还有钳子、铲子、摁子、炉子、砧子、火柱、风箱，其中砧子最有讲究，分作活砧、鱼砧、端砧。一个铁匠会带一两个学徒，主要是帮助师傅把铁毛坯打成所需的形状。

想学这门手艺，一定得拜师傅。学徒三年为期，第一年做杂活，担水、劈柴、洗碗涮锅；第二年拉风箱、抢大锤、掌钳子；第三年成师傅的助手，在师傅的指点下学成出师。

打铁全凭铁匠的经验，物件的大小尺寸、薄厚程度、需要火候等，铁匠一看心里就有数，浙东民间有称"铁匠一肚皮的样式"。"打铁还需身板硬"，指铁匠不仅需要身体好更要技术好。

铁匠打铁（摄于 2001 年）

石匠

石匠是指从事采集石料，并将石料加工成产品的工匠。在浙东运河流域这个河湖密布的区域，造桥修路建房样样都离不开石匠的辛勤劳作。先辈工匠们的作品以及遗迹，至今仍熠熠生辉。

石匠是浙东运河流域传承时间最长久的手艺工匠，紧邻浙东运河的东湖石宕遗址、羊山石境等均是古代采石留下来的杰作，还有许多流传千古的碑文，精美绝伦的石刻佛像，经典的石桥技术，石匠对浙东地区历史文化发展起到了非常大的作用。石匠在百工中地位极其重要，与木匠、泥水匠、铁匠并称为古代四大匠。

篾匠

浙东运河流域大片丘陵地带盛产毛竹，古代的人们充分利用这一自然资源，把毛竹劈成很薄的片，这些薄片称为竹篾，竹篾可以编制生活用品、生产工具、儿童玩具等，这种能工巧匠被称为篾匠。篾匠的祖师爷是泰山，相传泰山是鲁班的徒弟，因鲁班看见篾匠蹲在地上做活，当时被贬称这是"狗碰头"，觉得十分不雅，有损形象，故不愿认泰山为自己的徒弟，后泰山为皇帝编成"上朝掌扇"，鲁班才认可他。

篾匠最重要的基本功就是劈篾，把一根粗大的毛竹劈削成如纸一样的薄片，再用这薄竹片编制成各种各样如篮子、畚箕一样的生活用品、生产工具以及各种工艺品。

随着塑料、不锈钢制品的出现，篾制品渐渐退出人们的日常生活。不过，近年来随着环保意识的增强，篾制品又重新被人们喜爱，尤其是精致的篾制工艺品大受市场的欢迎。

竹篾制品（摄于2003年）

裁缝

裁缝是指通过裁剪、缝纫布料而制作成衣服等生活用品的专业手艺人。

裁缝祖师爷是轩辕黄帝，中华民族的始祖黄帝，他教部族人员用骨做成针，以麻为线缝合兽皮做成衣服。浙东运河流域的余姚是河姆渡文化发源地，据河姆渡考古发现，当时已有管状骨针和先民用藤本植物的纤维纺成纱、织成粗疏的布再做成的衣，这就是浙东最早的裁缝。裁缝对这一区域后期成为世界服装之都、纺织之都的作用和影响是巨大而深远的。

古代因裁缝干的活被称为"女红"，一般从业者多为女性，因此社会地位较低。

修缸补甏

在浙东运河流域的酒乡绍兴，酒坛酒缸、酱缸染缸用量非常大，而这些坛缸都是陶制品，搬运稍有不慎极易破损，为了变废为宝修缸补坛之业应运而生。在酒坊酒厂、酱园染厂内往往有专业的匠人从事此项工作。

修缸补甏（摄于 1997 年）

若坛子只是裂缝，修补师傅只需用硬凿将缝隙凿宽，把用盐卤拌湿的铁砂粉灌嵌在凿深凿宽的破缝里，过些日子铁砂粉生锈了，就将破损处黏结得极其紧密，滴水不漏。如缸坛有一块缸片掉下了，则像补碗似的，用特殊的器具钻孔，再用大缸钉将缸片钉上，缝隙处如修坛那样灌嵌湿铁砂即可。修缸补甏的师傅也有通过吆喝在大街小巷、乡村进行修补的。这一工作也体现了古人勤俭节约的品德。

箍桶匠

箍桶匠行业十分古老，在旧时人们日常生活中是不可缺少的，像木匠、篾匠、石匠一样常见，做的多为各种桶形家具，一般以杉木为主要材料。相比木匠作业范围，箍桶匠要小得多，所以从事人员相对也较少。

箍桶匠属木匠中的一个分支。其主要制造桶形或圆形的木

箍桶匠（摄于 1998 年）

制家具，如水桶、饭甑、锅盖、粪桶、脚盆等。

箍桶匠的主要工具，有圆刨、长推刨、斧头、锉子、锯子、墨斗、直角尺等。随着塑料、不锈钢制品的大量出现，箍桶匠也真正失业了。

剃头匠

剃头匠行业，是一个渐行渐远、即将消失的传统味很浓的行业。起源很早，在越王勾践时已有相对固定的剃头师傅了，到了南北朝，便有了专业的剃头修面工匠，那时称之"待诏"。旧时浙东运河流域的剃头匠，除了刮风下雨天，平时总是挑着一副担子，走村串巷，以给人剃头刮脸为业。剃头担一头是火炉子、脸盆、小水桶之类的东西，要烧热水为顾客洗头、洁面，另一头是一个精巧的带抽屉的小柜子，里面放有手推子、刮脸刀、小剪子等理发必备工具。古代，无论男女都蓄发、扎辫子，同时也迷信地认为，头发受之于父母，不可随便剪之。所以过去人们所谓的剃头就

是洗发和梳篦，一般成年人洗过头后，主要用梳子及篦子，梳理整饰一番，除了辫子过长需修理或刮脸修面外，一般是不用刀具之类的工具的，所以从前剃头也叫"梳栉"或"篦头"。

到了清朝末年，随着辛亥革命的爆发，提倡男子一律剪掉辫子。剃头行业这才如雨后春笋般兴盛起来，也正儿八经有了"剃头匠"这个称谓，有的地方把剃头还叫"剪头""理头""推头"等。剃头的从业者中，开剃头店也多了起来，当然很大部分剃头匠仍每天挑着担子，在村头巷尾为百姓剃头修面。

阉鸡阉猪

浙东运河流域的家禽家畜养殖业非常发达，各种动物尤其是雄性动物，饲养到一定时候，会躁动不安，具有一定的破坏性。经阉割后，这样的情况会明显好转。由此便渐渐产生了一个专门职业——阉鸡（猪）师。人工阉割公鸡的步骤：在公鸡生长到 50 天左右，农村叫"半大鸡"的时候，就会对其进行阉割，目的是让它长得更肥大。阉割毕竟是对鸡动小手术，所以还是有讲究的。阉割之前的一天，不能给鸡喂食，只喂一些水，当天要阉割的公鸡早点放在鸡笼里休息。阉割过程比较简单，缚住公鸡的两只爪子和翅膀，把公鸡小腹左侧的毛拔干净，用小刀在公鸡小腹处开一小口子，用钳子或直接用手指把公鸡的两个睾丸夹住后，用小刀割掉，再把伤口缝合好即可。阉割后的公鸡，会变得比较温顺而不骚动，个头也变得肥大，鸡肉的口感也不那么柴了。

阉猪的原理与阉鸡完全一致，成年猪发情时不睡不吃，性情暴躁，挖砖攻石，甚至越栏逃跑，所以必须及时阉割。俗话说：猪不阉不胖，猪不阉心不静。雄猪割掉睾丸后就会温顺吃食，长出一身肥膘。

二、手工技艺

石材营造

浙东运河流域的石材营造技艺包括采石、石雕、营造石桥等技术与工艺。《越绝书》中记载采石最早出现于春秋时期，因建运河、灌渠、港口、桥梁、民居、道路等需要大量石材，石材营造成为运河沿线的重要产业。

石材的取得首先要采石，越国时就有工匠开始

浙东运河绍兴城西城门节妇亭与贞女牌坊群
（摄于 20 世纪 90 年代）

采石，到秦汉三国时已有较大规模的开采，至今仍留有绍兴的东湖、吼山、柯岩、羊山这样的千年采石场（石宕）遗迹。绍俗称采石工为"宕师傅"。采石工作业时最怕宕石因裂缝而折断，产生"倒宕"惨剧，所以宕师傅会在开采时、调整时、出材率下降时都要祭"宕神"，成为开石宕的传统习俗。

石材不仅可以造桥铺路，技艺高强的石匠还能雕琢石窗、石像、石柱等。宁波东钱湖南宋墓道石刻，是我国南宋时期规模最大、雕刻最精的墓道石刻遗存之一，在石雕艺术史上有很高的地位。宁波庙沟后和鄞州横省村两座石牌坊，是我国最早的石牌坊。绍兴古城西城门的贞女牌坊群，林立数里，蔚为壮观。

绍兴有桥乡的美名。绍兴的石桥营造技艺可追溯到越国时期，当时已把石柱、石梁、石桥面等运用到桥梁营造中。唐、宋时期，浙东运河驿路畅通，工商业发达，石桥营造技艺不断提高。至清代，石桥营造技艺发展

采石场（摄于 20 世纪 90 年代）

到鼎盛时期。绘制于清光绪癸巳（1893）的《绍兴府城衢路图》记录了绍兴城内有 229 座桥梁，石桥连街接巷，五步一登，十步一跨，形成独特的"无桥不成市，无桥不成路，无桥不成村"的景象。绍兴的古桥多为石桥，数量多，建造早，创造了我国桥梁史上多项之最。绍兴石桥营造技艺独特，形式多样，用料讲究，布局科学合理，形成了极为系统的技术体系。

宁绍地区的石材营造技艺，在历代劳动人民的敲打声中，创造出了灿烂的石文化和蓬勃的产业经济。

陶瓷烧制

浙东运河流域的越窑属于中国古代最著名的青瓷窑系。中国最早的瓷器于东汉时在越窑的龙窑里烧制成功，越窑青瓷一直被称为"母亲瓷"。越窑的制瓷技艺和产品，在我国制瓷史上占有非常重要的地位，是中国古代青瓷瓷窑的代表。

浙东有越窑，缘于其得天独厚的优势：这里山地、平原、河湖交错，山地藏有量大且易于开采的瓷土，为越窑青瓷的大量生产提供了最基本的原料，四明山脉、会稽山脉提供了源源不断的烧窑燃料，纵横交错的河流提供了便利的运输，关键是这一区域的能工巧匠不断改进工艺提高质量。

越窑最集中的产地是唐代明州慈溪县（今浙江省宁波市慈溪市）的上林湖一带，因五代时划归越州而得名"越窑"。上林湖越窑始烧于东汉，持续烧制了一千多年，于北宋末、南宋初停烧，是中国持续时间最长、影响范围最广的窑系。唐末宋初是上林湖越窑顶峰时期，产量大增，品质极高，釉色青翠莹润，有"越窑如冰"的美誉。产品包括瓶、壶、罐等各种生活器皿。吴越钱氏生产的秘色瓷，因色泽奇异独特，不随便示人，只供朝廷，成了这时期的极品。

除青瓷外，在河姆渡文化遗址中还发现了"夹炭黑陶"，主要种类有釜、罐、盆、豆、盘、钵、器盖和支座。除上林湖，在绍兴吼山也发现了原始青瓷窑址，据传是越国鼎盛时期的官办窑场；上虞上浦小仙坛的青瓷窑址，陶品造型优美，技术含量高。

唐代，越窑青瓷大量远销国外。由于上虞、余姚、慈溪窑址距离明州港很近，越窑青瓷通过明州港销到今日的朝鲜、日本、泰国、越南、柬埔寨、印度、伊朗、巴基斯坦、斯里兰卡、菲律宾、印度尼西亚、伊拉克、埃及、苏丹、坦桑尼亚、西班牙等。至北宋末、南宋初，由于制陶必需的自然资源陶土和燃料的枯竭，越窑衰落。

织造制作

浙东运河流域的纺织服装制作业历史悠久，从织布到染色再到成衣整条生产链都发展得极为出色。古越先民在新石器时代，就利用葛、麻等植物纤维织成布。春秋战国时期，越王勾践以"劝农桑"为基本国策，且"自身耕作，夫人自织"，推动了纺织生产。唐代，越州的交梭白纱、花纱闻名全国，畅销各地。绍兴的纺织业不管在纺制技艺还是产量上一直在全国名列前茅。清代，绍兴的华舍有"日出东方万丈绸"之称。清初，绍兴丝绸出口南洋及日本，路线基本是从浙东运河到明州港出海。如今的柯桥已是"国际纺都"。

明朝初年，绍兴农村普遍栽桑养蚕，朝廷在绍兴设织染局，大大推动了纺织印染业的发展。初创期染坊普遍采用"一只土锅二根棒，一顶土灶二只缸"的手工生

棉布染色实景图（摄于 2017 年）

产，用天然桑柴、豆柴、山栀等植物颜料染色。到清代，绍兴除"越布"染色外，又出现丝绸染色。当时，绍兴的华舍、齐贤等地出现一批染坊，染料也改为纯碱、胰子、石灰等。绍兴一些丝织高手和名染匠还外出到南京、苏州、杭州等地丝坊、染铺传授技艺。民国时，国外化工染料进口，各染坊逐渐改用进口染料。绍兴的染色业历久不衰，至今仍名闻遐迩。

浙东纺织染色业的发达，势必带动制衣业，更何况这个地区的越先民早在河姆渡时期，已经穿上了由野生植物纤维纺织而成的服饰。在古代中国，宁波便以"宁复""宁缎"而久负盛名，在清朝，宁波的裁缝遍及全国各地。朝廷的龙袍、甲胄、官服、命妇服等服饰，多由宁波人缝制。清末，在上海出现一批技艺精湛的宁波裁缝，因宁波人称洋人为"红毛"，所以为"红毛"制作衣服的裁缝便被称为"红帮裁缝"。红帮裁缝在上海、宁波乃至海外名气都很大，找红帮制衣的国人、外国人络绎不绝。红帮裁缝的绝活是量身定做，为提高技艺，不论师傅还是徒弟，都苦练基本功。他们针对西服面料厚、辅料硬的特点，通过练习"热水里捞针""牛皮上拔针"等特殊功夫，来提高运针的速度和力度。业余时间还刻苦进修英、俄、日、德等多种外语，以更好地满足外国顾客的要求。红帮裁缝多数是男师傅，可见宁波男人的手巧。孙中山先生的第一套中山装，就是宁波人做的，毛泽东主席开国大典上穿的中山装也出自宁波人之手。

宁波红帮裁缝的贡献在中国服装史上是不可替代的，他们开创了中国服装史上的五个第一：第一套西服，第一套中山装，第一部西服专著，第一家西服店，第一所西服工艺学校。

红帮裁缝精湛的技艺和高超的经营方法，不仅填补了中国服装史上的空白，也为后世留下敢立潮头、勇于创新、精益求精的甬商精神。

越茶制作

历史上，绍兴被称为中国的"茶都"。据《神异记》记载，东汉时魏伯阳等在上虞凤鸣山种茶炼丹，三国时饮茶之风已在吴越一带流行，所以浙东运河流域的种茶、采茶和饮茶的习俗已十分悠久。

魏晋时，北方战乱，大批贵族、士人南迁定居绍兴，他们以茶悟道，以茶会友，饮茶之风日盛。唐时，越地茶叶产量大品质高，居两浙之冠。唐代茶圣陆羽在《茶经》中盛赞，"茶，越州上"，"碗，越州上"，"越瓷青而茶色绿"。《全唐诗》中收录的400余首茶诗，是对绍兴茶最好的宣传。唐朝高僧还把越茶良种传到了日本。宋代是绍兴茶全盛期，绍兴平水成为浙东最大的茶叶集散地。会稽山日铸茶首创炒青之法，名扬天下；诸暨石笕茶，成为朝廷贡品；卧龙山的龙山瑞草也闻名遐迩。明清时期，也是越茶行天下。绍兴茶名品迭出，有"日铸雪芽""平水珠茶"这样誉满四海的高档茶品，还出现了会稽山的茶山茶、天衣山的丁坞茶、陶宴岭的高坞茶、素望山的小朵茶、东土乡的雁路茶、兰亭的花坞茶等。当时全国最著名的五大名茶，绍兴日铸茶名列其中，明代茶叶专家许次纾在《茶疏》中赞道"绍兴之日铸皆与武夷相伯仲"。日铸茶被称为"绿色珍珠"。

从17世纪中叶开始，绍兴茶通过浙东运河，经明州大规模销往国外。当时在英国伦敦市场上，绍兴日铸茶售价不亚于珠宝。日铸茶形受宋朝龙凤团茶的影响，在漫长的发展过程中逐渐卷成圆形，形成一个茶类，这就是珠茶。因此绍兴就是珠茶的发源地。

绍兴历代名圣都与绍兴的名茶结缘。如南宋诗人陆游写下了300多首茶诗，明代画家徐渭、近代学界泰斗蔡元培、文学巨匠鲁迅等都对家乡绍兴茶留下了许多佳篇。

锡箔制作

锡箔，又称锡箔纸，此处专指祭祖祀神用的焚化品，是浙东运河流域萧绍一带特殊的祭祀用品。锡箔业是旧时这一带的主要产业。

据传元朝时民间有一习俗，人们为求神鬼保佑，会放一些碎银在神堂前。锡箔业始于元末明初，与朱元璋起兵时挪借神堂碎银以充军饷有关。朱元璋得天下后，因朝廷无力偿还神堂前碎银，同时也为祭飨将士亡魂，遂命犯人制锡箔以充当钱银，抵充所挪借碎银，达到息事安人的目的。锡箔青龙牌上大书"洪武遗风"就出自此。因萧绍城乡有生产锡箔的丰富原料，加上每年清明、中元、冬至、岁末，祖宗家祭、神佛诞辰均需焚化品，耗量迅速增长，锡箔产业迅速发展。到清朝鼎盛时，仅绍兴就有锡箔铺（坊）两千余家，产品二百余种，从业人员达二十余万人。锡箔铺（坊）遍布萧绍城区街头巷尾，打箔之声昼夜不停。锡箔业成为萧绍一带独具特色的产业，并对当时社会、经济、文化的发展产生了重要的影响。

旧时，锡箔主要用途在祭祖拜神时作为冥钱用，锡箔纸形状多为长方形或正方形，厚薄如纸，多为银白色，可折叠。锡箔业绵延数百年，鼎盛时占全国产量的80%以上。锡箔业无论从业人员还是产量在当时萧绍成了各业之首，而绍兴因此也有"锡半城"之称。清乾隆年间，锡箔纸的各类产品还远销海外华人聚居地。

造箔从原料投产至成品出售要经过熔锡—烧锭子—劈纸花—褙纸—砑纸—整块等工序。锡箔品类最初无统一规格，大小尺寸皆由锡箔铺自定，故锡箔名目繁多。绍兴常见锡箔制作成品有：银元宝（锡元宝）、银锭（锡箔制成银锭式样）、金元宝（涂金色的锡元宝）、宝船、宝塔、宝马、宝亭、荷花等。从事锡箔制作起初多是朝廷囚犯，后来贫困农民也加入，造箔环境极其阴暗、潮湿、狭窄且充满尘埃。

锡箔纸有很好的光洁度和热反射性，如今锡箔纸常见在香烟盒里、密封条上，在烧烤时也会用到。今天在浙东运河沿岸的城乡仍经常可看到老百姓祭祀时，焚化锡箔纸制作而成的元宝。

竹木漆制作

明州（今宁波）气候温湿，树木繁盛，给油漆和木材加工提供了极好的气候条件和原材料，所以浙东成为中国最早的漆木器的发源地，这个从余姚河姆渡遗址中出土的众多漆器和木雕中也得到证实。

宁波朱金漆木雕，又名"金漆木雕"，主要技艺是在木雕上贴金漆朱，是中国的传统工艺，主要生产地集中在宁波市及周边县市区。宁波的朱金漆木雕，取樟木、椴木等木质细腻的木材，经过浮雕、圆雕和透雕后，上漆、贴金、彩绘，并运用砂金、碾银和开金等手段，制成造型古朴生动、金彩相间的器物。其特色主要在于漆，但又非常重视雕刻，即所谓的"三分雕刻，七分漆匠"，再依靠贴金箔进行装饰，因此非但雕刻精致，其漆工、贴金、描花也十分考究，使得朱金漆木雕产生了富丽堂皇、金光灿灿的效果。构图中有中国民间绘画、山水花鸟画，还有诗句、题款和印章，都具有浓郁的民族风格和地方特色。

宁波的朱金漆木雕，形成于唐宋时期。明清时期，朱金漆木雕技艺更加精湛，广泛应用于建筑、宗教造像、日用器具，特别是婚娶喜事中的床和轿都用到朱金木雕，既精致又气派，以致有"千工床""万工轿"作品传世。迎神赛会和灯会的雕花木船、鼓亭、台阁等也均以朱金漆木雕制成，堪称精妙绝伦的工艺品。著名的十里红妆成为朱金漆木雕的经典作品，至今仍保存在日本正仓院的唐宋朱金木雕，是明州当时与海外文化交流的见证。

在绍兴竹木制作也是一项古老的传统手工技艺。竹器制作主要是家具，工匠用毛竹、水竹、草竹等为材料，经过对竹竿的卷节、火烤、蒸煮、锯截、打穴凿孔、开槽榫合等传统技艺，做成椅子、桌子、柜子等各种日常用具，清雅质朴，舒适凉爽。绍兴一带木器制作最具代表性的是圆木技艺，绍兴圆木技艺精致细腻，品种十分丰富。绍兴民间圆木技艺称作箍桶，主要做饭蒸、水桶、揉粉桶、四分桶、泡脚桶、高脚桶、凹斗、马桶等过去生活生产少不了的用具。随着时代的发展，这些传统的手工技艺都渐渐离我们远去了。

船舶营造

浙东运河流域北有钱塘江喇叭形入海口，东濒浩瀚东海，内有河湖密布，生产生活方方面面都少不了船。这样的自然环境也促使这里的船舶营造技艺越发精湛。

宁波历来是浙江省最大的帆船生产地，不仅帆船数量大吨位高，且质量上乘。海船船体构造较为复杂，载重量自四五百担至一二千担为多，大型帆船亦可达 5000 担以上，能航行于沿海各口岸和远洋。

绍兴内河运输船修造在国内独树一帜，有多个船舶修造工场，如松陵、双渎、板桥、镇塘殿等，其中以松陵的规模最大。绍兴还能制造一种海河两用的方头平底船，载重量在 2000 担至 4000 担，能随潮汛涨落进出钱塘江。内河航运船以篷船和木帆船为主。

绍兴的篷船，船身较长，平底，船头短小，中舱宽大，两舷微呈弧形，后梢高大，一般无桅杆。习惯用细竹竿弯成拱形，一般一扇篷有三个拱。篷的大小以船的大小为准；篷的多少则以船的长度为准，五扇、七扇、九扇、十一扇不等。船篷多用桐油、猪血、黑粉煎熬成"黑油"，涂于篷的外部，能防止雨水渗漏，这就是乌篷的由来。如果只用熟桐油涂在篷上，篷色是竹篾淡黄的本色，就是白篷船了。白篷船多在夜间航行，主要有利于安全行驶。绍兴的篷船适合于平原水网河道航行，航行时主要靠摇橹前进。

制造木船通常均无正式图样，施工工艺与技术要领均由营造的负责大工匠口授或示范，但所造船只都有规定的比例尺寸。一般海船的长、宽、深的比例为 13∶3∶1，桅高为船长的 1.3 倍。造船所用木料亦按船的各部位均有不同规定。无论海船、河船，船身的纵向均用杉木，横向用樟木，船底板用松木、梓木或柏木。舵杆须用楠木或硬杂木，桅杆（尤其是海船）要求用杉木。造船所用的铁钉也是定制的，计有枣钉、扁铲、锚钉、梁钉和挂足等。对捻缝和油漆的桐油、石灰、麻、网衣也有专门的要求。造船工种分：大木工、小木工、刨工、锯工和漆工。船厂厂主一般都是造船大匠，普通船厂通常只有四至六人，每年能制造大小船只二三十艘，还可以兼营修船业务。

酿造制作

绍兴，位于北纬30°，地处世界酿造的黄金带，酿造历史悠久。绍兴黄酒依赖独特的气候、水质和原料，以及世代相传的酿制技艺，造就了在世界酿酒界独树一帜的地位，被誉为最能代表中国文化的酒。

绍兴黄酒以浙东运河流域自产的优质糯米、小麦和鉴湖水为原料，经酒药、麦曲中多种有益微生物的糖化发酵作用，酿造而成的一种低酒度的发酵原酒。富含多种氨基酸、有机酸、蛋白质、维生素和对人体有益的成分，除饮用外，也可用作烹饪料酒，或制作其他药酒和补酒。

绍兴酒的酿造是一门综合性的发酵工程科学，涉及食品学、营养学、化学、微生物学等多种学科知识。古人虽不能理解这些科学知识，但酿制技艺通过一代又一代酿酒技师口传心授，和上千年的实践，形成了独特完善的工艺流程，这样的技艺也暗合现代科学性。

绍兴黄酒冬酿实景图（摄于 2005 年）

绍兴黄酒的整个酿制过程，是在农历七月制酒药，八月制麦曲，九月制淋饭（酒娘），立冬前后正式开始酿酒，到次年立春结束。

黄酒酿制过程中，开耙是最重要的环节。开耙动作极其简单，就是把木耙放入缸内搅拌。但在什么气温、品温、米质、淋饭和不同麦曲质量情况下可以开耙，是整个酒酿造过程中最难掌握的一项关键性技术，必须由经验丰富的酿酒技师把关，因为不同操作手法会酿出不同风格的酒。煎酒，又称灭菌，是绍兴黄酒酿造的经典技艺，是黄酒生产的最后一道工序，也是黄酒能否长久保存的关键步骤，稍有不慎，会使成品酒变质，甚至前功尽弃。煎酒采用加热的办法，将微生物杀死，将酶破坏，促进酒的老熟，使酒的色泽更为清亮透明。

绍兴黄酒成品包装与煎酒实际上是一气呵成的，煎好的酒直接装坛。自古以来黄酒采用 25 千克容量的大陶坛盛装，根据上千年来保存的结果看，这样保存的酒品最好，即使存放几十年也不会变质，绍兴酒的"越陈越香"主要是靠陶坛贮存来完成的。

绍兴黄酒坛的花雕制作工艺，被称作国酒类包装中具有强烈民族文化特色的艺术珍品。绍兴花雕制作工艺明清时已有，清人梁章钜在《浪迹续谈》中描述："其坛常以彩绘，名曰花雕。"当时花雕已成绍兴民间贺喜寿诞的礼品。花雕制作工艺纯属手工，在酒坛外面用沥粉、油泥堆塑、彩绘等民间传统漆艺进行装饰，使酒坛变成一件体现越地民俗风情而又极其精美的工艺品。

绍兴酿造制作技艺还包括酱油、腐乳、酱制品、米醋等食品酿造制作。有句民谚，叫"绍酒行天下，酱园遍全国"，绍兴人爱吃酱制品，几乎能酱的东西都要酱一酱再吃，正是因为这种偏爱，催生出了酱制品产业。清朝年间，绍兴酱园在全国城市陆续开设有四五百家，遍及全国。用传统的配制技艺酿造出来母子酱油、太油，以及用其腌制出来的酱鸭、酱肉、酱菜，质量上乘、风味独特，在市场上非常受欢迎。

据记载，绍兴最早的酱园叫俞合兴，它开业于明崇祯十六年（1643）。像咸亨、谦豫、沈通美、宋文盛、仁昌、恒德、协和、鲍同仁等酱园都是

浙江工艺美术大师徐复沛制作花雕酒坛（摄于 2006 年）

当时的著名品牌。至今绍兴仍保留着像松盛园、仁昌这样的老品牌酱园，并焕发着勃勃生机。

第五节　商贸习俗

浙东运河流域的商贸早在春秋战国时就出现，并已成规模，历史非常悠久。范蠡建越国都城时，就把市集作为城市一个主要功能来建造，当时绍兴城内都亭桥的"越大市"，已具备了"官市"的所有特性。在长期的商贸活动过程中，逐步形成了这一区域有特色的商贸习俗。

一、商贸形态

市集

市集是固定地点定期举行商品交易的场所，也称"市日""市场"。市集具体时间地点基本固定，有官市也有民间自发形成的，交易大多是生产生活物资。市集既有综合性的市场，也有根据时间、地域不同形成的专业性市场。位于绍兴城内都亭桥南的"越大市"是历史上有名的官市，在范蠡等官员的经营下有上万人的经商队伍，收购四海之内的商品，市场内商品"积山如阜"，营业之巨，"日致千金"。绍兴城内大善寺集市也是繁华热闹的综合性集市。宁波也有相当数量的有名集市，如余姚的二六市，慈溪的三七市、三八市，一直延续至今，而且有的镇因市集而得名。还有一些专业的市集，如宁波海曙区望春桥米市，始建于北宋时期，据宋宝庆《四明志》记载，望春桥为当时官塘河上第一桥，在这座古老气派的石桥旁边的老街，曾经有过一个米市，十分繁荣，每逢农历二、五、九的集市日，附近的农民则会推着独轮车，满载农作物到达米市进行交易。随着米市繁荣，辅助的杂货铺、菜市等也相当齐全。南宋著名诗人陆游，在其《剑南诗稿》中多次提到如鱼市、茶市、果市、花市、菱市、笋市、樵市之类的专业集市。

绍兴平水镇明末清初也形成了一个专业茶市，浙东各县所产之茶，集中平水交易，并大量出口，年均外销 20 万箱（合 880 万斤），外销数量曾占据中国各地茶叶出口的首位。

绍兴南城门——植利门上的众多广告牌（摄于 20 世纪 20 年代）

商行

古代有专门组织货物交易的组织，叫商行。它可以是较大的商店，也可以是行业联合会等组织。商行发展历史久远，有专业的，也有综合的，商行交易的货物无所不包，有木材、水产、土货、谷物、畜产、生活用品等。买卖双方通过商行成交，商行会向货主收取一定比例的佣金。在浙东运河流域，有专门从事钱庄生意的商行，有垄断盐铁生意的商行，如宁波昇阳泰南货铺。

商会

商会是古代商家为维护共同的经营利益而组织的社会团体，也是各地工商人士的重要活动场所。

商会还承担着搜集市场信息，对内调解处理商家之间纠纷，对外代表商界向政府或其他社会组织陈述意见并协调相关事务的职责。

商会会长一般由当地拥有较高声望者担任，也有从行业内德能兼备人士中公推产生。商会一直存续至今，可见其受欢迎程度和顽强的生命力。越商与甬商在繁荣商业、发展经济上发挥过巨大的作用，其所建立的商会，在增进商人之间向心力和凝聚力上、规范商业行为上起到了极大的作用。

会馆

会馆是指由同乡或同业组织在城市或商贸区设立的有固定馆所的机构，供同乡、同行聚会或寄寓之用。会馆有餐饮、居住、集会、办公、娱乐等多种功能。

会馆早在明代初期就已出现，据记载最早的会馆是建于明永乐年间的北京芜湖会馆。嘉靖、万历时期各地会馆兴盛起来，清代中期处于鼎盛期。会馆具有俱乐部性质，环境清净雅致，适合交流，平常很多商人谈生意都会选择去会馆。会馆的出现，对于保护工商业者的利益，起到一定作用。旧时宁绍资金流通、汇兑、借贷等均由钱业会馆发布每日行情，所以绍兴人要了解金融信息，习惯于跑钱业会馆。绍兴城内绍兴钱业会馆、宁波海曙区宁波钱业会馆当时相当出名。

安徽会馆，设在绍兴城区运河迎恩门段边上，安徽会馆是安徽驻绍商业同仁集资建造的。

布业会馆，清末绍兴商人陶琴士于光绪三年（1877）与同仁集资营建，目的为联络同行，便利交易和集散。1916年秋，孙中山先生曾下榻于布业会馆。

江浙闽三省烟商会馆（又称嵊州烟商会馆），设在嵊州市区东后街16号。新昌嵊州一带历来盛产黄晒烟，烟叶大多需经曹娥江水路运出，销至绍兴、宁波、上海和福建各地。故嵊州是烟叶原产地和重要的中转枢纽，在清代就设立了江苏、浙江和福建三省烟商会馆。后会馆多次重修，一直保存至今。

宁波庆安会馆（含安澜会馆），设在宁波市江东的三江口。庆安会馆与安澜会馆是宁波漕粮海运的主要管理和服务设施，航运从业者的主要聚集地之一。会馆同时又是祀神的庙宇，供奉航海保护神妈祖，是浙江省内现存规模最大的天后宫。会馆整体建筑格局严谨，规模宏大，建筑构造独特，工艺精湛，文化底蕴深厚，是宁波古代海上贸易交通的历史见证。

钱庄

钱庄就是早期的银行，因官府开放货币流通，钱庄便应运而生。山西平遥是中国钱庄最早的发源地，但钱庄业的中心在上海。浙东运河流域的钱庄初创期在明朝中后期，到清乾隆年间，已有相当规模。

早期的钱庄，一般是独资或合伙制组织，与政府无任何关联。钱庄除办理存款、贷款业务外，还可发庄票、银钱票，凭票兑换货币。小钱庄，仅仅从事兑换业务，一般称之为"钱店"。

钱庄集存放款和汇兑等业务于一身，很好地解决了让商人们头痛的钱款难以随身携带的问题。所以，钱庄的业务，主要是为做生意的商人准备的，一般老百姓几乎不与钱庄接触，商人们在钱庄存钱后，不但没有利息拿，相反，还要定期向钱庄支付一定的保管费。端午、中秋、冬至为钱庄的结账日。著名的绍兴安昌的穗康钱庄，运行百年，见证了安昌经济的繁荣。

清末，现代金融机构银行的出现，钱庄才退出历史舞台。

当铺

俗话说"若要富，开当铺"，旧时当铺，与一般的商贸不同，由当地有权势的官僚、地主和富商开办，在官府的庇护下，对劳动人民实行残酷剥削的一种方式。所以当铺遍及浙东运河流域的各个城乡，生意十分兴隆。

起初，平民百姓临时急需用钱，就拿衣服之类做抵押品借钱，有钱时，付清本息后赎回抵押品。若过期不赎回，当铺有权变卖当品以收回本息。当铺的特点是方便、快捷。抵押时签立的字据，称为"当票"。质押放款额一般在抵押品本身价值的五成以下，所以是个高利润行业。

当铺的格局十分特别，门前墙壁上写着一个硕大无比的"当"字，四周是用整块石板做墙脚的很高很坚固的围墙，防止火灾和偷盗。当铺大门框用大石条砌成，大门漆成黑色，绍兴人称它为石库台门。

当铺里面均设置二米左右的特高柜台，典当人须踮脚仰头，双手举直，才能交货、接钱。高台上有木栅栏或铁栅栏，留有几个窗口。因当铺是残酷的高利贷盘剥，经常会与当户发生争执甚至冲突，所以当铺的建筑设施一切从安全考虑。

旧时社会上流传的"穷死莫去当，屈死莫告状"的谚语，反映了当铺盘剥的残酷性。可旧时劳动人民又少不

绍兴恒济当铺（摄于 2003 年）

了它，年头节尾，冬夏两季，上当铺的人最多，所谓"冬当单衣夏当被"，已成了穷困下层人民的生活习俗。

当铺除了典当业务外，定期会处理那些绝当物品（即典当期限满后，无力赎回自己的物品），当铺进行保养、清洗后，就上柜对外销售，这些物品一般性价比高。

当铺往往由丰富鉴定经验甚至绝技傍身的"大掌柜"负责，所以当铺也是专业的鉴定机构。

茶馆

茶馆是供顾客饮茶、交流、娱乐的场所。茶馆旧时称谓很多，有"茶寮""茶轩""茶铺""茶坊""茶肆"等。浙东运河流域作为茶馆的雏形的茶寮，在南北朝时便盛行，至民国时期已遍地是茶馆了。越茶兴于唐，而盛于宋。宋代，越中"日铸茶"有"两浙之茶，日铸第一"之称，越茶的优质丰产为茶馆蓬勃兴起奠定了物质基础。

旧时茶馆功能有三，一是休闲娱乐交流场所，民间称之"吃讲茶"，茶客一边饮茶，一边听"说书"（评话）、"莲花落"、"鹦哥班"等娱乐节目。二是谈生意做交易的重要地方，旧时绍兴的锡箔买卖都在茶铺中进行，俗称"茶市"，各箔坊的"出街先生"都有固定的茶馆进行交易。三是解决纠纷的地方，旧时茶店遍布城乡，民间发生房产、土地、借贷、水利、婚姻等纠纷，纠纷双方不愿上衙门去打官司，宁愿到茶店里，由地方头面人物主持，说理调解，有的还请在场茶客参与评议，来解决纠纷。结束时理亏者负担全部茶资，相约成俗。

茶馆分很多档次，但基本上就是高低档两类。高档茶馆是上层社会人士社交活动和商业活动的场所，茶馆布置大气雅致，香茶名点、丝竹管弦一应俱全，如"适庐""镜花缘""第一楼"等茶馆。低档茶馆，如鲁迅先生在《药》中描绘的，一般开设在临河的船埠头、街头，内部茶桌摆放大致呈"非"字形，中间一条通道，两边放置长方形桌子和板凳，也有依岸临水的水榭或楼房茶馆，可凭栏品茗，眺望水乡风光。夏日，习习凉风从河面吹来，可驱散暑气，令人心旷神怡。来的茶客白天以船夫、城市苦力、进城农民和空闲老人居多。埠船到埠以后，船老大们在临河茶馆泡上一壶茶，解除疲乏。晚上，多为锡箔师傅、泥水木匠、轿夫、小商贩、人力车夫等人群。古代茶馆其实也是个小社会，茶客三教九流，茶馆主人见多识广，消息灵通，熟谙世故，能说会道，绍兴人称他们为"天晓得一半，地晓得全盘"的"茶博士"。

酒肆

酒肆是古代酒品买卖的专业场所，又称酒舍、酒家、酒楼、酒店、酒务儿。作为酒乡的绍兴，历朝酒肆发达，陆游诗中曾提到，南宋时绍兴城中已有"酒垆千百所"了。"无处不酒家"是对旧绍兴酒肆发达的典型写照。

绍兴酒肆最大的特点是只供喝酒，下酒菜仅冷盘，没有炒菜，更不供应饭食。酒、饭、菜都有提供的称菜馆、饭店，如当时有名的"兰香馆""荣禄春""同心楼"等。

绍兴酒肆，有雅俗高低档之分。高档风雅的多设在热闹的大街，室内书画、装饰、酒水，地方风味下酒冷盘像越鸡（白斩鸡）、油爆虾、青鱼干、湖蟹、酥鱼、皮蛋、香肠等一应俱全，雇有专门的厨师和伙计。普通低档酒肆多为夫妻或兄弟经营的酒店，在街头巷尾，这类酒肆数量庞大，设施相对简陋，提供酒品冷菜相对单一，以素食为主，如茴香豆、鸡肫豆、盐煮笋、盐煮花生、兰花豆干、素鸡等，客人多是站着喝酒，喝了就走，鲁迅小说中写到的"咸亨酒店"和"一石居"就属于这一类小酒肆。

绍兴酒肆的布局也有其特别之处。酒店临街墙面上，一般写着醒目的"酒"字，店内仅一直角的大柜台和几张酒桌。柜台上方，装有木栅栏，会挂上一块"水板"，水板上记录赊欠酒资人的姓名和欠资数目。柜台上摆着各种下酒冷盘，绍兴土话叫"过酒坯"。另一面柜台是做买卖的，也供站着的喝酒客人用，直柜内放酒坛及供卖酒器物和温酒的炉子。柜内竖有一块青龙牌，牌上面写有"太白遗风""闻香下马"等文字。普通酒肆，

老绍兴城里的酒肆（摄于 20 世纪 90 年代）

只有单开间门面，高级一点的，会在隔壁设立包间。

绍兴酒肆为招徕顾客，酒钱可以赊欠，熟人或老主顾可以赊酒喝。像孔乙己的大名是经常写在流水板上的，他到死还欠着十几个钱哩。绍兴酒肆除了大热天，酒都是要加热了喝的，绍兴人叫"温酒"。温酒的酒具也是绍兴所特有的，叫"壶筒"，绍兴有句民谚"跑过三江六码头，吃过壶筒热老酒"，意思是见过世面的。绍兴老酒温热后喝是有道理的，酒热了后不但不伤脾胃，反而使酒的香气更为浓郁，又能较快挥发酒力，不易湿气淤积。

医药铺

旧时浙东运河沿岸一带，中医药行业十分繁荣，医与药、各专科分工明确且专业。

宁波有专门的药行一条街，早在唐长庆元年（821）宁波建城时，药行街就是交通要道。至清末、民国时期，宁波的中药材行业盛极一时，药行街上有聚兴、懋昌、源长、慎德堂等药铺五十余家，成为全国中药材销售聚散中心。不仅浙江人都知道它，就连上海、天津、汉口、福建、广东人都到这里做生意。药行街盛极一时，名闻天下。

绍兴城内的中药铺也是声名远播，如杜景湘始创的震元堂药店，从清乾隆十七年开始营业，一贯奉行货真价实的店规，以经营中药饮片、丸散膏丹、参耳茸燕，尤以十全大补药而驰名，被赞为："店运昌隆三百载，誉满江南数一家。"旧时药铺布局一般前店后场，前店用于销售中药，后场较大，专门用于清理、晾晒、储存药材。

中药铺（摄于 2007 年）

著名治疗专科也很多，如绍兴下方桥三六九伤科，自南宋高宗年间始创，沿袭八百多年，治疗手法有拔、扯、摸、提、按、摩、推、拿八种，有秘制的"三六九"伤膏，治疗骨伤功效显著，名噪浙东。因每逢三、六、九日行医，门庭若市，久而久之，"三六九"便成了骨伤科的代名词。绍兴城内钱氏女科又称石门槛女科，为浙江四大妇科流派之一，创业于北宋末年，历代名家辈出，医技精湛，名闻遐迩。

航运公司

浙东运河流域河湖密布，旧时杭绍甬之间水上往来非常便利，交通多靠水路船运完成，催生了异常发达的航运业，开始采用具有现代企业雏形的公司商贸业态。如 1895 年创办的宁波永安商轮局，主营宁波至余姚航线，属较早内河小船运输企业；创办于清光绪三十四年（1908）的宁绍商轮股份有限公司，由宁波人虞洽卿联合绍兴绅商集股创办，打破了外国航运势力对甬沪线的垄断局面；创办于清宣统三年（1911）的越安轮船合资有限公司，由绍兴绅商俞襄周等创办，是萧绍地区最早的内河小轮企业，独家经营浙东运河的航运业务，日载客量 1000 多人；创办于 1916 年的越济轮船公司，由萧山舶商童秋芳等人集资开设，专营绍兴至萧山的航线。

二、从商职员称谓

在商贸繁荣的浙东运河流域，从商职员数量庞大，等级森严，规矩严苛，不同的称呼便是其身份与阶层的代表与象征。

主人称呼

现代人一般称拥有商贸实体的主人为老板，在浙东古代有多种称呼，常见的有店家、掌柜、头家、东家等。店家旧时指旅店、酒馆、饭铺的主人或管事人；掌柜是古代店主的一种俗称；头家是对老板的一种尊称；而东家则是受雇佣的人称呼他的雇主。

雇员称呼

雇员一般都拿酬劳，是主人雇来干活的人。雇员也有等级高低之分，如钱庄雇员的管理层有经理、协理、襄理，办事层有理账、外账、放账、信房等；当铺职员称"朝奉"；在酒肆干活的称为酒保；店铺的雇员一般称为伙计或店倌。

学徒

在旧时浙东运河沿岸一带，穷苦人家的男孩十三四岁便要离家去学做生意，当学徒。学生意要有荐头人，要签订契约，拜店主为先生，听先生使唤并兼做杂务。学徒一般以三年为期，期内提供食宿和一些剃头钱、鞋袜钱，即所谓的"月规钿"，没有工资，无特殊情况不能回家，地位较低。

跑单帮

旧时的宁波称专门从事异地贩运的小本生意人为跑单帮。跑单帮主要奔波于上海、宁波两地，靠手提肩扛，将宁波土特产运到上海去卖，再把上海的小商品带回宁波卖，赚取差价。跑单帮的大多是本小利薄的生意，赚的是"辛苦铜钿"。当然这些跑单帮，也大大活跃了沪甬两地商品的流通。

跑街

跑街，原意是指跑外生意的人，又俗称"掮客"，现称"中介"。在旧时的宁波，长期做买卖的商人，从中悟出可利用信息差来赚钱，即把上家的货物介绍给下家，从而赚取差价。"跑街"者一般为男性，称他们为"跑街先生"。跑街先生经验丰富，信息灵通，讲求信誉，获取上下两家的信任，从而做成生意。

货郎担

人们把穿梭于乡村的卖货郎称作货郎担。浙东运河流域一带的乡村，旧时像豆腐、冬苋菜、小百货等这样的商品都是由人挑着来卖的，这些人肩挑货物、手摇拨浪鼓，口中不停吆喝，货郎担周围常常会聚集一群妇人和小孩。旧时的村民只要一听到卖货郎的吆喝声便知道是卖货的来了，孩子最高兴的是见到挑麦芽糖的货郎，甜甜的麦芽糖对孩子来说实在是太有诱惑力了。

三、生意习俗

开张习俗

开张习俗包括新店开业和新年开张。在浙东一带做生意的人都非常重视开张，最讲究时间与仪式，意图生意兴隆。

开张须选择良辰吉时，一般会请懂行的风水先生根据主人生辰八字及其他因素来选定。

旧时新店开张，大多数店铺在门口挂上"开张大吉""招财进宝"的匾额或贴一副红纸剪出的吉语佳联，在吉位供上一尊财神像。主人首先会依据选定的良辰吉时，一般都在五更前后，在店内祭财神。店铺开张营业前要放鞭炮，放开门炮仗要早，民间有"早放爆竹早发财"说法，另外还有接贺联、赏乞儿、挂匾额的习俗，寓意都是讨好彩头、图吉利兴旺。俗语有说不闹不发，不红不祥，所以一定要红红火火地举行开张庆典。很多店铺不管是新年开市，还是新店开张，都一定要剪一个福字倒贴在门上，即所谓"福"到了。店铺开张主人非常在乎第一笔生意，一是希望能快速成交，二是想与男顾客做成生意，过去认为女人不如男人财运旺，所以主人会事先做好相应的安排。旧时新年店铺开张，一般在正月初四，从这天凌晨三点开始就会有商家竞放炮仗，图个早放爆竹早发财的好彩头，当然祭财神、拜土地菩萨也是必经程序。

供财神

浙东运河流域的越商甬商，为了生意红火，希望有财神一直保佑，故生意人把请财神、安财神、供财神仪式搞得神圣又隆重。请财神要选择吉日吉时进行，商家店铺会请武财神关公或赵公明。请回来的财神须是法师开过光的，认为这才有灵性，将这尊有灵性的神像安放到预先准备的神龛内，财神请到后要虔诚供奉，准备香烛、花果，过节供些肉类制品。财神应摆在店内主位，正对着大门。

财神日常供奉：每天参拜上香，上香前要求洗净双手，先燃烛，意在照亮人与神间的通途；再手持三炷香，在财神左边的蜡烛上点燃，平心静气，敬对财神，右手握香，左手包右手，举高至额前躬身三拜，后用左手把三炷香平行插在香炉中间，即为上香。日常供奉，可不用上疏文，财神圣诞日、过年接财神、店铺开张请财神安财神，需焚化安财神之疏文。

供财神的忌讳：财神面不得朝向厕所、房门，不能正对镜子，不可与祖先牌位一起供奉，财神头上与座位下都不可有杂物，两个武财神不可放在一起供奉，不可与佛教的如来、观音一起供奉。邪财神是专管偏财，也就是横财，邪财神要摆放在屋外的空地上，不能与正财神一起放于屋内。

诚心请财神爷到店，在过年停业后，正月初四子时（夜间11时至凌晨1时）要祭财神，放爆竹，以祈求在新的一年里得到财神的保佑，生意兴隆，财源广进。

在绍兴一些地方，有趣的是财神像还不能由商人自己去买来，必须是由亲友偷盗来且大张旗鼓送来的才灵验。当然，这偷盗都是事先安排好的，据传这样才能保证发财。

招徕术

招徕术就是做买卖时招徕客人的办法。浙东运河流域的越商与甬商视顾客为衣食父母，尊重买主，重信用，和气生财，信奉"天下之主，不如买主"的经商原则。

旧时开店经商的招徕术很多，如顾客上门，伙计要躬身迎接，笑脸相迎，甚至端凳请坐；钱款不够，派人跟取；携带不便，送货上门；买错货物，允许调换。开店时第一个上门的顾客，店家要奉上泡着两个青果或金橘的"元宝茶"，以示开笔赚元宝。对信得过的顾客，店家允许赊账，到年终账房先生或经理肩背"钱褡子"，向债务人讨要。买卖中有各种优惠，除去零头、送些小礼物、给折扣等都是经常会有的招徕术。

还有商家为了扩大销售，还制作"红票"，即礼券。如将黑枣、花生、桂圆、莲子合为一份礼券，取其谐音"早生贵子"送给办喜事的顾客。有些卖给老年人的商品纸包上会有"寿比南山""长命富贵"等贴纸。有些商家还会在年关和中秋，对一些"股户"，如富豪、官宦之家或寺院住持等，赠以祭灶果、月饼，以便增加感情。

宁绍一带素来商贸繁盛，招徕术非常之多，但总的一条，真诚和热心对待顾客是不变的法则。

营业规矩

旧时店铺营业时伙计不允许坐着，只能站伏在柜台上，状如狮子，故被称为"柜台活狮"。伙计不许坐在柜台上，因为柜台是贮藏钱币货物的地方，被人坐了就会染上污秽、霉气，会导致货物被"压"，财运不旺。生意再清淡，伙计也不能背朝柜台而坐，这样会"背运"，使得店铺无财可发。伙计不许倚靠账桌，算盘不能坐在屁股下边，禁止朝店门小便（因小便有骚气，骚与"烧"同音，怕引起火灾）。做生意时，主人家为图好彩头，伙计讲话、做事都要讲吉利话，不能讲丧气话，不能对顾客态度不好，有的店主人要求清晨伙计开排门时，要说"开门大吉"或"恭喜发财"之类的吉利话，还把结账称为"盘利"。清扫店堂地面、抹桌子顺序要从外到里，意谓"招财进宝"。

旧时宁波的药行、药铺规矩更严，年初进货，一定要有"胖大海"和"大连子"，取大发大利之意；学徒进店，要先拣"万金枝""金银花"和"金斗"药材，图金银发财彩头；还要拣"柏子仁"，因柏子仁非常细，又音同"百事"，目的是培养店员百事小心的做事风格；有些药名不能直接说，要用好听的词，如"连翘"要说是"和合"，"红毛大戟"要说是"大吉"等；药包须扎得像金印，正月药包要用红线捆；送药要说"送补药"。旧时顾客来药店，不能把脚踩在药店门槛上，认为这有损店家财运。

外出行医的"游医"也有规矩，民间过年时医药行忌讳出诊，怕"触霉头"，除非给双份诊费破灾才行。平时出诊，也忌讳敲患者的门，俗有"医不叩门，有请才行"的说法。为了保守职业技能的秘密，民间又有医生郎中"施药不施方"的说法。医药行旧时敬华佗、孙思邈等为祖师爷，如今这些习俗仍可以见到。

另外买神像不能说"买"，而要说"请"，对店主来说则是"送"而不是"卖"。有的地方还有"卖猪不卖绳"，如果把捆猪绳卖或送了，意味着你把财气一起卖掉了，也有说法是捆猪绳因曾捆过猪，只要它们在家，与之相连的猪魂还在家，保证主人有源源不断的猪。已用于祭祀的猪、牛等祭品不能卖，因为已经祭献给神灵和祖宗了，不然会因心意不诚而遭天谴的。买棺材都是一口价，不能讨价还价。

每年端午、中秋和年关等节日，商铺主人照例要宴请感谢伙计，年关宴请时，如果店主将酒杯倒置在一个伙计的座席前，则表示要解雇此人，该伙计吃完饭以后就得回家。

生意禁忌

做生意处处有风险，甚至潜藏杀机，所以旧时商界就形成了一些意在避凶趋吉的禁忌习俗，希望能通过实施这些禁忌而使买卖顺利，财源滚滚。

传统商业有行商和坐贾两种。行商多为流动商贩，坐贾则有固定的铺面做生意。

行商种类很多，禁忌也有一定差异。在浙东运河流域，小商贩挑货出门经商，忌在"月忌日"（即农历的初三、十四、二十三）出行，出门经商过程中忌见到乌鸦，更忌讳遇见尼姑、和尚，碰到这样的情况要赶快躲避。行商的扁担禁忌别人从上面跨过，尤忌女人用脚踩踢。商人外出做生意忌讳说不吉利的话，不能踩别人的脚后跟，寓意是总落人后，晦气，会导致生意不顺。

坐商禁忌更多。店铺内，忌伸懒腰、打呵欠、坐门槛、敲账桌，手把门枋，背脊朝外，反搁算盘等等，习惯上被认为这是对财神菩萨的不恭，对经商不利。忌拾地上铜板，钱币忌往外数，要往里数，宁波方言"数"与"输"谐音。开门第一单生意不成交，会影响一天的商运。

顾客买结婚用品，若失手敲碎，要赶快说"先开花，后结子"；卖墨鱼忌喊卖乌贼；卖棺材忌问谁死了，要称棺材为"长寿席"；买药忌嗅，民间认为嗅过的药没效果，药递给买主时应说"送补药"，送药忌转手。药店、棺材铺的伙计，送客时忌讳说"再来坐""欢迎再来"之类的话。

卖布铺的忌伙计敲量具；卖酒的忌摇晃酒瓶，因为民间有说摇晃过的酒喝下要头晕。在饭店宴请，如娘舅在席上忌毛蟹（河蟹）上桌，因宁波等地贬称娘舅为毛蟹；女婿在桌上忌上甲鱼。

商业贸易的成败往往难以预料，偶然的因素很多，而谙熟商业禁忌并适当运用它们，有时也被商人们认为是盈利的关键之一。

第二章
日常生活习俗

人的生存活动是民俗之源。世代生息繁衍于此的人们，其饮食、穿着、居住、出行、婚丧嫁娶等，组成浙东运河流域一幅幅生动有趣的生活场景，让我们更好地认识生活、热爱生活。

民俗学家高丙中曾说过："民俗是正确的生活策略，它告诉人们在什么情况下怎样正确地做人处事，并赋予生活以规律。"人们都要依俗而行，否则便无法承受生活的琐碎与复杂，这就是民俗的力量吧。生活在变，民俗也在变，期待适合新时代的民俗更好发挥作用。

第一节　饮食习俗

浙东运河沿岸一带自古以稻米为主食，鱼鲜为佐餐，所以饭稻羹鱼，是此地较为普遍的饮食习俗。

绍兴菜的特性

著名的绍兴籍文学编辑兼作家孙伏园，在《绍兴东西》中说："解剖起来，所谓绍兴东西有三种特性：第一是干食，第二是腐食，第三是蒸食。"笔者也极其认同，但以为尚可补充一种"醉食"。

绍兴的干食很多，较著名的有干菜、笋干、笋煮干菜、干青豆、青鱼干、河虾干等，这些干食的原料均产自稽山镜水间，既新鲜又富有地方特色。干食易保存、便携带，还有独特的风味和特定的功效。如绍兴霉干菜，旧时人们夏天中暑，只要用霉干菜煮汤，汤汁趁热喝下，就能马上缓解中暑症状。干食非常适合离乡的士绅、商人和其他游子在他乡享用，也可作为馈赠亲友的礼物，如鲁迅日记中就有多次描写亲友送来鱼干、笋煮豆、干菜的记载。

绍兴的腐食，是指冠以"霉"或"臭"之名的食物。绍兴地处亚热带湿热气候，食物很容易发酵霉变，古代越人崇尚节俭，即使食物霉臭了，也不舍得丢弃，等发酵后蒸熟再吃，渐渐这一习惯变成了一种新的口味，并为绍兴人所钟爱。诸如霉千张、霉面筋、霉毛豆、霉苋菜梗、霉菜头、霉笋等，其他地方很少见到。绍兴的臭豆腐与别的地方也不同，为霉苋菜梗卤所浸渍，具有独特的海鲜味，可蒸食、可油炸。绍兴的腐食，具有品种多、味酥糯鲜美等特点。

绍兴蒸食极其普及，因为旧时绍兴居民家里都砌有烧柴草的大灶，人们为节约柴草、省工省料，且又能原汁原味保持菜肴的鲜味，常将食物放在饭架上或蒸笼里蒸。不管是鱼虾螺贝，还是蔬菜豆腐肉类等，万物皆可蒸食，食物中一般只要放一点酱油、盐、猪油，出锅时再撒上点小葱花即为地道的绍兴美食。

绍兴是历史悠久的酒乡，绍兴人喜欢用黄酒或酒糟，制成各种醉味美食，因此醉食多，是绍兴食品的又一特征。常见的用酒醉制的食品有醉虾、醉蟹、醉腰花等，用酒糟制成的食品有糟鸡、糟鱼干等，此外还有以黄酒代水的食品，如卤肉、酒煮鲫鱼等。相比而言，绍兴菜比沪菜、杭菜更加清雅纯朴，乡土自然。

宁波菜的特性

宁波菜基本上有三大特色：鲜、咸、臭。

宁波靠海，丰富鲜活的海产品，捞上来不管是煮还是蒸都是极其鲜美的，这是老天的赏赐，所以一个"鲜"字道出宁波菜最核心的品质。吃不完的海鲜和出海准备带到船上的所需食品，最方便、最实惠、味道又最好的就是腌制品。腌制品一般用酱油或盐腌，也有把海鲜支上竹篾风干或晒干，如鳗干、虾干等，所以宁波菜第二大特点是咸，只有足够咸才能保证食物不腐烂，只有足够咸才能保证长期在海上的生活所需。宁波人还把许多食物发酵后再吃，如招牌菜"宁波三臭"中的臭冬瓜、臭豆腐和臭苋菜，宁波人会非常自豪地说闻着是臭，吃时会散发出诱人的香气，特别滑稽的是有的小摊上会写着"喷香臭豆腐"，所以臭中带香是宁波菜的第三个特色。

一、食品

大米

浙东运河流域是江南最著名的水稻产区之一。早在新石器时代的河姆渡文化时期，这里已经有水稻的栽培，五六千年以来，稻米始终是该地区居民的主要食物。这得益于江南良好的温带气候条件，以及发达的水系与肥沃的土壤，水稻在浙东运河流域长盛不衰。先民们根据一年节气变化，培育出不同的水稻品种，并形成了一年两熟的生产规律，也就是早稻和晚稻。

早稻民间叫早籼稻，运河两岸播种的农时在清明节前后，到七月上中旬陆续开镰收割。早稻脱壳后叫做早米，早米的口感较硬一些，比较耐饥。晚稻民间叫粳稻，有晚粳和晚糯之分。晚粳的口感较软，甜度高一些，这一带人们都喜欢吃晚粳米，而晚糯则适合研磨成粉后做成米饼、汤圆之类小吃。晚糯还是一剂中药，可暖脾胃，止虚泄痢。

无论早米还是晚米，通称大米，人米煮成的饭都叫大米饭，是旧时该地区人们十分重要而且高档的主要食物。自古至今，人们能一年四季、一日三餐都吃上大米饭，便是一种向往的生活。在漫长的岁月里，除了富人，一般的人们尤其是贫苦农民，一年中餐餐都能吃上大米饭是遥不可及的梦想。对大部分人而言，大米不能满足全年的口粮，因此米饭又有许多不同的吃法，如将少量米饭加水一起煮，叫做泡饭；或大米加过多的水一起煮，煮熟后叫做米粥；或米饭和其他杂粮薯、麦、豆以及蔬菜等一起煮，做成杂饭。现如今生活水平发生了翻天覆地的变化，一部分人因大米饭含糖量较高而少吃甚至不吃米饭，这意味着一种新的生活方式。

麦子

浙东运河区域种植麦子，属于冬小麦，在秋天播种。和水稻用水田种植不同，麦子种在旱地里，在冬天已经发芽，经过雪的覆盖，不仅不会冻死，而且能杀死地里的病虫，有助开春后的分蘖。五月份，是麦子收割的季节。

这里的麦子主要有两种，俗称大麦和小麦。大麦茎秆比小麦粗壮，麦芒比小麦长，收割的季节大麦要早些。正因为有这个特性，此地有一个谚语："大麦不割，小麦先割。"意思指的是家里有两位姑娘，大的还没有嫁出去，小的倒是先嫁出去了。还有一种燕麦，种的人极少。

大麦主要用作饲料和酿酒。小麦制成的食物非常多，通常是磨成粉后，可以做面条、馒头、包子、饺子、油条、大饼、馄饨、发糕、月饼等面食。这些面食又有无数种和其他蔬菜、肉食搭配而形成不同的风味，千变万化，数不胜数，成为运河地区独特的面食文化。早些时候，秋冬季节，家家户户还要用面粉发酵，做成甜面酱。麦子和糯米一起还可以做麦芽糖。麦芽糖具有排毒养颜、补脾益气、润肺止咳等功效。麦芽糖可制备成麦芽糖浆，用于食品行业的各个领域，主要用于加工焦糖酱色及糖果、果汁饮料、造酒、罐头、豆酱、酱油等。

麦子的秸秆也有许多用途。晒干后运河人家用来烧火做饭，轧碎后还田用来做肥料，最为巧妙的是，运河女儿用麦秆编织成麦草扇、麦秸帽子，非常美丽，又很实用，曾是家家户户的必备之物。

六谷

六谷，这里指的是玉米。浙东运河流域称玉米为六谷，主要原因是中国本来就有五谷杂粮之说，一直以来五谷是中华民族的主要粮食，而玉米这个品种明代从南美洲引进，时间比较迟了，但普及的面很广，江浙赣一带人便在传统的五谷之外加上玉米这个品种，故称它为第六谷，玉米反而很少有人叫了。其实，中国古代也有六谷的说法，《三字经》里有"稻粱菽，麦黍稷。此六谷，人所食"之语，但这里面的六种粮食里没有玉米这个品种，所以此六谷非彼六谷。绍兴一些地方又叫六谷为二菽，大概六谷一粒粒像大豆，便以第二种菽称呼它。

六谷在旱地里种植，早的品种一般在麦收前后种植，最迟的不迟于七月。生长近两个月后，六谷顶上开出雄花，秆中间长出六谷菶，也就是玉米棒，四个月后，六谷菶成熟。六谷菶既可以在嫩的时候吃，这时候的味道非常鲜美，也可以到老熟时采收，采收后家家户户将六谷菶拨开包衣，悬挂在屋檐下，或晾晒在自家园子里，等水分晒干后，将六谷籽用铁制小钻从芯上掰下来，继续晒干存放。六谷菶采收后，六谷的秆子带有甜味，可以像甘蔗一样嚼着吃它的汁，六谷秆晒干以后，和六谷菶芯一起，既可以在冬天做牛的干饲料，也可当做柴火烧饭。

老六谷如人吃，一般磨成粉，再做成六谷饼，或调成六谷糊。现在因粮食丰富，人们很少吃老六谷了，大都用做鸡、鸭、猪的饲料。但现在有新品种甜六谷、糯六谷等，这是专门吃嫩六谷的，口味鲜甜，老少皆宜。

番薯

番薯也是个外来品种，原产地在南美洲。根据史料记载，明朝万历年间传入中国广东、福建等地，康熙年间传入浙江，浙东运河一带大概也在这个时候开始大规模种植番薯。番薯的种子是在上一年番薯采收时，选一些品相好的番薯藏在干燥向阳的地洞里，上面盖上厚厚的稻草堆，不能让水流入洞内。开春后，将番薯从洞里挖出，种进土里，覆盖薄膜，等长出藤蔓，剪成两叶长的小段，直接插种到地里，完成栽种过程。

随着番薯藤逐渐生长，期间还需翻藤两次，将藤节处向土里生长的根须全部掐断，保证所有营养供到根部。秋天霜降前后，就到了挖番薯的时节。番薯产量很大，单株番薯曾经有上百斤的记录。番薯藤则是猪、羊极好的青饲料。

《本草求原》记载，番薯可凉血活血，宽肠胃，通便秘，去宿瘀脏毒，舒筋骨。运河流域的人们对番薯的加工五花八门，制作的番薯食品难计其数。新鲜番薯煮着吃、蒸着吃，不仅味美，而且益身。在炉子里烤着吃，软糯香甜，老少皆喜。番薯煮熟后捣成泥，摊成饼，撒上芝麻，切成小块，晒干，炒着吃，唤作番薯糖。鲜薯碾成酱，汁渣分离，汁沉淀后成番薯粉，晒干后可做成番薯饼、番薯粉皮，与豆腐等食材一起做羹，就是著名的西施豆腐。番薯在炭火上烘干，变成番薯砣、番薯干。番薯刨丝晒干可以做酒，名叫番薯烧酒。

番薯因为产量大，便于储藏，又能加工成各种食品，因而深得浙东运河流域人们的喜爱。早年间，山区田少地多的村庄，番薯有半年粮之称。

洋番薯

浙东运河流域称马铃薯、土豆为洋番薯。原生国在南美的秘鲁，大概在明朝时期传入中国，浙东一带种植较为普遍。这里一般在当年的秋冬季节种下块状的洋番薯种子，在地里过冬，第二年春季快速生长，春夏之交便可收获食用。

洋番薯无论是它的生长方式、块茎形状，还是食用方法，和番薯非常相似，只是它的藤蔓没有番薯长，果实没有番薯大，总体产量没有番薯高。《本草纲目》记载，洋番薯具有和胃、健脾、益气的功效，可以治疗病后脾胃虚寒，气短乏力，还有解毒、消炎的功效。现代医学认为洋番薯具有丰富的维生素和优质纤维素，还可以起到防中风、减肥、降血压、通便等功效。但一旦洋番薯表皮泛青或已发芽，就会产生龙葵素这种有毒物质，就不能食用了。

不同于北方地区，浙东运河流域一般不把洋番薯当作主食，而将它当作时蔬食用。洋番薯既可煎、炒、炸，也可烧、煮、炖，能烹制出几十种美味佳肴。和洋番薯有关的菜谱，有红烧土豆、炒土豆丝、烤土豆、土豆饼、炸薯条、土豆泥、土豆炖牛腩、土豆炖排骨、土豆炖鸡等。

洋番薯还有一种特别的用途，就是把它磨成粉，就是十分优质的淀粉。和其他作物的淀粉相比，洋番薯淀粉糊化度高、透明度好、黏结力强、拉伸性大，可加工成果葡糖浆、柠檬酸、生物可降解塑料、黏合剂、增强剂以及医药上的各种添加剂。

大菱

作为一种水生植物，大菱在宁绍平原的水系里快乐地生长着。菱在长江以南的河湖池塘里都能生长。菱有角，两角、三角、四角都有，因为角像牛角，所以称为菱角。南京有蝙蝠菱，苏州有水红菱，吴江有小白菱、大青菱，嘉兴有南湖菱，广州有五月菱。宁绍平原的菱角俗称大菱，是一种四角菱，又称"驮背白"，以肉厚、汁多、甜脆而闻名，与嘉兴南湖菱、湖州两角菱、杭州水红菱、塘栖青菱及古荡钝角菱，合称浙江六大菱。

浙东运河流域栽菱历史悠久，早在唐代，越州养菱已非常普遍，清《嘉庆山阴县志》记载："菱，产莫盛于山阴，每岁八月，菱舟环集鉴湖中。"一般在清明前后将菱秧放入水中，大菱的长势很旺，没几个月就布满水面。大菱一般八月就可以采摘，这时候的菱很嫩，掰开外壳就可以直接吃。九月中下旬以后，大菱外壳变深变硬，这时候采摘的菱就要煮熟后吃了。

大菱生吃可消暑解渴，熟食能健脾益气。《齐名要术》载："菱能养神志，除百病，益精气。"菱又可作为菜肴，菱肉炖豆腐是宁绍平原的素食名菜。嫩菱肉烧茭白、毛豆，属于时鲜佳肴。菱肉切成片、丁，和荤菜素菜一起炒制，清香而味美。

产自宁绍平原的大菱（摄于 2009 年）

熟菱肉也可用麻油、酱油及老酒搅拌成醉大菱，风味独特。老菱还可磨成淀粉，菱粉细腻爽滑，在淀粉当中属于佳品，适宜做雪糕、冰激凌等冷饮和精细糕点。菱营养很丰富，内含淀粉、蛋白质、葡萄糖、脂肪和多种维生素、胡萝卜素以及钙、磷、铁等矿物质。

板栗

作为既可当粮食，又可作零食和素菜的一种坚果类植物，板栗在浙东运河流域的低丘缓坡及河滩边广泛栽种，而且历史非常悠久。《诗经·鄘风·定之方中》中就有种板栗的记载："树之榛栗，椅桐梓漆。"板栗耐寒耐旱，喜砂质土壤。如生长环境好，又护理得当，板栗树可以存活三百年以上。板栗被誉为"千果之王"。每年的五六月份开花，八九月份挂果，十月以后逐渐成熟，初冬时节上市。唐代诗人韩愈有诗曰："霜天熟柿栗，收拾不妨迟。"

板栗的成分和大米、面粉相似，人称"木本粮食"。食用方法很多，烹煮煨炒，磨粉做羹，生食熟吃。宁绍平原有一种独特的制作方法，叫做"糖炒栗子"。糖炒栗子用糖砂炒制，老师傅当街加锅，用方言大声吟唱吆喝，招徕客人，成为地方风俗。板栗品种繁多，其中上虞下管的板栗，以质优味美而闻名。板栗还可作菜肴的配料，做成栗子炒鸡块、栗子炖肉等，深受人们喜爱。板栗脱壳磨成粉后，可做栗粉糕、栗粉团子等，是一种具有地方特色的风味名点。

板栗不仅营养丰富，还有很高的药用价值。《本草纲目》记载板栗的药用价值："栗咸，温，无毒；益气、厚肠胃、补肾气。可治筋骨断碎、心腹邪气、安中养脾、肿痛瘀血。"除板栗肉之外，板栗的树根、树皮、花都能入药。

板栗的储存有一种独特的方法，就是沙埋法，将板栗埋进干燥的沙子里，可以避免流糖（指果肉变白硬化），延长保存时间。

年糕

年糕是运河沿岸人们的传统食品之一，搡年糕更是过年前的一种习俗。年糕谐音"年高"，有一年更比一年好之意，寄托着人们对美好未来的憧憬。有诗称："年糕寓意稍云深，白色如银黄色金。年岁盼高时时利，虔诚默祝望财临。"这是把美好的愿望寄托在年糕上了。

年糕全国各地都有，以南方为盛，尤其是江南，浙东运河流域的人们把搡年糕当做一件大事去做。年糕的原料是大米，不同地方选用的米不一样，有的地方用糯米，有的地方用粳米，有的地方则是将糯米和粳米按不同比例进行调配，这样就形成了不同口感的年糕。但都不用早米搡年糕，早米一般制作类似面条叫作藤羹（或荡秧）的食品。

搡年糕最关键在于两个环节。先是打糕花，这是技术活，须熟练掌握糕花技术的老师傅操作。其次是搡，搡的工具有两种，石头凿制的捣臼，木头打制的大椎。三五个壮汉操大椎，一下一下捶糕花，一位老师傅稳稳地翻糕花，两者默契配合，不得有任何差错，这就是搡年糕。直到把糕花搡出足够韧劲，从捣臼中捞出，摊上桌子，搓成条状，再用木制年糕印花板挤压成一条条的年糕。因搡年糕费时费力，现如今的年糕，已经用机器生产

传统手工搡年糕（摄于 2001 年）

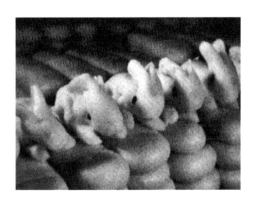

手工年糕（摄于 2001 年）

了，只有极少部分农村地区，人们还在用传统方法和工具搡年糕。年糕搡好后，在背风的地方摊放几天，等年糕发硬，浸入冷水中保存。

年糕的吃法，炒、煮、蒸皆可，各地呈现不同风格。宁波慈城、诸暨枫桥年糕比较出名，嵊州新昌叫水糕，状如板砖、砧板，绍兴年糕较松软。民谚说年糕："糖炒炒，油爆爆，吃得嘴角生大泡。"又说："荠菜肉丝炒年糕，灶子菩萨伸手捞。"年糕及相关风俗历经千载，依然在这方土地上延续。

粽子

裹粽子的习俗在中国由来已久。据考证，粽子早在春秋之前就已经出现，用来祭祀祖先和神灵。汉代许慎的《说文解字》将粽解释为"芦叶裹米也"。梁朝吴均《续齐谐记》记载屈原投汨罗江后，当地百姓驾船往江里投用蓼叶裹住，外面缠五色线的食物，防止蛟龙抢食屈原遗体，这被后人演绎端午赛龙舟、裹粽子的一种起源。西晋周处《风土记》里记载了一种"角黍"的食物："仲夏端午，方伯协极。享用角黍，龟鳞顺德。"此时端午与粽子已联系在一起了。随着东晋南渡，北方士族南迁，这一风俗也传入江南。

江浙一带裹粽子的习俗很盛，各地花样繁多，其中用糯米做主要食材，箬叶作包裹材料，色线缠绕几乎一致外，其他各不相同，如馅分咸甜两类，肉馅、果脯馅、干菜馅、豆馅、蛋黄馅、水产馅、豆沙馅、糖馅等不一而足；外形上三角、四角、枕头、斧头、圆筒、秤砣等形状各有千秋。其中以嘉兴粽子最为有名。浙东运河流域粽子兼具各地特色，但也没有当地特别的印记。和粽子有关的谚语有一些流传下来，"未吃端午粽，寒衣不敢送"，"吃了端午粽，还要冻三冻"。

粽子的吃法主流是水里煮，但各地也有一些独特的方法。如杭州在蒸煮上要求时间特别长，强调"千滚不如一焖"。宁波有一种碱水粽，用老黄箬叶裹，煮熟后发黄，用糖蘸着吃，清香可口。绍兴还有一种方法，煮熟后，用裹粽子的线把粽子裁成薄片，在油锅里煎烤后再吃。

青饺

青饺也叫艾饺，是清明时节的一种食物，很多地方都有清明节做青饺的习俗，江南更为普遍。青饺或艾饺最主要的食材是鲜嫩的艾草。清明时节，大地春回，百草返青，艾草也是嫩叶初展。艾叶采摘回来后，因涩味较重，要进行脱涩处理。处理的方法，古时候用的是石灰，现代用食用碱以适当的比例烧水煮透，煮时不能加锅盖，否则艾叶会变黄，煮后让艾叶保持翠绿色为佳。处理后的艾草根据个人喜好与米粉（一般用糯米粉，也可掺少许粳米粉）以一定比例糅合，反复搓揉，直到有足够韧性，接下去就可以像包包子的方法一样用不同的馅包青饺。青饺外观色泽深浅，和用米粉的多少有关，颜色深，说明艾草比例高一些，颜色浅，米粉比例高些。

青饺的形状与包子完全不一样，一般有三角形、圆形，但在浙东运河一带，有一种月亮形的青饺最为精美。它的特色是包成弯月形状，弧形封边用大拇指和食指掐出大小匀称的百褶绲边，两头两个月牙尖角，里面的馅不能太少，要鼓一些。月形青饺包好后，整整齐齐摆放在垫着白纱布的匾上，一眼望去，赏心悦目，看着就是一种艺术品。青饺的馅咸甜都有，古镇枫桥用的馅又别具一格。这地方用的青饺馅必须用剁成黄豆粒状的鲜嫩竹笋、腌制芥菜、肥瘦适当的猪肉末、鲜豆腐以及足量的小葱花，几种原料搅拌做成的馅，在青饺皮包裹下，一口咬下去，鲜美无比，回味无穷。他乡的游子最怀念的就是这种家乡的味道。

青饺的起源历史悠久，但清明吃艾饺的习俗与制作方法却一直没有改变。

汤团

汤团，也叫汤圆，用糯米粉做成圆圆的形状。汤团里可以有馅，也可以没有馅。据传，汤圆这种食品就起源在浙东运河的终点宁波。宋朝时，宁波（当时叫明州）逐渐兴起了一种用糯米粉搓圆的食品，里面用黑芝麻、猪油、白糖做馅，水里煮熟后吃，香甜软糯，别有风味。因为是圆形的，盛到碗里，一碗圆圆的汤圆在碗里漂浮，一家人一起吃，有团团圆圆的寓意，象征着全家团圆美满。汤团的制作十分简单，只要有糯米粉就行，所以它的推广也很快，从宁波通过浙东运河，向全国各地慢慢传播开去。

汤团的吃法也简单，做好后，水里一煮就行，基本是甜食的吃法，咸的汤圆很少。但有一种酒酿汤团也很流行，一般是过年时，家里有做甜酒酿，把汤团和甜酒酿一起煮着吃。这里的汤圆一般无馅。再讲究一点，里面还会放上一个糖心鸡蛋，这一般是家里来了贵客，专门给贵客吃的待遇。

浙东运河流域的旧俗，正月初一家人必须一起吃汤圆，也就是象征新年伊始，阖家团圆，后来逐渐演变出正月十五元宵节也吃汤团的习俗。这是把两种习俗融合在了一起。正月十五这个节日在汉代时就已经有了，汉文帝将正月十五定为节日，就是上元节，但闹元宵的风俗到宋代以后才开始出现。《岁时广记》《武林旧事》等宋代笔记都有记载，说这一天男女老少吃元宵，赏花灯，猜灯谜，舞龙灯。其中的元宵为北方地区一种类似宁波汤圆的食品，结果南北文化交融，最后统一为正月十五元宵节吃汤团的习俗了。

香糕

香糕是绍兴出产的食品，它的历史不长，为清朝嘉庆年间，一个叫孟宪正的绍兴人无意中发明的。据说，孟宪正开有一家专卖年糕、印糕的店面。有一年雨水特别多，糕点含有水分，湿度温度一高，不易保存，眼看还没有卖出去的糕点要变质了，孟宪正灵机一动，将糕点放在炭火上烘一烘，想把水分烘干些，防止变质，可多存放些时间。没想到的是，随着慢慢烘焙，白色的糕点渐渐泛黄，原来软软的糕点逐渐变硬，且从糕点中散发出阵阵米香，一尝味道，发现口感比原来的糕点还要好。孟宪正大喜过望，将糕点改名为香糕，并挂出"孟大茂香糕"的牌子。此后，香糕又经过不断改良，主要是精选精白的粳米，并把丁香、砂仁、白芷、豆蔻等中药香料按特定比例掺进去，再拌以纯白砂糖，用白炭烘焙，最后的香糕成品质地细腻，黄而不焦，硬而松脆，入口酥散，香甜可口，易于消化，老少咸宜，还有解郁、和中、开胃、健脾之功能。产品推出后，立即风靡各地，并引起了外地商人的大量仿制。

由于香糕诞生的特殊性，被普遍认为香糕就是绍兴香糕。香糕口味有香甜、椒盐之间的区别，因形状、颜色或配料的不同，又有桂花香糕、砂仁琴糕、蛋黄香糕、松花香糕、咸味鸡骨糕、薄片朝笋糕等。清朝时，绍兴香糕曾被列为绍兴八大贡品之一，可见它的地位之高。

木莲豆腐

木莲豆腐既是宁绍平原一种小吃的名称，也是一种植物的名字。木莲豆腐也叫薜荔，是一种浙东运河流域野外常见的攀缘植物。它要么紧贴墙壁或石壁攀爬生长，要么缠着树干往高处生长。薜荔这一常青藤本植物，很受文人青睐，经常入他们的诗文。屈原写过："擘木根以结茝兮，贯薜荔之落蕊。""若有人兮山之阿，被薜荔兮带女萝。"唐人谭用之《秋宿湘江遇雨》："秋风万里芙蓉国，暮雨千家薜荔村。"鲁迅先生《从百草园到三味书屋》："何首乌和木莲藤缠络着，木莲有莲房一般的果实。"在绍兴，还指小孩不羞不臊脸皮厚为"木莲皮"。

用木莲的果实做木莲豆腐，它的做法现在知道的人已经很少了。木莲的果实也叫木莲子，先将果实破开，取出里面的籽，用纱布把木莲子包起来，浸泡在冷水盆里，再用力挤压，将木莲子的汁液挤出来流到水里，再用一种叫"水滴拢"的凝结剂，或者用老莲藕粉，倒进木莲汁里，放井水里自然冷却，过三五个小时，木莲汁就会凝结成像豆腐一样的果冻，木莲豆腐的名称也是这样来的。木莲豆腐晶莹剔透，用勺子舀进碗里，掺点红糖水或白糖水就可以吃了，口感顺滑，入口即化。夏天里吃木莲豆腐，再加点薄荷油，甜味中透着清凉，是消暑的极佳饮品。

木莲豆腐还具有药用价值，中医认为它有祛风除湿、活血通络、消肿解毒、补肾、通乳的功效。

三北豆酥糖

酥糖是一种传统名点，它的历史非常悠久。酥糖由屑子和麦芽糖组成，屑子用面粉、绵白糖、芝麻、桂花等制作，麦芽糖用麦芽制作，经过原料配制、碾屑、熬糖、拉糖、压糖等多道工艺精制而成。制好的酥糖呈方形，比麻将牌大些，一块块用蜡纸包好。酥糖皮薄酥脆，层次分明，吃起来香甜可口、入口即化，而且不粘牙、不腻口，旧时是十分受人喜爱的糕点。每逢节假日，家里的桌子上都会摆上一碟，供家人或亲戚品尝，走亲访友时，提上一包酥糖也是尚好的礼物。

由酥糖又演化出许多类似的糕点，豆酥糖就是其中的一种。

豆酥糖诞生于清光绪年间。一天，在宁波余姚的陆埠镇来了一位姓殷的糕点师傅，他吃遍了镇上的茶食糕点后，意犹未尽，想着自己弄个新的糕点出来。殷师傅十分敬业，对糕点的制作从原料的采购，到配料、制作、加工、包装等全过程严格要求，一丝不苟。殷师傅的新糕点就是豆酥糖。它的主料是黄豆，辅料有青豆、黑芝麻、白糖等。黄豆要用颗粒饱满当年新鲜的，青豆要用颗大色纯的，白糖用的是英国产的，芝麻选的是壳薄、肉厚、油足的严州芝麻，饴糖须是特等糯米糖。加工时，严格按照工序，不能有半点马虎。比如豆壳必须在碾磨前清除干净，碾磨后还需再用绢筛筛过。制作过程有他自己的独门秘诀。做好的豆酥糖一入口就齿颊生香、松脆不粘、甜而不腻，很快风靡各地。殷师傅还对外包装有着严格的要求，大包小包都必须有棱有角，厚薄均匀，而且封口不得使用糨糊。

因为陆埠在余姚，属于宁波传统老慈溪北、老镇海北、老余姚北的三北地区，豆酥糖最先也是在宁波三北地区流行开来，后人便用三北豆酥糖来命名它。

奉化芋艿头

奉化种植芋艿有上千年的历史了，宋朝时就有栽种芋艿的记载，那时候芋艿不叫芋艿，而叫岷紫。南宋监察御史陈著《收芋偶成》诗中写道："数窠岷紫破穷搜，珍重留为老齿馐。"这里的岷紫就是芋艿。芋艿还有蹲鸥的别称，来自《史记》的记载，说蜀地有个叫葭萌的地方，地里长有一种能吃的食物，样子像蹲在地上的鸥鸟，这种食物便是芋艿。清代宁波诗人谢朝辅《芋头》诗说："小园与粟共收藏，雅号蹲鸥旨否尝。"

奉化芋艿据传最早来自日本，因芋艿"既怕水，又畏旱"的特性，在奉化的剡溪流域找到了适合它生长的土壤。源于四明山的剡溪，夹带着大量泥沙而下，在两岸形成了冲积土，这种土壤表层不积水，地下水适度，正好满足芋艿的生长需求，加上奉化气候温湿，对芋艿生长极为有利。因此，奉化芋艿头个大、皮薄、质粉、味香，营养丰富，远近闻名，甚至有谚语这么说："跑过三关六码头，吃过奉化芋艿头。"吃过奉化芋艿头，算是长过见识的人。

奉化芋艿头品种繁多，大的有水、旱两类。水田里种水芋，旱地里种旱芋，如青基、赤基、红芋艿、乌脚箕、香粳芋等，其中又以萧王庙前的红芋艿最为著名，母芋椭圆形，外表色泽棕黄，顶部粉红色，最大的可到四五斤以上，它的肉粉无筋，糯滑可口。

奉化芋艿吃法多样，烘蒸、生烤、热炒、白切、煮汤等，各具风味，如鸭子芋艿、蟹糊芋艿、鸡汁芋艿、黄鱼夹心芋艿等都是名吃。

下水麻糍

麻糍这种食品在中国已存在二千多年了，它的主要原料是糯米。浙东运河流域也风行麻糍，主要原料同样是糯米，各地做法大同小异。其中宁波东钱湖的下水麻糍特别知名。

宁波有句俗语："清明麻糍立夏团。"这句话点出了吃麻糍的季节，通常是在清明节。为什么是在清明节？这与清明时节的艾草有关，也就是主流的麻糍是艾草麻糍，东钱湖下水村就以产艾草特色的麻糍出名，外人用下水麻糍称呼它。

艾草的采摘与处理，和做青饺的艾草一样，都须进行一道脱涩的工序。下水村人艾草脱涩不用石灰，用的是草木灰，沤个两三天，艾草颜色深绿，浓浓的艾草香中还透出一丝淡淡的草灰香。沤好的艾草和浸泡好的糯米一起蒸煮，时间一到，倒入捣臼，又是和揉年糕一样的场景，一帮壮汉轮番上阵，用力揉麻糍。半个钟头后，捣臼里的艾草糯米变成深绿色韧性十足的大团子，这时旁边的桌板上早已均匀地撒好了一层黄黄的松花粉，主事人用擀面杖将大团子擀成厚薄适中的饼子，再用刀切成小方块，外黄内绿的艾草麻糍便是做成了。下水麻糍还添加白糖，口感更为甜软，而象山、鄞州等地比较喜欢原汁原味，不添加糖之类的调味品。

吃过下水麻糍的人总是说：糯糯的。这似乎成了下水麻糍的广告语。现如今，下水麻糍的品种越来越多，什么南瓜麻糍、紫薯麻糍、桂花麻糍等，但不管哪样，麻糍还是乡村的味道。

水塔糕

宁波水塔糕，也叫酒酿发糕，是一种纯手工制作的糕点，工艺比较复杂，不拜师学艺，做不出好的发糕。与其说水塔糕是一种糕点食物，还不如说它是一种工艺品。

做好水塔糕，第一个要点是磨米浆。水塔糕的基础原料是大米。选取上好的大米，洗净、浸泡五个小时后，用磨米机把米磨成米浆，边磨边加水。米浆的粗细对能否做好发糕有直接的关系，米浆粒子既不能太粗，也不能太细，究竟多少合适，全凭磨浆人的经验把控。磨出好米浆，只是做出好水塔糕的基础。

水塔糕最关键的工艺是发酵。不像其他面食发酵一次就够，标准工艺的水塔糕制作中需三次发酵。第一次发酵也就是基础发酵，不能确保面团发酵完全，第二次发酵主要作用是松弛，保证成形时候更加均匀，第三次也就是最后一次发酵，将米浆发酵到原来体积的两倍。这样的发酵工艺不要说在糕点制作上，就是其他食品上也绝无仅有，而且每一次发酵的好坏，直接影响到最后水塔糕的品质。

完成水塔糕制作工序需要两天时间。头天完成大米浸泡、磨浆、发酵，第二天将发酵好的米浆倒入蒸笼中，一层一层摞上去，看上去像一座塔，这也是水塔糕名字的由来。

纯手工制作的水塔糕外表呈白色，绵软香甜，韧性十足，闻起来还有一股酒香味，有的还在上面撒一些桂花、红豆、葡萄干、红枣、黄桃、芝麻等辅食，用来增加口感的多样性。做水塔糕的人需要起早贪黑，非常辛苦。正因为手艺人的辛勤劳作，才使人们能品尝到美味的食品。

灰汁团

灰汁团是浙东运河宁波地区特有的小吃，严格地说，是宁波乡间特有的小吃。正宗的灰汁团只有在乡间才吃得到，原因就在灰汁两字上。灰汁团的灰汁是将稻草或蚕豆壳烧成灰，再用纱布包起来浸泡在水里，稻草或蚕豆灰溶入水中，滤去杂质，形成灰汁。这灰汁便是灰汁团的灵魂。

灰汁团用的是早米。每当早稻收割，早米上市的时候，宁波乡村间的乡民们便家家户户做起灰汁团。先把洗净的早米浸泡在清水里两三个小时，再用古老的石磨将早米磨成米浆，然后把清香扑鼻的米浆倒进锅里，灶膛升起文火慢慢熬，一边熬一边用铲子顺着一个方向搅拌，并依次加入红糖和灵魂灰汁水，待到颜色略黄约八成熟时立即出锅，趁着发烫时迅速搓揉，揉至有韧性，分成团继续搓成长条，再摘成一个个小剂子，搓成直径二三公分的圆团，放进蒸笼里蒸约一个钟头。这时灰汁团已经变成深棕色，等团子凉下来以后就可以开吃了。

正宗的灰汁团像冰冻一样半透明，扁圆状，棕茶色，散发出稻草灰特有的清香，入口清凉爽滑，不会粘牙，越冷越有嚼劲。上了年纪的宁波农村人，很是怀念这一口，在他们的记忆深处，灰汁团的色香味清新而持久地保存在记忆里。只是现在想吃上原汁原味的灰汁团已经是一种奢望了。现在尽管满大街仍有灰汁团售卖，可它的制作材料与方法和老底子完全不一样了。机器代替石磨米浆、食用碱代替稻草灰，这样的灰汁团已经没有原本的灵魂，再也不是当年的味道了。

千层饼

千层饼到处都有，浙东运河流域许多地方都有千层饼这道小吃，但最有名或最有特色的是奉化溪口千层饼，此饼被称为天下第一饼。

名列第一，自有它的道理。溪口千层饼首先是原料的配方不同寻常，除了其他千层饼都用的面粉、白糖、芝麻、精盐、植物油之外，还有奉化独有的芋艿粉，最主要且最有特色的是用了一种当地的苔菜粉。再就是其他的千层饼一般也就七八层，溪口千层饼却有令人咋舌的二十七层。想想一点五公分厚度的薄饼，有二十七层的薄片组成，不得不惊叹做饼人手艺是多么的精湛。还有一个就是千层饼的烘焙，用的是一种用黄泥制作的特制烤炉。从选料配方到成品，一张小小的千层饼被做到了极致，无愧于在饼的世界里名声响亮。

溪口千层饼的历史并不长，清朝末年由奉化王毛龙兄弟创制。一次弟弟王化龙在做饼时随意加了些苔菜粉，没想到烤出来的饼清香扑鼻，别具风味，赢得了食客的交口称赞。一时门庭若市，生意好得出奇，而他们制作的千层饼也被业界称为毛氏千层饼。它的特殊工艺被传承了下来。民国时期，毛氏千层饼得到了蒋介石的青睐。蒋氏也对家乡的千层饼情有独钟，干脆把王家后人请到了身边，为他专门烤制千层饼。蒋介石还经常拿千层饼送人，竟使千层饼声名大噪。不知从什么时候开始，毛氏千层饼被人改作溪口千层饼了。

溪口千层饼清香可口，甜中带咸，咸里带鲜，香酥松脆，吃后令人口齿留香，这不仅是地方传统的奥秘，更是手艺人精耕细作的神奇结晶。

二、菜品

从历史的维度看，越菜脱胎于河姆渡文化，成长于先秦和两汉魏晋，拓新于李唐盛世，成熟于南宋时期，而闻名于明清两朝。天然带有江南水乡的风味，具有鲜、咸、臭、醉的特色。越菜一是味道清淡。传统绍兴菜崇尚自然、清雅纯朴，多以鱼虾河鲜和鸡鸭家禽为作料，讲究香酥绵糯、轻油忌辣，力求清淡鲜美、原汁原味。绍兴菜的清淡，经代代相传，渗入绍兴人的血脉，形成清白、清高、清趣的文化特性，滋养着绍兴人尤其是绍兴文人雅客、俊杰名士的人格品性。越菜二是味中有酒。绍兴菜最与众不同之处就在于"味中有酒"。绍兴黄酒能够去腥、去膻、解腻、增香、添味，绍兴菜烹调多以黄酒和酒糟来烹制，糟醉佳肴，香味浓烈，令人回味无穷。

干菜蒸肉

干菜蒸肉是浙东运河流域人们的一道家常菜，这道菜没有时令的限制，一年四季随时都可以做，而且能长时间存放，特别下饭。

干菜蒸肉主料就是干菜和猪肉。干菜选用的是头年秋季下种，第二年春天采收的芥菜。芥菜品种繁多，有大叶芥、小叶芥、皱叶芥等，绍兴一带比较喜欢种土名为九心芥菜的品种。这种芥菜形状最大的特点是菜叶不是完整的整片叶子，而是不规则锯齿样的。翠绿的九心芥菜收割后，经过清洗、晾晒、切碎、腌制、晒干，就成了菜干。绍兴还有一种与干菜配制而成的笋煮干菜，是用春天最嫩的毛笋，切成小片和腌制好的九心芥菜一起煮熟后晒干。两种干菜都可以用来蒸肉。猪肉最好用五花肉，切成小块，先过一下油，然后和干菜一起装进大碗，撒些红糖或白糖，放入锅里蒸。蒸时碗上面要盖个盘子，不能让水蒸气进入碗里。蒸的时间需一小时以上，一般第一次蒸好出锅，干菜还比较硬，口感不是最好。好的干菜蒸肉要反复蒸，一直蒸到干菜变黑、肉烂熟到几乎化开，这时候的口感才最好。还有一种干菜蒸扣肉的菜，它的主菜是扣肉，需用特殊方法制作，底下的干菜一般也用九心芥菜干，俗称霉干菜，但这道菜不能称之为干菜蒸肉。

干菜只要不受潮，密封保存，可以长久存放，所以只要买点肉，这个菜无论什么时候都可以做，是这一带人们必备的家常菜之一。现在有了高压锅，蒸干菜和蒸肉的时间可以节省很多，也更方便了。

绍三鲜

绍三鲜在绍兴菜谱中地位很高，有人说是绍兴菜中的头牌菜，就是排在第一位的，还有的甚至说绍兴人吃饭"没有三鲜不成席"，无论婚宴寿酒，还是过年过节，酒席上第一道上的菜必定是一大碗三鲜。早年间，一碗三鲜做得如何，可以鉴别出一个厨师厨艺水平的高低。可见绍三鲜在绍兴人心目中的地位。

绍三鲜最关键的食材也落在菜名上：三鲜。所谓三鲜指的是，活蹦乱跳的胖头鱼肉挖出来做的鱼圆，新鲜的土猪肉剁碎团成的肉圆，农家散养土鸡熬的汤。除去这三样，其他的辅材也十分讲究。冬笋切成薄片、猪肚切成丝、鸡蛋皮切成丝或者肉馅鸡蛋饺、活的河虾、发好的猪皮、火腿片这些都是必不可少的，黑的木耳与绿的菜心更多起的是配色的作用。所有的原料准备齐全以后，烹饪的过程并不复杂。锅中先下油烧热，放入肉皮、冬笋片、猪肚丝、黑木耳、河虾，翻炒至断生，用绍兴黄酒去腥，酒气挥发后倒入适量高汤，再陆续把鱼圆、肉圆放进去，猛火烧开锅，撇去浮沫，加盐调味，再放进烫熟的菜心、鸡蛋皮、葱段就可出锅。

绍三鲜制作和烹饪并不复杂，食材容易找到，且价格不贵，但因为选材精良新鲜，加工精细，荤素搭配合理，色泽丰富而且鲜亮，寓意美好，深得人们喜爱。其实浙东运河流域许多地方都有三鲜这一道菜，如杭州有杭三鲜，宁波有三鲜汤，各地所选食材和烹饪方法也大同小异，这不能不说，三鲜确实是这一带大众喜爱的美味佳肴。

糟鸡

糟鸡是浙东运河流域的一道特色菜。据传始于宋代，一个擅长做糟鱼的皇宫御厨突发奇想，酒糟既然能做糟鱼，那应该也能做糟鸡，然后便开始进行研发，经过无数次的试验，终于把一道骨肉皆酥、酒香扑鼻的糟鸡做出来了。皇上一吃，龙心大悦，赞不绝口。厨师一时风头无二，糟鸡此后慢慢传到了民间。

绍兴糟鸡的特色在鸡的选择上，不同于宁波糟鸡用的是母鸡，绍兴用的是当年阉过的公鸡，俗称线鸡。宋朝戴复古《访许介之途中即景》"区别邻家鸭，群分各线鸡"中所说的鸡就是这种鸡。绍兴养鸡的历史非常悠久，春秋时期就养殖一种名越鸡的鸡。越鸡生长快，体重大，品质优良。绍兴又是黄酒的发源地，用糯米酿酒，营养价值极高。正是酿酒留下的糯米酒糟，成了制作糟鸡另一种极好的食材。

绍兴糟鸡糟制时，先要将线鸡处理好。宰杀洗净后的线鸡，下锅闷烧，等冷却后，斩下鸡头、鸡翅、鸡腿，剔除背脊骨，鸡身一分为四，用盐揉擦鸡肉正反面。糟料的调制也有讲究。酒糟以外，还需加些高度糟烧酒用来提香，水要用冷开水，根据鸡肉的多少调好糟料，放入专门的陶瓷罐中。罐底先放三分之一酒糟料，后放入鸡肉，再将剩余的糟料覆盖在上面，罐口密封好，一般一二天后就可以开罐即食了。

卤肉

卤肉是一种遍布全国的肉食。地不分南北，都有各种各样卤制菜系；人不分东西，几乎每个人都吃过自己喜爱的卤制品。浙东运河流域无论是酒店还是家庭也盛行各种卤食，卤肉便是最常见的一种。

卤制食品一般以肉类及其内脏为主，普通家禽、牲畜如牛、猪、鸡、鸭等都可以卤制。肉类卤品有红卤和白卤之分。白卤的肉类保持了肉类自身的颜色，如本色的卤鸡、卤鸭、卤猪肚等。红卤的肉食加了颜色，一般用的是糖色，卤肉呈现红棕色、金黄色、咖啡色，如卤猪肉、卤牛肉、卤大肠等，鸡鸭也经常用红卤的方法卤制。

卤肉的制作最重要的就是一个卤字，各地卤肉风味的差异也是卤水味的差异。浙东运河流域饭馆、家庭卤制肉类所用卤水的制作各有自己的特色。通常用鸡架子、猪筒骨熬制的清汤作底汤。香料包的搭配因地因人而异，常用的有茴香、桂皮、八角、香叶、甘草、花椒、干辣椒等。香料包放入底汤熬制入味，如是红卤，就放冰糖熬制的糖色。香味的浓淡、汤色的深浅、卤水的咸淡都取决于卤制大厨的经验判断。卤水准备完毕，就可以将肉或内脏和卤水一起入锅卤煮，待煮熟出锅，卤肉就算做成。

盛卤水的容器须是陶罐或搪瓷器具，切忌用金属罐或木桶，否则容易腐蚀、串味。每家饭店都有自己的老卤，它是饭店卤制食品的灵魂，代表着这家饭店的口味与声誉，所以都用特殊的方法存放卤水，大饭店有专人负责卤水的清理与保管。至于家庭制作卤肉，受制于条件，就会简单很多。

酱鸭

每到隆冬腊月，浙东运河流域的人家都会做一些酱的、腌的肉类、水产类食品，特别是天气好有太阳的日子里，家家户户都会把酱鸡酱鸭鱼干晾晒在自家门前檐下，满村飘香，其中酱鸭是最有代表性的酱制品。

酱鸭首先要挑选好的鸭子。适合做酱鸭的鸭子皮要薄、脂肪要少、肉要结实，一种学名为番鸭、土名为呆婆鸭的鸭子符合这样的标准，是大家做酱鸭的首选。其次要用好酱料。运河一带用的是手工酿制的酱油，纯粮发酵，传统方法酿制，酱色透亮，酱香浓郁，用它来做酱品是绝配。

鸭子宰杀、洗净、沥干，先要用椒盐腌制一天。酱油不能直接酱制，要加香料包并掺一定比例水一起煮沸后冷却，倒进陶瓷缸里，再把腌制好的鸭子浸泡进去。酱油水要完全没过鸭子，还要用大石块压在缸口，使鸭肉紧实。酱鸭肉越紧实品质越好。一两天后酱鸭出缸，在屋檐下挂起来晾几天，也可以吸收些阳光，最好不要长时间曝晒，否则失水太多，鸭肉会发硬变柴。酱鸭上的水分基本收干，香气也就飘散开来了，意味着酱鸭正式做成。

上好的酱鸭表皮色泽呈枣红色，深一点的栗红色，斩开后肉色呈玫瑰色，吃起来软嫩油润，可口有嚼劲，回味是咸中带鲜，齿颊留香。酱鸭的烹饪方法是隔水蒸，忌高压锅，忌蒸时进水，蒸熟后直接开食，如能配上一碗黄酒，那是绍兴人的最爱。

晒制酱鸭（摄于 2002 年）

白鲞扣仔鹅

鹅在绍兴是一种特殊的存在。说特殊，是因为鹅在绍兴不只是用来被吃的，它还能看家护院，被当地人称作"白狗"，蛇怕鹅，黄鼠狼怕鹅，很多人从小有被鹅攻击的记忆。鹅还是文人墨客笔下的宠物，尤其是东晋的王羲之，养鹅、宠鹅，对着鹅脖子练"之"字，一时鹅在越地风头无两，惹得几百年后的白居易还在念叨着鹅："右军殁后欲何依，只合随鸡逐鸭飞。"民国的周作人也念念不忘绍兴鹅，只是惦记的是各种鹅的吃法，什么白切鹅、糟鹅、烧鹅、白鲞扣鹅，都写在他《吃烧鹅》的文章里。绍兴鹅也叫越鹅或绍兴白鹅，全身羽毛洁白，体形健硕，喙、蹼、肉瘤都呈橘红色，肉瘤突出呈半球状，雄鹅昂首挺胸，追咬行人，鸣声嘹亮，雌鹅温顺，叫声低沉。

旧时绍兴民间结婚喜宴、老人做寿、小孩满月等举办筵席，用的桌子叫八仙桌，一桌坐八人，菜做十大碗，寓意十全齐美，称为"十碗头"。白鲞扣仔鹅就是其中一碗。拿黄鱼腌制晒干，就成为白鲞。这道菜的做法简单，基本上是原汁原味的做法。先将适量桂皮、茴香放在碗底，然后码上切成大块的鹅肉，鹅皮朝底，肉朝上，再放上略经浸泡过的白鲞，上笼屉蒸透。开笼盖取出大碗，倒扣在有青菜心或荸荠、板栗垫底的大碗里，这碗白鲞扣仔鹅就算做成了。鹅肉与白鲞一起蒸煮，两者的味相互渗透，咸鲜相激，加上青菜心或荸荠或板栗的衬托，味道十分鲜美，非常能激发人的食欲。这也是绍兴一带扣菜的代表，它如扣鸡、扣鸭、扣肉，都是名菜，做法也几乎一样。

扎肉

扎肉一味流传很久，浙东运河流域无地不扎肉，只是早年间扎肉只有到过年的时候才会做，平时一般人家没这个条件。在绍兴相传着这样一个故事：明朝嘉靖皇帝时，奸臣当道，民不聊生。绍兴山阴有田姓人家，每到冬祭时节，族内主事人在祠堂祭祖结束后，向所有族内田氏族人每人分一斤猪肉，这是一个惯例。但有一年天大旱，收成大减，无法按例分肉，只得用少量猪肉切成小块，粘皮带骨，煮熟后用竹箬壳包住扎紧分给大家，族人回去品尝后发觉味道很好，就把这种做法传开去了，并称之为扎肉。

有故事才会有文化，不管如何，做扎肉的关键技术传承下来了。到了民国，冲斋居士的《越乡中馈录》记录了马山姚家埭扎肉的故事。故事说，姚家埭离城三十里，明清时，绍兴有打锡箔的传统，其中有一道工序叫"褙纸"，工序不复杂但量大，所以基本交给农村的家庭妇女去做。锡箔铺老板雇船到乡下去发放工件，称作"放纸"。这些"放纸"人偶然间吃了姚家埭的扎肉，觉得味道鲜美，就一传十、十传百传了开去。后来"放纸"人只要船到马山，必到姚家埭去吃扎肉。时间长了，有人唱起了顺口溜："船过姚家埭，上岸买扎肉。"渐渐把姚家埭的扎肉唱出了名。

绍兴的扎肉要用一块五花肉，一块排骨，一齐用粽箬壳裹住，再用稻草或笋壳条扎紧放入锅中，加入水或鲜汤、茴香、桂皮、生姜、葱、黄酒、糖，烧开后转小火焖烧二个小时，待汤汁稀稠就可以一块块捞出食用。打开后的扎肉色泽红亮，肉香酥有劲，肥而不腻。一般人们会将扎肉冷却后再食用，这样的扎肉肥而不腻，十分鲜美。

安昌腊肠

腊肠的制作在中国有着悠久的历史，北魏贾思勰的《齐名要术》里就有灌肠法的记载。东西南北的腊肠品种繁多，只是各地用料不同，风味各异。

浙东运河边的安昌是个古镇，这里因产腊肠而闻名。安昌腊肠的特点是黑和精。所谓黑，是受到了酱油颜色的影响。安昌的手工酱油闻名遐迩，颜色偏深，但味醇，用这种酱油做的腊肠，太阳晒后颜色泛黑；所谓精，灌肠用的肉偏精，肥肉偏少。所以安昌腊肠似乎卖相不怎么好，黑不溜秋的，一截截也不是那么圆滑匀称，不像那种圆润光鲜的香肠引人注目，可吃起来却劲道十足，不肥不油，原汁原味又酱香浓郁，有越嚼越香、回味绵长的感觉。

安昌腊肠的制作工序和其他腊肠区别不大，也是按照刮肠、选料、切丁、漂洗、腌渍、灌肠、晾晒的次序进行。细节上有一些地方特色，比如肉选的是当天宰杀土猪的前后腿肉；肉腌制时酱油中会加点绍兴黄酒；晾晒时会用牙签把肠内的气泡戳破，好让腊肠晒好后更为紧实。这当中，做腊肠的时间选择很重要，每年必须立冬后才可以开始制作，过早或过晚都不适合做腊肠，做好后最理想的是腊肠能连续晒三天的太阳，否则腊肠的品质会受到影响，甚至容易发霉变质。

每到冬令时节，安昌民居的河边廊檐下，挂满了一串串的腊肠，形成了一道别样的风景，也成了安昌特有的风俗标记，尤其是河边的居民和游客，往河边小桌一摆，端上一碗老酒、一碟腊肠，似乎忘了岁月，淡了时光。

荷叶粉蒸肉

江南多水，水里多荷，越女采莲，莲美人美。采来荷叶做粉蒸肉，成了一道水乡名菜。宁波就有这样一道菜，排在本地十大名菜之列。

这道菜的来历每一位宁波人都有自己的理解，最典型的故事是和三国人物关羽和他一个手脚长毛的部将周仓有关。故事有些长，掐头去尾，说的是一次行军时，周仓用荷叶裹着热腾腾的肉和饭吃，没想到，熟肉热饭裹在荷叶里，荷叶的香味与肉、米饭融合一起，不仅使肉更鲜嫩入味，还散发出一股荷叶的清香，口感味觉提升，令人垂涎欲滴。此后经过传承与改良，逐渐演变成了今天人人喜爱的珍馐佳肴。

荷叶粉蒸肉要用五花肉，洗净用盐和胡椒腌制后，将肉切成五六公分见方的小块，加入甜面酱、酱油、白糖、黄酒、葱丝、姜丝等制成的卤汁，让卤汁与肉充分渗透入味并装入陶罐。将粳米和籼米淘洗干净沥干，再用文火和八角、山奈、丁香、桂花一起炒至黄色，冷却后磨成粉。荷叶先用沸水烫一下，剪成大小适中叶片，用叶片把粘好米粉的肉块包成小方块，上蒸笼蒸两小时即可。

宁波荷叶粉蒸肉色香味俱全，肉油润，粉咸香，软而不烂，嫩而不糜，咸味中略带一丝微辣，鲜味中透着荷叶清香，闻着就令人食欲大开。米饭就粉蒸肉，绝配。荷叶粉蒸肉不仅是一道难得的家常美味，还有较好的食疗效果，具有益精补血、温暖脾胃的效果。

醉蟹

浙东运河流域的醉菜系列风行千古，非常有地方特色。当地甚至有万物皆可醉的俗语。耳熟能详的醉菜有醉鸡、醉鸭、醉腰花、醉虾、醉蟹、醉龙虾、醉鱼、醉鳖、醉排骨……其中醉蟹比较有代表性。

和许多菜的诞生都有一个故事一样，据传绍兴醉蟹也有一个故事。说有个在安徽某个衙门做幕僚的绍兴师爷，看到淮河两岸螃蟹成群，螃蟹在堤岸挖洞危害大堤，在田间横行毁坏庄稼，百姓对此束手无策，忧心忡忡。这位绍兴师爷灵机一动，想出一条妙计。他向官爷提议，让老百姓去捉螃蟹交给官府，他有办法解决这事。他先是准备了许多大水缸，水缸里放进盐和黄酒，再把老百姓捉来的螃蟹放进水缸里。几天后，缸里的螃蟹变成了美味的菜肴。这一计策不仅解决了老百姓的螃蟹危害之苦，而且多了一道美食。因为这事发生在淮河流域，所以绍兴本地至今还有"淮蟹"的俗称。

当然，现在的醉蟹制作有了很大改进。蟹选用的是一两左右的大闸蟹，过大不易醉透。蟹要清洗干净，要用凉开水浸泡清洗。醉料除了正宗绍兴老酒、食盐外，增加了生抽、老抽、生姜、大蒜、香葱、糖等配料，还会加入高度糟烧来提香。醉的容器要用陶制的缸、罐、钵头等，根据蟹的多少选定，但醉料必须没过蟹，最后密封罐口。一般四五天后就可开罐食用，这时蟹已经醉透。醉蟹吃时有的会用醋作蘸料，蘸着吃，以免不适。当然也有直接食用的。醉蟹的制作工艺如此，其他的醉菜也大同小异。

单鲍黄鱼

单鲍黄鱼这道菜在浙东运河流域是一道家常菜。单鲍，指的是烹制的方法，黄鱼就不必解释了。单鲍两字从字面上去理解，很难知道它的真实意思。问当地人，也没几个人能够准确解释它的字义，反正不知从什么时候开始，就一直这么叫着。知道的人会告诉你，单鲍的意思是用精盐和花椒对食材进行短期（一般就两三个小时）腌制，听后你可能还是一脸懵懂。这里暂且不去多说，知道就好。黄鱼，这里又叫水鲞，浙东运河流域的人们往往把黄鱼水鲞连着一起叫，只不过里面有两个字得用方言来念，鱼得用后鼻音 ng 来说，水念成 si，黄鱼水鲞应说成黄 ng si 鲞，这样说着就地道了。

单鲍的目的是利用盐的渗透让鱼肉蛋白质凝固，把水分从鱼肉中析出来，使鱼肉肉质更为紧实，同时起到改善质地、保鲜增香、更加入味的作用。单鲍后的黄鱼上蒸笼蒸熟后，一下筷子，鱼肉就像蒜瓣或百合那样一瓣一瓣分离开来了，入口感觉肉质滑嫩无比，咸鲜透顶，吃后满口唇齿留香，回味无穷。单鲍黄鱼富含氨基酸和蛋白质，具有滋补生精、开胃益气的功效。

单鲍黄鱼选料简单，制作容易。冰鲜黄鱼单鲍两三个小时，洗净装盘，上面放少量的精盐、绍兴黄酒、花椒、葱花、姜片、大葱丝、红椒丝等上蒸笼，大火蒸煮十分钟即可。

单鲍黄鱼因为制作简单，不用大厨操作，一般人都会做，因而它也成了运河人家的家常菜，夏秋季节吃上一盘单鲍黄鱼成了这一带人们的风俗。

糟熘虾仁

糟就是酒糟，糟、醉同源，都源于酒。吃糟是古代遗风，两千多年前的《楚辞》就有酒糟的记载。糟货的历史悠久，在中华美食史上有它一席之地。绍兴产黄酒，黄酒用糯米制作，做酒后留下的糯米酒糟更是好东西。浙东运河流域的人们把糯米酒糟用来调味烹制食物，形成了糟货系列菜肴。当然酒糟入菜，各地都有。上海人把糟猪肚尖、糟河虾、糟毛豆唤作糟三样，那可是下酒的大菜。宁绍平原也是无物不糟，荤素都糟，如糟鸡、糟鸭、糟肚里货、糟蛋、糟鱼、糟熘虾仁等，数不胜数。

糟熘虾仁在糟菜中算是这里比较常见的一种菜品。糟菜最重要的是调制好糟卤汁。通常家里制作糟卤汁的方法是：一定量的鲜汤入锅，加盐、葱白、生姜后煮沸，冷却后倒入适量的酒糟中，搅拌均匀，再进行过滤，滤出的汁中再加入适量的黄酒、少许味精。这样糟卤汁就算做成了。虾一定得用新鲜的河虾，去壳留肉，先用盐、鸡蛋清、淀粉对虾仁进行腌制。起锅下猪油，虾仁过油后捞出，锅内适量底油中放入葱、黄酒、糟卤汁、猪油，不一会，满室糟香弥漫。待糟卤汁起泡后倒入腌制好的虾仁，慢慢收汁，就可以出锅了。

绍兴黄酒酒糟酒香扑鼻，能除腥膻，提鲜味。虾仁入酒糟，洁白晶莹，糟香浓郁。糟熘虾仁入口咸鲜软嫩，回味无穷。宁绍一带其他糟类菜系、醉类菜系都离不开绍兴老酒以及糯米酒糟对菜品的提升，也可以说，老酒和酒糟是糟醉类菜系的灵魂。

糟青鱼干

水乡多鱼，冬日近年，浙东运河流域的人们便会驾船在湖里用大网围网捕鱼。鱼大都为胖头鱼、鲢鱼、鲫鱼、鳊鱼、青鱼之类。不同的鱼用不同的方法烹饪，只是青鱼一般不吃鲜鱼，多半是晒成鱼干。青鱼干是这里的特产，过年时，每家每户都会置办几条青鱼干，一来走亲访友时要用它做礼物，二来家里可是个常备菜，无论是来客人还是家里人喝酒，端上一盘青鱼干，那是极好的配菜。

糟青鱼干第一步是要晒好青鱼干。晒青鱼干是个技术活，不经熟手指点还真晒不成。晒干的青鱼不能去鳞，要从鱼的脊背方向直至鱼头剖开，只可清除鱼肚里的内脏、鱼腮、鱼牙，鱼血要用来擦鱼身，万万不可用水清洗鱼身，否则这条鱼干就直接报废了。用盐（旧时还会加点火硝）揉擦鱼的全身，肉厚的地方要多擦点盐。这样腌制24小时。第二天再用竹签将鱼干撑开，用挂钩从鱼嘴串上，拿到阳光下去晒，到软硬适中再放在室内通风处，不可过度曝晒，鱼干硬邦邦的就是晒过头了。鱼干晒好后，将鱼干切成小块，装入瓦罐，用酒酿、白糖、黄酒、糟烧调好卤汁，倒入瓦罐直至浸没鱼块，再将罐口密闭封实后放到阴凉处，一个月以后可以开封食用了。

糟青鱼干要蒸熟才能食用，好的糟青鱼干蒸熟后目视肉色红润，层次分明；闻起来酒香扑鼻，勾人食欲；入口松嫩鲜美，油润适口，确实是难得的菜中佳品。

萝卜丝带鱼

带鱼是海鱼，不同纬度、不同海域的带鱼品种不一样，如白带鱼、短带鱼、舟山带鱼、南海带鱼、小带鱼、日本带鱼等，不同品种的带鱼口感也不一样。浙东运河流域人们只认舟山带鱼，不喜欢其他带鱼，认为舟山带鱼骨小体肥，鳞片容易脱落，肉比其他带鱼更细嫩。带鱼的吃法有多种，蒸、煎、炸、炖都可以做出鲜美的带鱼来，特别有一种萝卜丝烧带鱼的方法流传很广。

萝卜丝带鱼在宁绍平原可以说家家户户都会做。带鱼用的是舟山带鱼，萝卜必须得用白萝卜。带鱼洗净后切成段，用盐、黄酒、生姜腌制去腥，再在通风处晾两三个小时。接下去可以用多种方式先对带鱼进行处理。一种是油煎的方法，热油中将带鱼两面煎成金黄色。还有一种是把带鱼放进油锅里炸，炸成金黄色。前一种煎出的带鱼肉质比较紧实。后一种炸出的带鱼香味更浓。旧时以大锅油炸带鱼居多。萝卜先要去皮，刨成细丝，焯水去味沥干。起锅加油，先把葱姜爆香，放入炸好的带鱼块，加黄酒、生抽、老抽，适量水，烧开后加入萝卜丝，煮五分钟后加盐调味，即可出锅。

带鱼和萝卜貌似完全不搭的两种食材，被人为地凑在一起，通过特殊的烹饪手法，两种食材的味道相互交融，产生了新的味道。不论是带鱼还是萝卜，放入口中，带鱼多了萝卜的甜糯清香，萝卜多了带鱼的咸鲜肉香。两者可谓相得益彰，互相成就。

冰糖甲鱼

冰糖甲鱼在宁波菜系中排名第一，相传由甬江状元楼酒肆创制。流传至今的故事是说，清时有两位举子来到江边的一家小酒铺吃饭，其中有一道甲鱼，掌柜对举子说这道甲鱼名唤独占鳌头，以博举子欢心。谁知其中一位后来果然中了状元。状元回乡时再来这家小酒铺吃这道甲鱼，掌柜请状元郎写下了状元楼三字墨宝，并把它做成了酒楼的招牌，自此酒楼改名状元楼。故事很长，主要情节如此。但这个故事似乎和冰糖甲鱼这道菜是如何创制的无关，故事中举子来这家酒铺吃饭前这道菜已经有了，只是因缘际会，举子中了状元，赐了墨宝，从而使这家酒楼和这道冰糖甲鱼名声大振而已。

故事归故事，冰糖甲鱼这道菜还是实至名归的。

每年四五月间，浙东运河流域油菜花盛开，此时甲鱼最为肥美，因此甲鱼又有菜花甲鱼之称，这时正是烹制冰糖甲鱼的最佳时刻。冰糖甲鱼顾名思义以甲鱼为主料，冬笋、酱油、小葱、冰糖、黄酒、姜、醋等为辅料。烹制时，先宰杀甲鱼并清洗完毕。炒锅烧热，用油滑锅，放入葱姜爆香；放入甲鱼块，加黄酒稍焖；再加清水烧开，改用小火焖；待鱼块柔软时，加入酱油、精盐、冰糖、熟猪油，再焖；焖至鱼肉和裙边软糯，改用旺火收汁；待卤汁稠粘浓厚时淋入熟猪油，再用中火收卤汁呈胶状，淋入熟猪油，晃锅即成。从中不难看出，这道冰糖甲鱼考验的是火候功夫，不同状态下用不同火候，大火、中火、小火灵活切换，厨技纯熟才能烹饪出地道的冰糖甲鱼来。

冰糖甲鱼入口软糯润口、香甜酸咸，风味独特，具有滋阴、调中、补虚、益气、祛热等功能，是一种高级滋补品。

赛蟹羹

赛蟹羹是宁波菜系中的名菜之一。不过赛蟹羹是它在宁波的名字，在杭州却叫宋嫂鱼羹。据传，早在北宋时鱼羹便在汴京流行。随着宋室南移，这道菜也传到了南方。杭州至今还流传着宋嫂西湖边卖鱼羹，宋高宗吃了她的鱼羹起了乡愁，一下子宋嫂鱼羹就闻名杭城了。俞平伯在《略谈杭州北京的饮食》有记载："西湖鱼羹之美，口碑流传已千载矣。"出名以后，这宋嫂鱼羹便沿着浙东运河往东传开去了，一直传到了宁波。不知道为什么，宁波人给改了个名字叫赛蟹羹。

赛蟹羹的主材不是蟹，是鱼，鳜鱼或者鲈鱼。鱼洗净处理好以后，用葱姜黄酒去腥，装盆上锅蒸熟。出锅剔出鱼骨、鱼刺，鱼肉放回蒸鱼汁里；把火腿、冬笋、蘑菇切成丝，炒熟；起锅热锅，猪油下锅，先把葱段煸出香味，舀入清汤煮沸；拣去葱段，加入黄酒、笋丝、香菇丝，再煮沸；将鱼肉连同原汁落锅，加入酱油、精盐、味精，烧沸后用湿淀粉勾薄芡；将鸡蛋黄打散倒入锅内搅匀，待羹汁再沸时加入醋，并浇上热猪油；起锅装盆，撒上熟火腿丝、姜丝、葱花和胡椒粉即成。

鱼羹色泽油亮，赏心悦目，调羹舀入口中，鲜嫩润滑，咸、酸、鲜多种味觉呈现，使人胃口大开。看碗内白色的鱼肉、黄色的蛋黄，在笋丝、香菇丝、葱丝、火腿丝的映衬下漂浮在羹液里，恍惚以为是蟹肉，但嘴里涌动的多种味感在提醒，这味道远在螃蟹之上，这大概就是宁波人将之改名为赛蟹羹的原因吧。

雪菜大汤黄鱼

对浙东运河流域的人来讲，河里的鲫鱼，海里的黄鱼，那是餐桌上不可或缺的美味水产。至于这两种鱼的烹调方法有多少，谁都没有精确统计过，只能讲不胜枚举。比较而言，宁波人更喜欢吃黄鱼，其中有一道雪菜大汤黄鱼更是喜欢到了骨子里。

黄鱼又叫石首鱼，黄海、东海、南海都有，但宁波人只喜欢宁波近海的黄鱼。早先，每当春季黄鱼洄游时，象山港外海面上的黄鱼能绵延数里，现在是见不到这种景象了，禁渔以后，已有慢慢恢复的迹象。雪菜大汤黄鱼的主材是雪菜和黄鱼。雪菜一名雪里蕻，雪里蕻腌制后叫咸齑，而咸齑也是雪菜的别称了。在宁波人心目中，这咸齑和绍兴人对霉干菜一样，地位非常崇高。有俗语是这样说的："三日勿吃咸齑汤，脚骨有眼酸汪汪。"两样当地人最爱的食材一素一腥，被巧妙地结合在一起了。这道菜没有过多技巧，烹制比较简单。黄鱼剖洗干净两侧各切几刀；猪油下锅炒姜片，煎黄鱼至两面略黄，倒黄酒焖片刻，再加开水焖烧；至鱼眼泛白，放盐、笋片、咸齑，大火烧滚，卤汁呈乳白色时即可出锅，撒上葱段即成。

雪菜大汤黄鱼具有补虚养身、调理贫血、失眠的功效。咸齑的酸咸鲜完美地渗入鱼肉之中，既去了鱼的腥，又增了鱼的香，产生了新的口感。刚刚出锅的雪菜大汤黄鱼，奶白色的汤，黄亮的咸齑，雪白蒜瓣状鱼肉，动筷入口，满口鲜香。有诗赞曰："金鳞石首何辉煌，海族之中堪称王。更加雪菜巧烹饪，食尽鱼肉更啜汤。"

红膏炝蟹

浙东运河到宁波就入海了，宁波是个滨海城市。滨海城市在饮食上的一个重要特征就是吃海鲜，而且还要吃出特别的花样来，什么海鱼、海虾、海蟹、海鳗以及贝壳类，总是变着法子做成特殊风味的美味佳肴，从而也使一些特殊的菜品打上了这个地方的印记。在琳琅满目的海产菜肴中，红膏炝蟹就是宁波很有特色的菜品。

红膏炝蟹主材是蟹，一种叫三疣梭子蟹的海蟹。梭子蟹因形状像织布的梭子而得名。梭子蟹肉质细嫩、色白如玉，富含蛋白质、脂肪及多种矿物质。梭子蟹可煮、可蒸、可炒，浙东一带与梭子蟹有关的家常菜有：梭子蟹炒年糕、梭子蟹煮豆腐、梭子蟹蒸肉饼子等。原汁原味的梭子蟹产品有蟹糊、蟹股、蟹酱等。唐代诗人白居易赞美："陆珍熊掌烂，海味蟹螯成。"将梭子蟹比作熊掌。

农历九月以后，梭子蟹开始结膏，蟹体丰满起来，此时梭子蟹最宜佐酒。到了十二月以后，梭子蟹蟹膏蟹黄肥满，就可以开始做炝蟹了。炝蟹要用活的雌蟹做，两年生的为上，蟹的挑选主要看蟹肚，肚脐红色，两头尖尖的一般膏多，最适合做炝蟹。炝蟹的制作并不复杂。先将蟹洗干净放入陶罐类容器，用生水、盐、姜、白酒调制卤水，倒入罐内至浸没蟹，六七个小时后即可食用，如喜欢咸一些的，浸泡时间长些即可。食用时，一般用醋、姜配置的调料蘸着吃。新鲜的红膏炝蟹，被称为宁波第一冷菜，有"没有红膏不是盛宴"之说。

三抱鳓鱼

鳓鱼别名白鳞鱼、曹白鱼，在浙东运河流域还叫鲞。《本草纲目》记载："鳓鱼出东南海中，以四月至，渔人设网候之，听水中有声则鱼至矣，有一次二次三次乃至，状如鲥鱼小者，细鳞，腹下有硬刺，如鲥腹之刺……唑鲞尤佳。"鳓鱼和鲥鱼形状相似，口味也接近。鳓鱼新鲜吃味道极佳，也可加工成鲞，宁波镇海有一种三抱鳓鱼的做法更加出名。

三抱鳓鱼，也叫三鲍鳓鱼、三曝鳓鱼。它的加工方法非常特别，不是经验丰富的熟手很难做出正宗的三抱鳓鱼。一般的咸鱼都是一次腌制，而三抱鳓鱼须腌三次，且每一次都有讲究，连制作用的器具也有讲究。第一次腌制，腌制人先用特制竹竿从鳓鱼鳃孔插入，通过腹腔直抵肛门。它的作用一为通气，二为灌盐。再从鱼内部扎破鱼眼，流出鱼眼液体。然后从鱼尾到鱼头，逆向将盐搓擦到鱼鳞下，但又不可搓坏鱼鳞。这个步骤十分见功力，没经验的人极易损坏鱼鳞，鱼腹内也要塞进盐。根据鱼的大小控制用盐。擦盐完毕开始摆缸，先在缸内或桶内均匀撒上盐，鱼头向中心，一条压半条侧叠均匀摆放，不留缝隙。叠到缸口，用盐封死，盖上特制竹帘片，上面用石头压实。两三天后，缸内血卤开始溢出，一抱完成。二抱是取出鳓鱼，倒掉血卤，重复一抱擦盐、摆缸、封口、盖帘、压石工序，约七天完成二抱。二抱时的鱼卤是极其宝贵的高档佐料，务必要保存好。三抱再次重复一抱过程，须历时一个月以上。

制作三抱鳓鱼的缸、桶、竹帘、压鱼石都是祖辈传下来的，年年都用在做三抱鳓鱼上。这些用具已经渗透了鳓鱼和盐的精华，老旧的用具加上经验丰富的熟手，是保证三抱鳓鱼品质的前提条件，缺一不可。如换作新用具，用新手，三抱鳓鱼的制作大概率会失败。

新制作的三抱鳓鱼外表金黄，肉质粉红，蒸熟后，鱼肉呈丝条状，香醇无比。尤其是二抱时产生的鱼卤，是鱼中之宝。卤水金黄油亮，营养丰富，是天然的珍贵佐料，十分难得。三抱鳓鱼经过三个月左右的腌制，体内已无水分，能长久保存。这就是古代劳动人们的智慧结晶，在没有防腐剂的时代，利用特殊工艺，达到了自然长期防腐的目的，非常值得今人深思与借鉴。

青鱼划水

青鱼划水是浙东运河流域十分普及的菜肴，特别是以水为生的人家，如船家、渔家，这道菜更是他们的家常菜。青鱼是肉食性淡水鱼，以水底层的软体动物为主要食物来源，尤其喜欢吃螺蛳、蚬、蚌、虾等，所以又叫螺蛳青，属于青、草、鲢、鳙四大家鱼之一。青鱼吃法多种多样，蒸、炒、炖均可。其中有两样做法在运河一带最有名，一是绍兴的青鱼干，二是宁波东钱湖的青鱼划水。

青鱼划水用的是青鱼，划指的是尾巴，划水也叫甩水，大意是青鱼游动时尾巴甩来甩去的样子。这里有句俗语"鲢鱼头，青鱼尾"，意思是说这两种鱼，鲢鱼的头和青鱼的尾是最鲜美的部位。做青鱼划水，最关键有两点。一个是刀工。斩下盘子大小差不多长度的青鱼尾巴，去鳞洗净，保持尾巴的完整性，从断口处朝尾巴方向用刀，切成指宽片状，放进盘里呈扇面，好像一把雕着鱼鳞的扇子，美观又容易入味。第二个是煎。鱼尾入锅，在油锅中煎制，颜色由白变黄，不时翻动，两面均匀受热。翻面时，鱼尾肉与尾鳍处稍有不慎就会断开，一断就说明这条划水烹制失败，因此在翻面煎制时切不可让鱼肉断裂开来，保持整个划水扇形的完整极为重要。煎制完毕，放入提香去腥的大蒜、生姜、料酒、酱油、米醋、糖等进行调味，再加入适当的开水，用小火慢炖二三十分钟，让鱼肉与汤汁充分融合，最后大火收汁，呈现十分鲜艳的赤酱色。

青鱼划水色泽红亮，入口肥糯油润，咸鲜里透着甜味，是老宁波东钱湖的滋味。

萝卜干

萧山萝卜干在浙东运河流域享有盛名，它的色泽黄亮，嫩脆爽口，咸中带甜，有"色、香、甜、脆、鲜"五绝之称，不只是下饭的可口小菜，哪怕当作零食,也很受大人小孩喜爱。

萧山萝卜干原料源自名为"一刀种"的萝卜品种。因该品种萝卜长度和农家菜刀相近,加工时一刀两半而得名。"一刀种"皮白厚实,表面光滑,根须少,肉质结实,没有辣味,煮熟后口感较糯,含水量低,很适合腌制。相传清朝末年,钱塘江边河庄一带淤积的沙地里,种植萝卜丰产,根本吃不完,有人就试着将萝卜切块晾晒,干了以后装进小口坛子里,坛口密封,一年后打开吃,结果味道比新鲜萝卜还要好,这事就迅速传开了。此后当地人不断改良腌制方法,直到"三晒两腌"法的出现,萝卜干的制作才正式定型。所谓"三晒两腌"法,就是晾晒三次,腌制两次。萝卜切条后,直接晾晒,利用风来脱水。三五天后,萝卜条上撒盐,盐和萝卜拌和揉擦均匀,分批放进坛子里。每放一层,都要用特制的木棒压实。三天后出缸,再晒二三天后进行第二次腌制,方法同上。腌制七天左右出缸,再晾晒一次装回坛里,萝卜干制作完成。

萧山萝卜干脱水、腌制的工艺相对复杂,因历时较长,需要耐心。腌制的容器要用陶坛,坛的毛细孔能与空气交流,可以自然发酵。一年后的萝卜干颜色黄亮,香气清淡,时间放长以后,颜色逐渐变成黄黑参半,香气越来越浓。

乌干菜

乌干菜和乌毡帽、乌篷船合称三乌,是绍兴传统吃、穿、行文化的典型标记。乌干菜又叫霉干菜,在本地,人们还是习惯叫霉干菜。霉干菜的历史非常悠久,古籍《越中便览》记载:"霉干菜有芥菜干、油菜干、白菜干之别。芥菜味鲜,油菜性平,白菜质嫩。用以烹鸭、烧肉别有风味,绍兴居民十九自制。"清代,霉干菜被列为绍兴八大贡品之一。不只是绍兴,整个浙东运河流域的人家几乎家家都会做霉干菜,既是家里的常备菜,也是送亲朋好友的礼物。

霉干菜的原料主要还是以芥菜为主。清明节前后,芥菜从地里收割回来,清洗后晾晒,直到菜叶干瘪呈黄绿色,可以整株也可以切碎放入大缸或坛罐里腌制。一层菜一层盐，用脚踩实或木棒压实，须踩压出汁才符合要求，缸或坛口用竹架盖上，上面再用石头压实。半个月后，将菜从缸、坛拿出晾晒、蒸熟、再晾晒，就可以存储在干净的缸、瓮、坛、罐等容器里，口上要用密封盖盖紧，勿使受潮。在蒸熟阶段，如加入春笋或毛笋，就成了笋煮干菜。

绍兴霉干菜价廉物美，又能长时间存放，与荤菜、素菜或单独都可以烹调成美味佳肴。著名的有干菜烧肉、干菜炒鱼、干菜炖鸡鸭、干菜炒四季豆、干菜蒸豆腐……夏天用干菜烧汤，有消暑防暑之效。

真不知道这世上还有哪一种菜品如霉干菜这样神奇，独立存在时极为普通，当它存在于各种菜肴之中时不违和，不喧宾夺主，极其低调，并竭力激发出主菜的最大潜能，如同绍兴师爷一般。

臭豆腐

臭豆腐是一种具有中国特色的传统小吃。"闻起来臭，吃起来香"，是大家对臭豆腐的统一评价。"闻起来臭"是因为豆腐在发酵和腌制时，大豆蛋白会产生一种叫硫化氢的化合物，这种化合物奇臭无比，不仅刺鼻，还辣眼；"吃起来香"是因为蛋白质分解时，同时又产生一种氨基酸的化合物，而这种氨基酸鲜美无比，进口即口齿生香。就这样，极臭和极香两种严重冲突的气味完美地驻留在一块小小的豆腐中，虔心膜拜古人的智慧与手艺。

臭豆腐遍布浙东运河流域，其中又以绍兴

绍兴臭豆腐（摄于 2008 年）

的臭豆腐最有名。臭豆腐制作工艺的核心是臭卤的制作。绍兴臭豆腐制卤的主要原料是当地的老苋菜梗，配料有甘草、雪菜、花椒、食盐等，按一定的配比和工艺混合，放入缸内自然发酵。一年后，待臭卤产生浓郁的气味就可以取出去卤制豆腐了。取卤后，料渣继续发酵，变成老卤。老卤很珍贵，可以长期反复使用。在不断捞出残渣和投放新料的过程中，臭卤的味越来越浓，卤制的臭豆腐也越来越纯正。

卤制臭豆腐的豆腐出锅后要压板，含水量比嫩豆腐少，比豆腐干多，划成小方块后冷却，放入缸或坛罐内，取臭卤浸泡三四个小时，臭豆腐就制成了。还有一种工艺，是压板豆腐划好小块后，豆腐表面点上霉菌，让豆腐发酵至长出一寸白毛，再取青矾水浸泡后取出，再放臭卤卤制。臭豆腐的吃法，常见的就是油炸。

对于臭豆腐，有人敬而远之，有人嗜臭成癖。大千世界，爱者取之，不爱者远之。

霉千张

浙东运河越过曹娥江到上虞百官，过百官往东就到了崧厦镇。崧厦有两样产品特别有名，一是霉千张，二是雨伞。关于崧厦霉千张，最早的传说是乾隆下江南到绍兴，上虞知县献霉千张，乾隆说了句："霉千张好吃，崧厦难到。"另一说是光绪朝，嵊州人王绍荣来崧厦学徒做豆腐，出师后开了爿"蔡万盛水作坊"的豆腐店，专做各类豆制品。一次因做了大批千张没卖完，第二天发现发霉了，他不忍心扔掉，用稻草捆扎一下送给左邻右舍，结果大家发现味道奇佳，遂一炮打响，成就了霉千张的名声。后来经过不断改良，霉千张的工艺越来越成熟，品质也越来越稳定。

崧厦霉千张选用当地优质黄豆作原料，先按正常工艺做出千张，然后经过酸化、卷筒、霉制等程序完成全过程。其中酸化的工艺很关键。要用做豆腐时留下的酸性下脚水，将切好块的千张一张一张放进下脚水中浸泡十五分钟以上，一定要让每一张千张均匀酸化，不然没有酸化的部位容易腐败产生细菌，千张就会散发出浓氨气味。酸化好的千张放到竹帘上沥水，再卷成中空的千张筒，将卷好的千张筒放进特制的霉箱里发酵霉制。这个过程很辛苦，要严格控制好千张筒之间的间隙、箱内温度，观察发酵时白色毛霉菌丝的生长情况，并按时倒箱。这时候任何一个细节出问题都会影响到霉千张的品质甚至成败，只有把握精妙，才能做出优质的霉千张。霉千张一般吃法简单，放点猪油、盐蒸着吃，也有肉饼子蒸霉千张，味道更绝。

茴香豆

茴香豆既是菜肴可下酒，也是休闲食品可当零食。以前在人们心目中的地位并不高，类似这样的小食品在浙东运河流域多了去了，诸如兰花豆、南瓜子、炒黄豆、笋煮豆等。不承想绍兴出了个大文豪鲁迅，写了篇《孔乙己》的小说，里面不厌其详地写了这个茴香豆，使得茴香豆名声大涨。

不过说起茴香豆，也是有些特别。很多人搞不清楚，茴香豆的豆是什么豆？一般解释茴香豆用的是蚕豆，有的人更加搞不清楚了。全国各地称作蚕豆的豆子竟然五花八门，有圆的，有扁的，有赭色的，有青色的。甚至中东、欧洲也有叫茴香豆的豆子，国内的肯定不是这个豆。不仅如此，这些豆都可以做成茴香豆，那么鲁迅笔下的茴香豆究竟是什么豆？

其实，在浙东运河两岸，做茴香豆的蚕豆不叫蚕豆，而叫罗汉豆，蚕豆是另有其豆，指的是豌豆。一说罗汉豆，很多人就明白了。也是鲁迅的小说《社戏》中就有描述，迅哥儿和小伙伴在看完社戏回去的路上，偷吃过罗汉豆。

罗汉豆头年秋季下种，第二年春天开紫色的花，结青色的豆荚。豆荚长到手指般大时，里面也是青色的豆子。豆子比指甲略大，方而扁，嫩嫩的，这时的罗汉豆可以煮着吃，再老一些就可以做茴香豆了。完全老了以后就只能炒着吃，或者磨成粉作其他用途。

茴香豆的制作十分简单，茴香、桂皮、精盐、白糖和罗汉豆一起煮，煮熟捞出就可以了。之所以叫茴香豆，是因为用了茴香，简单套用了。

茴香豆熟而不腐，软而不烂，有的人喜欢连壳嚼，有的人喜欢剥壳吃，酥软清鲜，回味甘甜。茴香豆配老酒，这是过去普通人家的生活日常。

绍兴腐乳

腐乳又叫豆腐乳，是中国传统民间美食，各地都有生产。虽然配料不同，品种繁多，但制作工艺大体相同。浙东运河流域的腐乳以细腻柔绵、鲜美微甜著称，其中又以绍兴腐乳更具代表性。腐乳生产历史悠久，早在 5 世纪的古籍中就有对腐乳的记载："干豆腐加盐成熟后为腐乳。"明代《本草纲目》记载："腐乳又名菽乳，以豆腐腌过加酒糟或酱制者，味咸甘心。"明嘉靖年间，绍兴腐乳就已远销海外，当年东南亚一带就有绍兴腐乳销售，一些商号还专门打出"绍兴南乳"的招牌招徕顾客。绍兴的酱园是生产腐乳的主要场所，如清时绍兴著名的商号沈通美、咸亨、谦豫、同心、老顺泰等酱园都是酱菜、腐乳的生产商。因名声在外，销路又广，绍兴腐乳的年产量很大。

旧时，绍兴腐乳品质主要有醉方、红方、白方、青方、棋方等。醉方用绍兴黄酒作佐料，熟透时酥软不变形，色泽黄亮，咸鲜可口，酒味浓郁。坛装普通醉方，块大、价廉，为本地人喜爱。瓶装麻油醉方，最受外地及国外顾客青睐。红方又称"贡方"，明、清两代是绍兴向朝廷进贡的八大贡品之一。红方色泽红润，咸中带甜。古时纳贡的红方要用"锦囊"包坛，外罩黄布。白方发酵后加咸料即成，加上花椒、桂花等，成为"花椒腐乳""桂花腐乳"。由于制作方法比较简单，绍兴人几乎家家都会制作。青方又名"臭方"，是在白方基础上加矾屑炒青而成，非常"下饭"，有"臭青方过冷饭"之说，特别开胃。棋方形似棋子而得名，制作工序复杂，成熟时间长，配料讲究，味美而醇，是绍兴腐乳中的"珍品"，内外销都极受欢迎，但很难买到。

绍兴腐乳的制作要经过十多道工序，从精选优质黄豆开始，洗净、碾碎、磨浆、过滤、压板、划块、发酵、装缸、配料、封坛到成熟后分装，期间只要有一道工序出差错，就会影响腐乳品质。这些工艺流程中，最重要的是发酵。发酵环节对于温度、湿度、时机的掌控，十分考验师傅的经验和功力，再加上绍兴特有的黄酒、鉴湖水、自制的红曲和面酱作辅料，这才能酿造出绝世美味的绍兴腐乳。

宁波三臭

浙东运河流域的臭菜菜系中，宁波三臭必在榜单之列。三臭就是臭冬瓜、臭苋菜梗、臭芋艿蓊，也有说臭菜心的。当然，宁波认为万物皆可臭，茭白、毛笋、毛豆等，但凡素菜，没有菜是不能臭的，所以三臭所指哪三样，各地虽稍有差异，实质指的就是各种臭素菜。这当中，无论何地，臭冬瓜和臭苋菜梗都是名列前茅的存在。

腌制三臭必不可少的是臭卤。一般人家都会有些老卤，如没有，就向邻居家要点作引子，倒入干净的甏中，再放进菜汤、菜渣等，将甏口密封让其自然发酵，几天后就可以用了。如需重新制作，最好是用冬天腌制咸菜的卤做引子，再同上如法炮制，也可以做出臭卤。做臭卤，甏口一定要密闭，否则一旦滋生苍蝇等虫子，这臭卤就废了。好的臭卤清澈有清香，可以保存好多年。

农村自家种的菜蔬，都可作为"臭"的对象。可以生腌，也可以熟腌。冬瓜一般熟腌。取老冬瓜，削皮去瓤或不去皮，切成十公分左右小块，下锅焯至八成熟，沥水冷却，均匀地抹上盐，分层装进甏内，加入臭卤，密封后放在阴凉处，半个月后随取随用。苋菜梗一般生腌，取老一些的菜梗洗净，切成五公分左右的小段，经一整天冷水浸泡后，沥干水分，均匀地撒上盐，装入甏内，加臭卤密封，放在阴凉处，几天后就可食用。

卤制好的臭冬瓜、臭苋菜梗、臭芋艿蓊等富含氨基酸，入口糯软。臭菜一般蒸着吃，在饭镬里蒸熟后，滴上几滴菜籽油，臭香交织的滋味冲击着味蕾，那种独特的香味顿时令人食欲大开。

宁波烤菜

烤是中国非常古老的烹调方法，是把食物原料放在炉子中，下面烧火把炉子内的菜烤熟的一种烹饪方法。在干燥的热空气烘烤下，菜表面的水分蒸发，表皮就会结成一层脆皮，菜内部水分被锁住不再继续蒸发，因此成菜形状整齐，色泽光滑，外脆里嫩，别有风味。

浙东运河流域的宁波有一种独特的菜品——烤菜，周边地区却不太流行。烤菜是宁波的特色家常菜，一般用豆角、小青菜、银丝芥菜做烤菜的原料，通常在秋冬天冷的时候烤。烤菜的制作不复杂，先用油锅炸香花椒、葱姜、辣椒，再放入要烤的蔬菜煸炒，加水、糖、酱油等调料大火烧开，转小火炖到菜里水分快干出锅。端上桌的时候，还会在烤菜上面淋一层薄薄的麻油，入口更清香滋润。这道烤菜融合了咸、甜、鲜的味道，一般用作冷盘。

仔细观察宁波烤菜的工艺，你会发现它的制作流程与传统烤的烹饪方法不太一样，里面许多是爁的烹饪方法。爁也是古老的烹饪方法，宋代时叫焅。《梦粱录》中有焅腰子、五味焅鸡、葱焅骨头等菜名，清代晚期爁字出现，菜谱中如孔府菜中有爁虾的菜名。爁的方法是将经过炸、煎、炒或水煮的菜，再用葱、姜炝锅，加入适量鲜汤或调味品，先用旺火烧开，再转中小火慢慢收汁，使调味品的滋味一点点渗入主料内部，达到香透入味的一种烹调方法。因此，宁波烤菜更像是一种爁菜。可能是时间久了，一直这么叫着，便约定俗成了。

现在你只要走进宁波里弄小巷，早上从菜市场回来的时候，邻里之间打招呼，听到的最多的话就是："买眼啥下饭啦?""呒告好买，买眼牛肉、乌贼、茭白，还有眼带豆。""咋吃吃啦?""烤烤其。"烤烤其，足见烤菜的古风犹存。

苔菜小方烤

苔菜小方烤是宁波十大传统名菜之一，主要食材是猪肉和苔菜，因其独特的烤的烹饪手法，以及苔菜的特殊性，使得这道听起来不怎么能理解的肉菜成为一道名菜。这道菜成名的关键在于苔菜的运用和烤的手法。

苔菜是一种海生的绿藻类植物，多生长在海湾的泥地里。《嘉祐本草》

说苔菜性咸、寒。《随息居饮食谱》说苔菜能"清胆，消瘰疬、瘿瘤，泄胀，化痰，治水土不服。"苔菜富含碳水化合物、蛋白质、粗纤维及矿物质，还含有脂肪和维生素。宁波产的苔菜品质好，能与许多荤素食物搭配并提升食物的口感和品质，苔菜小方烤就是其中的典型。

苔菜小方烤的烹饪方法是用烤（燸）的方法。先将五花肉放入冷水锅中焯水，加入绍兴黄酒、葱、姜煮开。约七成熟捞出洗净，切成小方块。另起油锅，烧热下肉块，煎出油脂。倒进刚才炖肉的原汤，再加入南乳汁、绍兴黄酒、葱、姜、糖、桂皮、酱油等调味调色。大火烧开，后转小火慢炖，直到肉质酥烂，汤汁收浓，出锅装盘。盘底先将过油烧制好的苔菜铺好，也有将苔菜放在肉上面或旁边的。最后将锅内原汁浇在菜上。看装盘后的成品，翠绿色的苔菜映衬出红亮晶莹的小块肉，极度诱人，难怪能进入宁波十大名菜之列。

三、饮品　调味品

黄酒

黄酒属世界三大古酒之一，为中国所独有。黄酒至今已有 7000 多年的历史，产地很广，品种繁多，其中以浙东运河流域酿制黄酒风气最盛，又以绍兴出产的黄酒最为优质。

绍兴黄酒历史悠久，故又有老酒之称。翻开绍兴的历史，半部与黄酒有关。越王勾践投醪劳师、壶酒兴邦。他还用酒作生育奖励。《国语·越语》记载："生丈夫，二壶酒，一犬；生女子，二壶酒，一豚。"晋代嫁女要备酒。上虞人嵇含《南方草木状》记载："女儿酒为旧时富家生女、嫁女必备之物。"王羲之和众人曲水流觞，酒后诞生《兰亭集序》。北宋朱肱的《酒经》一书详尽地记载了绍兴酒的花色品种、酿造过程和风味特色。《万历会稽县志》记载："越酒行天下，其品颇多，而名老酒者特行。"《清稗类钞·饮食类》中记载："越酿著称于通国，出绍兴，脍炙人口久矣。"

古籍中记载绍兴黄酒及其相关故事不胜枚举。

　　绍兴产酒，一是气候条件优越，适宜酒曲发酵，二是越地遍植水稻，有做酒原料，三是鉴湖水系水质特别，适合酿酒。黄酒的酿造过程无非就是浸米、蒸饭、晾饭、落缸发酵、开耙、坛发酵、煎酒、包装等工艺，只是每个环节需有经验的做酒师傅把关，不然难以酿出好酒。绍兴黄酒味甘、色清、气香、味醇，呈琥珀色，透明澄澈，使人赏心悦目。这种透明琥珀色，主要来自原料米和小麦本身的自然色素，以及适量的糖色。

　　以含糖量高低区分，绍兴黄酒分为元红酒、加饭酒、善酿酒、香雪酒等四类。元红酒又称为状元红，属于干型黄酒。此酒发酵完全，含糖量低，色泽橙黄，清澈透明，入口微甘，舒顺爽口，有新鲜杏仁香。加饭酒属于半干型黄酒，与元红酒相比，配方中水量减少糯米饭量增加，呈琥珀色，晶莹透彻，醇厚圆润，层次感强，有榛子的香味。善酿酒又称双套酒，属于半甜型黄酒，用元红酒代替水酿制而成，属于品质优良的母子酒，色泽深黄半透明，入口鲜甜，落喉顺滑，有淡淡蜂蜜香。香雪酒，以其酒醅色白如雪故而称香雪，属于甜型黄酒，用50度糟烧代替水酿制而成。此酒酿造时间长，出酒率低，色橙黄至深褐色，入口香甜醇厚，柔和顺滑，有蜜枣、甘草和焦糖的香味。

　　旧俗，喝绍兴黄酒用瓷碗为盛酒的器具，以半斤碗为宜，通常热一热以后喝，常人喝一次一碗半斤。如去酒馆喝酒，对掌柜说声：温一碗酒，一碟过酒胚。掌柜就知道这是正宗的吃酒佬。当然，大人叫小孩提个酒壶去酒馆打酒，掌柜便会用专门舀酒的酒吊从酒坛里舀出，通过酒漏斗倒进酒壶里，一星半点都不会洒出，只是现在已难见到这种场景了。

糯米酒

　　按旧俗，一入严冬，浙东运河流域的人们家家户户都会做糯米酒，各地名称上稍有差异，宁波叫老白酒，绍兴叫新酒，诸暨枫桥一带叫糯米白酒。腊月酿制，近年边就可以喝了。整个春节期间，但凡乡下走亲访友，主人端上饭桌的大抵就是一锡壶自家做的热腾腾的糯米酒，村落的空气中到处弥漫着糯米酒的气息。城里人条件好些，一般喝黄酒，但毕竟黄酒要用钱买的，哪比得上自家做的量多又省钱。

农家做糯米酒，除了糯米是自家种的以外，连酒曲都设法自己做。酒曲俗称白药，也叫酒曲白药，由早（籼）米粉、辣蓼草、母曲按祖传工艺制作。白药的好坏对酒品质的好坏影响很大。糯米酒的酿制过程和黄酒酿造的工艺几乎一样，只是各个环节操作时没有酒厂的老师傅那样经验丰富，手法老到，难免简单粗糙些。做糯米酒要用陶制大水缸，根据家族大小人口多少，少一些的用一石缸，多的用两石缸甚至更大的缸，或者多做几缸，从中也是可以看出家境是否殷实。白药和糯米饭拌好后下缸，整个缸要用稻草或旧被子包起来，用来保温，促进发酵。三五天后就有酒香飘出来，这时按一斤米一斤凉开水的比例倒进缸内，喜欢酒劲大的水少放些，反之亦然。缸内舀酒很有讲究，要从中间发酵时挖的小孔处，盖块干净纱布过滤，用洁净的瓷碗把酒滗出再舀出，不可扰动酒浆，否则容易变质。

俗话说"老酒糯米做，吃了闲话多"。旧时过年，家家都要酿一缸糯米酒。人们结束一年的辛勤劳作，自己动手酿个土酒，邀几个亲朋好友一起闲适地"把酒话桑麻"，或豪爽地畅叙"莫笑农家腊酒浑，丰年留客足鸡豚"。这便是旧时运河人家的年俗图景了。

烧酒

烧酒是一种无色透明的蒸馏酒，所以又叫白酒，各地都有独特的叫法，如白干、烧刀酒、蒸酒、酒露等。浙东运河流域烧酒、白酒两种叫法都有，还有根据什么原料做的酒就用该原料来称呼，如高粱烧、荞麦烧、早米烧、糟烧、六谷烧、柴子烧、番薯烧等。烧酒的起源众说纷纭，国人拿杜康作为发明人，所以奉杜康为酒祖。

绍兴烧酒也叫"淋饭酒"。清绍兴人范寅《越谚》记载："糟粕起蒸甑流汽下，为烧酒。最好曰镜面，无花，掺水反起花；次为楼花；又次为有花。"它的工艺流程主要有原料处理、酒精发酵、淀粉糖化、制曲、蒸馏取酒、老熟陈酿、勾兑调味等。其中制曲是用大麦、小麦或大米等谷物通过传统方法发酵获取酒曲。蒸料是将原料进行蒸煮，形成待发酵的粮醅。发酵是将蒸好的粮醅在拌曲、堆积后，倒入窖池进行发酵，发酵后的原料叫酒醅。不同香型的酒发酵时间的长短不一样。蒸馏是将酒醅放入酒甑，高温把酒醅里的酒精和香味变成蒸汽，再通过冷却还原成液体。这液体就是原浆白酒。蒸馏过程中，酒头和酒尾因杂质多须另行处理。陈化是把新蒸出的酒浆装进陶制或木制酒桶中存储，用时间促使其老熟。勾兑是将老熟的原浆酒进行勾兑调配，平衡酒体。最后用硅藻土或过滤膜等装置过滤，除去其中的杂质，使酒体纯净，再装瓶封装。

酱油

酱油是中国传统的调味品，由大豆、小麦发酵经复杂工艺制成。它的历史可以上溯三千年，迄今依然是国人重要且不可或缺的调味品。浙东运河流域也有着漫长的制酱历史，并且在业内有着很高的地位，其中绍兴的制酱水平更加出色，名声更大，曾经有"天下酱业无人不说绍，九州之内司厨鲜有不知绍"一说。

绍兴境内河网交织，湖泊众多，气候温湿，光照充足，雨量充沛，自然地理环境十分适合酵母菌、霉菌等多种酿造微生物生长和繁殖，为酱油的酿造提供了得天独厚的自然气候条件。酱缸是绍兴著名的三缸（酱缸、酒缸、染缸）之一。民国初期，绍兴的酱油作坊多达四五百家，从业人员不计其数，足见绍兴酱油酿造产业之盛。

绍兴传统酱油有太油、头油、顶

绍兴著名仁昌酱园（摄于 2002 年）

油、上油、市油等之分。酿造工艺非常复杂，大致如下：黄豆和小麦按一定比例磨成粉→拌水→蒸煮→糕花→冷却→接种→制酱子→出酱子→晒酱子→拌曲→日晒捣酱→装袋→压榨→出油。其中晒酱的时间在三伏天，烈日下连续几个月在酱缸里晒酱捣酱，十分艰辛。绍兴最传统的酱油叫作母子酱油，是因为用了去年的"母酱"和今年的"子酱"，按照每个发酵周期一百八十天来计算，需要三百六十天时间才能完成。绍兴母子酱油呈棕黑色，酱香味浓郁，咸甜适度，柔和绵长，十分鲜美。以酱油为辅助材料制作的食品如酱鸡、酱鸭、酱香肠、酱瓜、酱鱼、酱肉等为绍兴菜系增添了无穷的亮色。

第二节　服饰习俗

人靠衣裳马靠鞍。旧时绍兴人的服饰颇具地方特色，"头戴乌毡帽、身穿笼裤大襟袄"，这是绍兴农、渔、牧民（男）的主要穿着，戴乌毡帽几乎成为旧时绍兴人的标志。旧时宁波有身份的人通常服饰是"长衫马褂子，头戴西瓜帽"。宁波渔民服饰以古朴、简洁为主要风格。

一、服装

服饰

浙东运河流域处于亚热带季风气候区，一年四季分明，夏热冬冷，春秋温暖，降雨丰沛，西、北临钱塘江，东临大海，南接四明、会稽山脉，全域海拔较低，以平原丘陵地形为主，水网密布，河湖遍地。这样的气候与地理环境迫使这里的先民创造出与之相适应的生产和生活方式。

在余姚河姆渡遗址中，发掘出了大量纺轮、绕纱棒、经轴、梭形器、骨针等纺织工具，这些工具用石、木、骨等多种质地制成。这足以证明距今七千年前的新石器母系氏族公社时期，浙东运河流域已经有了纺织，虽然用于衣服的织物没有实物遗存留下来，但遗址中发现的二经二纬编织法编织而成的芦苇席残片便是实物证明。因而此地关于服饰的概念，最早可以追溯到河姆渡文化时期。

到春秋越国时，已有许多史书记载了越人的衣与饰。越人以生产细葛布出名。越王勾践战败后，令国人上山采葛，织成细葛布献给吴王夫差。越女有《采葛妇歌》唱道："令我采葛以作丝，女工织兮不敢迟。弱于罗兮轻霏霏，号绤素兮将献之。"越人还种麻、养蚕，用葛布、麻布、绢丝做成贯头衣。饰物方面，除了文身以外，雕题黑齿、羽冠头饰都是普遍做法，玉器用叶蜡石、玉髓、绿松石等美石为主要原料，制作成玉璜、玉玦、玉佩、玉坠、玉扳指等。

战国后期，赵武灵王胡服骑射，胡服开始汉化，到汉武帝好胡服、胡床等胡俗，汉人服饰变化更加显著。东晋南渡，北方大量士族南迁入浙，南北交融加深，对宁绍平原服饰产生深刻影响。同理，这里优质的棉布、葛布、丝绸也深入北方成为高档面料。宋室南渡，南北再次交融并影响饮食衣着习惯，此后的明清换代、民国改元再次全面改变服饰的款式。从此以后，中西融合的新服饰成为主流。

纵贯上下几千年，贯头衫、短褥、皮袄、绣罗襦、大襟衫、百褶裙、肚兜、拼裆裤、棉袄、布衫、团团裤、灯笼裤、绣花鞋、布鞋、棉鞋、木屐、草鞋、乌毡帽、铜盆帽、瓜皮帽、蓑衣、笠帽、大脚布、抱裙等都是运河流域人们曾经使用或一直在使用的服饰。

越人纹饰

浙东运河流域居住的先民为越人。越人有断发文身和雕题黑齿的传统。《史记·越王勾践世家》载越国人"文身断发，披草莱而邑焉"。文身包括雕题、错臂、画面等。雕题就是在额头上画花纹装饰，错臂是在手臂上画花纹装饰，画面也叫黥面，在面部画花纹装饰。断发不是无发，断发以后还是可以打发髻的，吴越人称打发髻为椎髻。为什么会有断发文身的习俗？一般认为越地江河纵横，湖泊密布，人们长期生活在水边，"陆事寡而水事众"，长头发严重影响汹水，当人们入水劳作时，长发会挡住视线，缠绕身体甚至水草，十分不便，于是就将额前的头发剪短，把后脑的头发挽成髻，以方便在水里活动和劳动。还有一个作用是断发以后，像是龙子，一般的水怪不敢来伤害。《说苑·奉使》载越国人"处海垂之际，屏外蕃以为居，而蛟龙又与我争焉，是以剪发文身，烂然成章，以像龙子者，将避水神也"。

黑齿是用草汁将牙齿染黑，看上去黑洞洞的。《吕氏春秋·求人》记载夏禹东至黑齿之国，其他先秦典籍普遍都有记载，吴越国人有雕题黑齿的习惯。而黑齿除了将牙齿染黑之外，还有称之为凿齿的做法，就是将牙齿拔掉。这个习俗更为久远，《山海经》有相关记载，吴越两地先民都有凿齿的传统，并且一直在越族分支中流传。《太平寰宇记》中就有广西钦州、邕州的越族后裔同样有椎髻凿齿或雕题黑齿的习俗。此习俗甚至向东传到了日本。

深衣短褕

深衣是春秋战国时期上层社会十分流行的衣服。《礼记·深衣》记载："古者深衣盖有制度，以应规矩绳权衡。短毋见肤，长毋被土。续衽钩边，要缝半下。……故可以为文，可以为武，可以摈相，可以治军旅，完且弗费，善衣之次也。"深衣的上衣和下衣是分开缝制的，然后在腰部缝合起来，而且腰部还用宽带束缚，干净利落，既节省衣料，又穿着合身，而且行动方便，男女都适合穿着。早时的深衣，面料以麻为主，后来丝质、棉质等都有，只是腰部的束带改为带钩，更为利落。由于既可作为实用品，又可作为装饰品，带钩得到了极大的发展，各种材质、各种式样的带钩极其丰富。

江南水乡的生产劳动大多与水有关，平民要去水里劳动，长衣不合适，穿的上衣是短褕，长度到腰部。下衣主要有裳、绔、裤三种。裳就是裙子，古代不论男女都是穿裳的。裳主要由七块布构成，前面有三块，后面有四块。绔又叫做裤，又叫胫衣，早先的绔没有裆部，只有两个裤筒。后来有裆部了，叫作穷绔。贴身穿的叫作犊鼻裤。越王勾践兵败入吴后，吴王夫差让勾践穿犊鼻，着樵头。这犊鼻相当于现在的短内裤。

古人还穿褐和布衣，这两类衣服是平民和奴仆穿的。褐是由粗糙的麻布和毛制成的，《诗经》中说只有最底层的农民才会穿褐，所以褐是贫民的象征。布衣的质量要比褐更高一些，一般是还没有做官的读书人穿的衣物。

足衣也就是鞋，有屦、舄、屐等几种。屦主要由草、皮、丝制成，贫民穿的是草屦。舄是加了木底的屦，也是普通的鞋子。屐指木鞋。古代的袜子主要由布帛和熟皮制成，一般称之为袜，穿袜子时需要用绳子将袜子系住。

丝绸服饰

丝绸是古代中国贵族阶层的主流衣被面料，这种用天然长纤维织造的织物既柔软细腻，透气性强，又兼具良好的着色性与光泽质感。各地的丝绸织造各具特色，如鲁缟、齐纨、吴绢、越罗、蜀锦、楚练等。明中后期，由于棉花种植的普及，北方各地的气候更适合种植棉花，丝绸织造日趋衰落，成书于弘治年间的《大学衍义补》记载："（棉花）其种乃遍布于天下。地无南北皆宜之，人无贫富皆赖之，其利视丝、枲盖百倍焉。"至明末，除江南与四川外，各地织染局已经无法满足蚕丝在本地的自给自足，而浙东运河流域仍保持着种桑养蚕、缫丝织锦的传统。至清末，山阴华舍还有"日出华舍万丈绸"之说。

在丝绸业发展过程中，不断伴随着工艺的革新与进步。如缫丝工艺的改进就提高了生丝的品质。又如染色技术的进步同样重要，明末《天工开物》记载的染料配方多达二十六种，清后期《布经》的染料配方更多至七十四种。当然最重要的是制造技术的改进，使丝绸面料品质和花样不断进步。明末，已经广泛应用绫机、绢机、罗机、纱机、绸机这五种织机，以生产不同纤维排布方式与纺织密度的各色丝织品。明末开始普及新的提花机，使提花织造在体力门槛降低的同时，产品也变得精细均匀。这一器械的改进，清代得以改良和发明了宋锦、缂丝、罗缎、贡缎、织金、天鹅绒缎、绵绸、春绸、宁绸、宫绸等新的产品种类，直至演变出十四大类的丝绸品种：纺、绉、缎、绫、纱、罗、绒、锦、绡、葛、绨、绢、绸、呢。这些新产品纹样设计对称严谨而复杂，质感光泽多样。有了好面料，好服装才有可能。

唐代襦裙

唐代江南女子普遍穿襦裙，上衫下裙，肩披帔子。其时衣服崇尚白色和绿色。武元衡《赠道者》诗载："麻衣如雪一枝梅，笑掩微妆入梦来。若到越溪逢越女，红莲池里白莲开。"说的是色白如雪的衣裙。王昌龄《采莲曲》有"荷叶罗裙一色裁，芙蓉向脸两边开"句，说的是绿色衣裙。翻看唐诗，诗里描写江南女子衣衫的诗句不胜枚举。元稹的"藕丝衫子柳花裙"，白居易的"血色罗裙翻酒污""红楼富家女，金缕绣罗襦"等都是对女子衣衫罗裙的真实记载。罗裙、石榴裙、百鸟裙、花笼裙、间裙等深受女子的喜爱。

要做出好裙，首先得有好的面料。唐时绍兴一带织造的缭绫就是当时一种十分高档的丝织品，深受时人追捧。白居易曾任杭州刺史，与时任会稽刺史的元稹酬唱密切，了解越地风俗。他有长诗《缭绫》记述："缭绫缭绫何所似，不似罗绡与纨绮。应似天台山上月明前，四十五尺瀑布泉。中有文章又奇绝，地铺白烟花簇雪。织者何人衣者谁，越溪寒女汉宫姬。……织为云外秋雁行，染作江南春水色。广裁衫袖长制裙，金斗熨波刀剪纹。……缭绫织成费功绩，莫比寻常缯与帛。……"诗句虽有夸张意，但对缭绫的记述基本属实。越地寒女织染的缭绫美到极致，就像月下瀑布，隐约朦胧，而其上织出的花纹既像广袤秋色中远行的秋雁，又似烟波浩渺的江南春色。从中可以看出唐时绍兴一带丝织品工艺已到登峰造极的地步。当然如此高端的缭绫普通人家是不可能做成襦裙穿上身的，只有昭阳舞女汉宫姬才有资格穿它。

二、鞋帽配饰

乌毡帽

乌毡帽是浙东运河流域男子佩戴的帽子，尤其是野外从事劳动生产的普通民众的必备品，这种帽子又以绍兴最常见。据记载，乌毡帽是南北文化交融的产物。北方早在三千多年前就有毡帽。《周礼》记述："共其毳毛为毡，以待邦事。"证实周代已有用细毛制毡的生产活动。楼兰遗址和罗布淖尔墓遗址都有汉代毡帽出土。《梁书·诸夷传》："土人剪发，著毡帽，小袖衣。"唐代有白毡帽称"白题"，为三角形、高顶、顶虚空、有边、卷檐，汉魏时从西北地区传入内地。明代绍兴人张岱《夜航船》记载："秦汉始效羌人制为毡帽。"明会稽人曾石卿亦有"鹅黄蚕茧燕毡帽"之句。说明至少明朝时绍兴就有毡帽，而且是从羌人那里仿制并改良过来的。

绍兴乌毡帽的制作有自己的独特工艺。原料要用当年雌湖羊的羊毛，先用田里的干泥对羊毛进行脱脂，通过弹、捻、压等工序将羊毛压成毛坯，用热水手工反复揉搓挤压制成帽坯；再用木模定型，除去表面浮毛；用花叶果汁与皂矾合成的染料染色并再次定型。一顶乌黑耐用的乌毡帽制作完成，前后共72道工序，需用六至七天时间。

绍兴乌毡帽内外皆黑，圆顶，呈畚斗状，帽的前部平檐，两侧从前到后有逐步高起的卷边，卷边里面可夹香烟钞票小物件。夏天可

用羊毛制成的绍兴乌毡帽（摄于 2007 年）

遮阳吸汗，冬天可挡风御寒；下雨当笠帽，晴天当草帽，四季可用；还可盛物、盛水，一物多用，经济实用，是绍兴农民、挑夫、船夫、木匠、篾匠、石匠、铁匠、瓦匠等百工，以及酒作、酱坊、锡箔、染坊等作坊人人喜爱的帽子。这些人在当地还有"毡帽客人"的称呼。旧时戴毡帽的人到处可见，戴上它非常具有绍兴味，所以人们渐渐把毡帽当成了绍兴的标志，凡是见到戴毡帽的人第一个念头就是：这是个绍兴人。

衫

衫是浙东运河流域人们在春夏秋三个季节穿的衣裳，古时指的是无袖的单衣。衫的种类非常多，有长衫、短衫、罩衫、青衫、官衫、大襟衫、对襟衫、汗衫、布衫等，不同的温度穿不同材质、不同厚薄的衣衫。夏天气温高时，有一种细纱织的布，薄如蝉翼，名罗纱。唐朝白居易担心好友元稹在通州中暑，就曾送他一件纱衣，元稹之后还回赠绿丝布及轻容纱。衫一类的衣服以单布制作为主，除了冬天天冷时都可以穿着，当然冬天贴身穿的也叫衫。《玉台新咏·古诗为焦仲卿妻作》有语："朝成绣夹裙，晚成单罗衫。"指的也是这一类衣衫。

宁绍地区人穿衫根据气候的变化而改变，因方言的关系，这里对衫的叫法带有地方特色。如叫长衫为大衫，或者说竹布大衫。穿长衫的一般是有地位有身份的人，读书人尤其是县学、府学的学生必须着长衫，家里比较穷的学生也得置办一身，破点、旧点、差点没关系，但一定得有，这是古训正衣冠要求的。学生这时候穿的是白衫，一旦考上秀才，可以换上青衫，所谓一袭青衿在身就算有功名了，可以见官不跪、免除刑罚，如再考中进士，那就是脱落青衿换紫袍，踏入官途了。而普通百姓因为劳动的关系，一般穿粗布短衫。当然，对有钱人来讲，最热的时候穿轻薄的罗衫，稍凉快些，穿绸缎衫，温度再低些，穿呢料夹衫，冬天棉袍外还可以穿个罩衫。

一件衫，可以看出人的地位和身份，也可以看出一个地方的民俗。

蓑衣

蓑衣的出现十分悠久，与江南农耕文明一起传承不息。《诗经·小雅·无羊》有句"尔牧来思，何蓑何笠。"这是最早的记载。唐代张志和的《渔歌子》："青箬笠，绿蓑衣，斜风细雨不须归。"是一幅江南水乡春汛鱼肥，渔人蓑衣笠帽的美丽画面。苏轼的"一蓑烟雨任平生"则写出了人生的难得境界。蓑衣避雨效果好，而且可以腾出两只手干活。江南的农民几乎家家都备有蓑衣，打鱼的渔夫也喜用蓑衣，雨雪天垂钓时也常穿着，它不仅能避雨，还可御寒。

江南的蓑衣以棕皮为原料，用铁爪将棕皮打成棕绒，再搓成棕绳，用棕绳编织蓑衣。蓑衣从领口开始编织，领口是圆形的。棕榈片一片接一片互压，铁针穿棕绳一针一线缝制成衣裙状，往下就结成菱形的花一样，自上而下织成斗篷的形状。下摆的棕毛要让它自然垂悬，领口与衣襟用薄嫩棕片包边细缝，最后缀上系带和扣子。蓑衣形似蝴蝶，两翼略上翘。前面开襟，穿时左右两片用棕绳打结。后背、腰部及下部按人体形状收放，外侧及底部的棕毛披散，毛尖向外，便于雨水滑落。蓑衣没有袖子，两条胳膊露在外面，方便劳动。

因棕丝有防腐功能，一件蓑衣可以使用很长时间。除了作为雨具的蓑衣，蓑衣挂在墙上，还有驱邪避害的功能。农家盖新房时，正梁需用蓑衣包裹，据说能使新家兴旺发达。

蓑衣（摄于 1999 年）

蓑衣通常和斗笠搭配使用，两件用具一般不分开。古代画家画江南水乡生活时，很喜欢画几个穿蓑衣戴笠帽的农夫，要么在田里干活，要么在路边放牧，要么在雪天垂钓的场景。这就是最江南的景象。

布鞋

布鞋是十分传统的鞋子，也是人们生活中不可缺少的用品。布鞋的制作方法各地大致相同。但一双布鞋做得如何，穿在脚上式样好不好，舒适不舒适，都能反映出制作这双鞋的妇女的水平。江南人家每个家庭的主妇都会有一个专门做布鞋的筲箕，里面放着针头、绳线、锥子、钳子、顶针和大小不一的布块等做鞋工具与材料。

做布鞋是十分辛苦的劳动，需要好几十道工序。首先要纳鞋底，也就是俗称的千层底。将家里收集到的破布、残布，不分颜色都收集在一起，洗干净晒干。再用面粉熬制糨糊，找来一块木板，把糨糊均匀地涂刷在木板上，再把一块块破布拼凑一起粘在上面，然后再涂上一层糨糊，又粘上一层破布，一般粘上四层，这叫打布袼褙。布袼褙打好晒干后，根据需要做鞋的大小剪鞋样。纳鞋底的线用的是苎麻线，苎麻需经过沤水、剥皮、刮衣、晾干、搓绳等工序制成苎麻线。纳鞋底很累，以剪好的鞋底样为基础，一层一层布摞在一起，达到一定厚度，然后一针针从外圈往内圈缝制，苎麻线上会用蜂蜡上蜡，为的是增强线的耐腐蚀性和顺滑穿过厚厚布层。鞋底很厚，锥针十分困难，需要用顶针顶，顶过去后用力抽出，如实在抽不出来，就用牙咬着针头抽，抽出针头后再将苎麻线拉紧拉实。针线越细越密，鞋底就越经久耐穿。如一家人口多，家庭主妇几乎每个晚上都在纳鞋底，否则，家里就有人可能穿不上鞋了。鞋底纳好后，还要用锤子将鞋底砸平。再按鞋样大小把鞋底周围的布剪平，这样的鞋底才好看。

再次是鞋面的制作。先把鞋面样放到已经晾晒好的布袼褙上，画出样子并剪下来。一双好的布鞋要做到鞋面料上没有织造上的疵点，表面平整光洁，鞋面绒毛倒顺一致，疏密均匀，帮面及夹里清洁无污垢，括浆均匀平服，鞋帮的滚口狭阔一致，接头放在鞋的后部，帮口圆滑不起角，鞋背平整不起皱，鞋帮缝线的针距均匀整齐不歪斜，没有跳针、漏针以及底线翻出等现象。滚口布和沿条必须按紧，缝边时不能出现松弛、褶皱。最后是鞋底与鞋面的缝合。这道工序非常考验女工手艺，非经验丰富绝不能做到严丝合缝。至此，一双布鞋才算真正完工。旧时穿在脚上的一双布鞋，能反映出家里女人的能干和贤惠程度。

草鞋

草鞋相传是黄帝的部下不则发明的，汉朝时它又叫"不借"，意思是说，人人都有草鞋，不用借。《五总志》书中说："不借，草履也，谓其所用，人人均有，不得假借，故名不借。"《诗经》中也有与草鞋有关的诗《葛屦》："纠纠葛屦，可以履霜。"葛屦就是草鞋。自古以来各地因地制宜，就地取材，用各种材料制作草鞋。浙东运河流域的草鞋也非常普遍。

这里是江南著名的水稻产地，所以稻草资源丰富；此地又盛产毛竹，新竹长成前褪下的笋壳是极好的材料；绍兴一带纺织业发达，布匹产量巨大；这里还种苎麻、棕树生产麻绳、棕绳。因此浙东运河流域的草鞋材料全部本地取用，稻草、箬壳、残破布条、麻绳、棕绳统统本地产出。草鞋制作的主筋用麻绳或棕绳，鞋底按所用材质不同分别有稻草草鞋、箬壳草鞋、布草鞋，以及布条与稻草、布条与箬壳混用的草鞋。

做草鞋，这里不叫做，而是叫打草鞋。打草鞋须用专门的草鞋凳，在板凳的一头安装一个木架。木架高二三十公分，下部固定在板凳上，上部一条横杠，横杠上有七个圆柱了，中间一个高些，六七公分的样子，左右各三个圆柱，高三四公分，圆柱之间间隔三公分。

打鞋人坐在板凳的另一头，腰间系上一支像牛轭的木枷，木枷上也有朝上的小圆柱。根据鞋的长短算好麻绳或棕绳的长度，分成四股，一头拴在腰间的木枷上作为草鞋的鞋鼻，另一头扣在鞋架上做草鞋的后跟，四条绳相当于织布的经线。鞋鼻处留穿绳的空隙后，开始编织鞋鼻。鞋鼻织好后，四条经线均匀分挂在鞋架外侧圆柱上，意味着要放大编织前脚掌的鞋底部分。这里有一个要诀，鞋底前后有大小，编织时就靠四条经线来调节，放大就挂外侧圆柱，缩小就挂内侧圆柱，可以任意缩放。作纬线的稻草、笋壳、布条，都要做成均匀的条索状，围着经线上下往复编织。每编一道之前，都要先把索条搓紧，所以打鞋人会不断朝自己手心吐口水，作用就是为了搓索条。接索条时，要将索条紧紧嵌入前面的索条内。编四五道后，要用小木棍垂直插入经线内，双手一上一下朝腰间方向用力拉压，作用是使编织的纬线更紧实。编到前后脚掌中间两侧时，左右都要加入鞋纽，两个一组，共四组。之所以是一组两个，是防止一个坏了，还有一个备用。编到鞋后跟，收头完毕。然后用剪刀整修毛刺，鞋底内侧用木槌捶打磨光，防止硌脚。再用绳子将鞋鼻、鞋纽、鞋跟共六处串起来，形成鞋的形状，再用绳子串成鞋带。这样一只草鞋便打好了。

穿上草鞋出门，不怕水，又透气，轻便、柔软、防滑、护脚，又十分廉价，深受劳动人民喜爱。

大脚布

浙东运河流域的成年男子有一样标志性的随身用品，是一条长六七尺、宽二尺的白色土布或白色洋布，这块布名叫大脚布。这块布功能无敌，对一个下地干活、出门做事的男人来说，是必须要有的用品。

这块布首先是件定情物。成年男子找好对象了，农村姑娘第一件要送的礼物便是一块大脚布。一般没对象的小伙子没有大脚布。姑娘用自己织的土布或买来的洋布，缝好边，绣好自己喜欢的图案，悄悄送给心上人，就是一件很讲究的定情信物了。到这个阶段，一般婚事可成。

这块布在劳动时是劳保用品。出门下地干体力活，容易受伤，古时没有专门的护体劳保用品，在碰到长时间弯腰、搬运重物等重活时，将大脚布缚在腰间扎紧，能避免腰部受伤。如用杠抬重物时，将大脚布垫在肩上，可减缓肩部磨损，以免伤及肩膀和骨头。如是大太阳下劳动，将大脚布盖在头上，可以避免太阳灼伤。如需要捆扎物体时，近二米长的大脚布又成了耐用的绳子。施肥、撒药时，用大脚布将口鼻一裹，就成了口罩。冬天寒风呼啸时劳动，用大脚布包住头部和脸部，可防耳朵、脸面被冻伤。凡此种种，劳动时大脚布绝对是好帮手。

这块布在生活中是百变用品。劳动时出汗，大脚布变成了汗巾。劳动间隙休息时下河或池塘洗个脸，擦脸时它是毛巾，洗个脚擦脚就是本名脚布。傍晚下水洗澡，抓住两头上下左右搓澡，它是一块搓澡布，待上岸擦身，它又变成了浴巾，当然，野外池塘或河流没遮挡，换个短裤用大脚布一围，它便是围裙。山上或河边有野果子时，一堆果子用大脚布一包带回家给家人吃，或赶集或走亲戚，有糕点一类的小吃要带回，如没有趁手的盒子，大脚布特别能用，包上就行。所以家里的小孩，每次总是眼巴巴地盯着回家时爸爸的大脚布，希望大脚布里又会魔术般变出些好吃的来。

大脚布在浙东运河流域的农民、山民中十分普遍。近水的乡民也有类似的用品，不过名字不叫大脚布，而叫抱裙。抱裙有点像围身裙，长及脚背，围住整个下身，一般用厚的土布做成，染成黑色，上面会绣点白色图案。农民系上它打稻、舂米、摇船、酿酒、染布、打锡箔，能保护里面的衣服不磨损，还可脱下包裹东西，或者盖在头上身上挡雨遮阳，经济实惠，方便实用。抱裙的功能和大脚布几乎一样。

麦草扇

麦草扇是江南人们消暑、驱蚊的日常用品，因其用材普通但构思巧妙，做工细致，既实用又美观，极富地方特色。浙东运河流域农家做麦草扇是一种风尚，家家都有这种扇子。清王廷鼎《杖扇新录》记载："麦扇，以麦秆编成扁带，广寸余，圈作规形，如盆大，用竹片两面夹之为柄，中心贴五色绫缎一小圆，绣山水、人物，极细，麦色金黄而润，轻灵便捷。麦秆扇，风格独具，各显其长，相映争辉。"

宁绍地区的麦草扇普遍是圆形的，属于古代的团扇。麦秆一般选用大麦连着麦穗的一节。大麦收割后，取掉麦穗，剪下麦秆，将麦秆放进淘米泔水里浸泡一天一夜进行漂白，捞出用清水漂洗干净并晒干。根据粗细大小分好类，挑一部分麦秆用洋红、洋绿染色再晒干。编织时习惯用七根麦秆为基数，根部先用苎麻线缚住，右侧用一根棕榈丝做脊，左侧的麦草秆缠一圈苎麻线，然后将七根麦秆从左右两边往中间像织辫子一样交替编织，渐渐成为一条扁扁的带子。编到一定长度时抽下苎麻线，这样扇带就会自然弯曲，慢慢盘成圆形，到直径有二十来公分的样子就可以了。当然，扇面大小依据自己的喜好而定。接下来把扇带按圆形硬脊线在上叠压盘好，并用针线匝牢，一个圆形的扇面就成型了。扇面的外圈还要镶边，就要用染好的红色或绿色麦草秆，编织成锯齿状的扇带，缝在扇形的最外侧。这道镶边不仅提升了扇面的颜值，还有一个妙用：当蚊子咬你背脊时，拿起扇子反手用锯齿挠背脊处的痒痒。扇面的中心是扇辫编织起始时绑扎的麻线，不美观，不知哪个心灵手巧的女子想出了一个绝妙的主意：扇心加一个装饰品。这个饰品是缝制一个圆形白底的扇塔，内里几层旧布，外面用纯白的洋布包覆，白面上用七色丝线绣出各种图案，常用的有鸳鸯、公鸡、松鹤、向日葵、牡丹等花草虫鱼吉祥图案，或者"百年好合""天天向上""花开富贵"等吉祥语。小小扇塔的直径大约十公分，图案的设计、刺绣的水平可以看出这个女子的手艺高低。绣好后，再在上面覆盖一张透明光亮的油纸，对扇塔起保护作用。还要再制作一个硬纸片作芯，绿色、蓝色或红色丝线缠绕，一公分宽的线圈，线圈压住油纸和扇塔缝在扇面中心，覆盖住扇头，扇面的观感直接提升，成了名副其实的工艺品。没有绣花手艺的农家女做扇塔会简单些，直接取一块有颜色或图案的布，用剪刀剪一个圆形的布面缝上去也成。最后取一根宽二公分、长三四十公分的竹片，刨削光滑，从一头中间劈开，留十五公分左右做扇柄，将扇面插进竹片内，正面竹片锯断扣进线圈下缘，背面竹片压过扇头接近锯齿镶边，竹片打几道孔，前后用丝线扎紧。扇柄尾部还要钻个小孔，挂上红绿丝线做成的穗子或者红红绿绿的绒毛球作为装饰。

旧俗，麦草扇是姑娘出嫁时的礼物，也是姑娘出嫁后端午回娘家时的礼物，用于馈赠亲朋好友。

第三节　居住习俗

古时浙东运河沿岸一带越人居住一般为干栏式建筑，后渐渐发展成茅草房、泥土房、平瓦房，再到台门建筑。

一、建筑习俗

起屋

起屋就是造房子，对每一个家庭来说，起屋是一件大事情。有钱的人家，起屋位置、环境、用材、布局都十分讲究；没钱的人家哪怕造几间草房，也有一些起屋的规矩，如选个进出方便些的地基，挑个吉利的日子、时辰，有个好点的朝向等。浙东运河流域人家起屋有着一些独特的习俗。

浙东运河沿岸民居（摄于 1926 年）

起屋第一要紧的是要找一块满意的地基。根据自己的经济实力与一家人口多少，找到相应大小的地基。按旧时习惯，地基要请风水先生先看风水。风水不好或者凶地是不可以起屋的。有了地基，就要设想好起什么样的屋。如平屋还是楼屋，什么式样，如三间一弄、五间两弄、一进台门、两进台门等，同时准备好起屋的材料。选好良辰吉日，举行启动仪式。屋基一般用片石，也有用石板。墙体有多种材质：青砖实砌墙、薄砖空心墙、石板萧墙、竹片筋麻刀灰墙、黄泥石灰墙。门窗有木制和石制两种。木柱、木梁、木椽子，木柱下用石头柱础。屋顶一般青砖配青瓦，歇山式屋顶、马头防火墙，泥墙多用稻草顶。大户人家更讲究些，如门当户对、影壁照壁、石板防火水池、游廊亭榭等一应俱全。

起屋的仪式遵循道教传统，风水、择日、奠基、上梁、砌灶、落成等环节依礼而行。其中以破土奠基和上梁时的仪式最要紧。破土前先须备公鸡、鱼、肉、水果等祭品，焚香祭土地公，准备铜钱放在宅基四角避邪镇宅。上梁的仪式更复杂，栋梁挂红、诵上梁文、撒上梁馒头、燃放鞭炮等，为新屋祈福。当然，新屋落成也少不得要庆祝一番。直到良辰吉时搬新屋，进屋酒是必办的，是为感谢起屋师傅，并邀请左邻右舍、亲朋好友一起庆祝乔迁之喜，祈求幸福太平。

上梁

在整个建房过程中，上梁是最重要和最为讲究的。要专门请人择吉日良辰，上梁一般是当天涨潮的时候，意为潮水涨财神到。上梁这一天都要祭神，鸣放鞭炮。供品从主妇的娘家挑来，挑来的路上娘家人要排成队，年纪大的在前，年纪轻的在后，队伍最后一般要有人挑一把大大的竹扫帚，意为将财气扫进新屋里来了。

"上梁馒头"大多由其他亲戚赠送，以白面馒头居多。上梁时辰一到，先祭拜，再安放正梁。在放正梁的时候，木匠师傅在上面唱"上梁歌"，旁边的伙计或者徒弟进行应和。正梁放好后，在梁上挂两块红绸缎，以示大吉大利。在这个时候，木匠师傅会高声唱："大红绸缎挂成双噢，世世代代保平安啊。"

正梁放好，绸缎挂完后，主人会请木匠师傅将预先准备好的馒头，从梁上抛向四周，给围观的亲朋好友，并由主人从梁上抛下用黄布做成的"五谷袋"，这五谷袋也是女主人的娘家挑来的，内装稻谷、玉米、小麦、蚕豆、高粱。主人抛下来的时候由儿子接住，意为"接代"，表示代代相传、人丁兴旺的意思。上梁完毕后，要办"住宅酒"，在新屋的柱子上贴上楹联，正门上一般贴"紫微高照"或"紫气东来"，然后宴请工匠和亲朋好友。

稻草屋

稻草屋是古代浙东运河流域普通村民的住宅。它用料简单，又是就地取材，建造一间草房所费钱财极省，另一方面，稻草房冬暖夏凉，十分适宜居住，因而，在漫长的历史中，稻草房一直在这一带延续着。

根据一家人口多少，稻草房三开间、五开间都可以建造。房子的地基一般用石块铺垫，地基高于地面，以防积水。墙体大都用黄泥夯筑，黄泥中会加入捣碎的稻草秸秆、适量的石灰，加水搅拌，这样的混合材料能增强墙体的黏度和强度。黄泥墙的夯筑需用一套专门的木板夹，木板夹的形状是三块板，长一米五左右，宽二三十公分，就是墙体的厚度，高三四十公分，三面围合，一面敞开，另有两三道夹棍，以及一些夯土用的木槌。打墙时，先将木板夹放在墙基上，夹好夹棍，将搅拌好的黄泥倒入夹板内，用木槌将泥夯实，夯实一截，就往后延伸一截，一截一截如法炮制，把墙连接起来，墙的拐角会交叉放几块青砖，以增强墙体的牵拉强度，遇到需留窗户或门的地方，控制好宽度，上口在相应位置放木板作上樘板。横梁用直径十公分以上的木料，椽子用细木料或竹子。草盖在屋顶有两种方式，一种是直接将稻草扎成草把，一把把捆扎在椽子上，再一层层从檐口往顶上盖；还有一种是用两道竹片将稻草捆扎成草栅，然后一层层从檐口往顶上盖。屋顶用木头或竹子压实扎紧。每年秋冬之际下大雪之前，都要用当年的新稻草将旧稻草换下来，已遮挡下一年的风雨。这样的草屋现在已彻底消失了。

平屋

平屋在浙东运河流域十分普遍，属于普通民众的住宅。它比稻草屋要高级一些，使用寿命也更长久些。

平屋一般以单数为基数布局，一间、三间、五间、七间为单位起屋的居多。大都有屋檐设置，三间以上的平屋，中间的一间称堂屋，作中间屋内凹留屋檐，两侧外凸无屋檐，五间、七间的则是左右最外侧的一间不留屋檐，中间三到五间留屋檐。

平屋的建材有多种，墙体有黄泥夯筑，也有青砖砌筑，还有一种叫篦爿砖砌筑的墙。篦爿砖，是一种薄型砖，厚度大约两公分，砌墙时，篦爿砖砌成盒子形状，中间是空心的，所以又叫盒子墙。砌青砖或篦爿砖，浆料须用石灰，否则强度不够，内外墙也用石灰粉刷，变成白墙。黄泥墙一般不粉石灰。平屋的屋顶都是坡屋顶，叫做硬山顶或悬山顶，悬山顶与硬山顶的区别在于屋檐是否跳出墙体。屋顶上有压瓦的正脊，墙体与屋顶连接处做垂脊，木梁木椽子，上面盖青瓦。室内分隔用木柱抬梁，柱底需用石质柱础，防木柱腐烂。黛瓦白墙便是浙东运河民居的特色。

青砖青瓦的制作有复杂的工艺流程，有专门的砖瓦窑。要经过选泥、练泥、制坯、装窑、烧窑、窨水、出窑等工序。其中练泥的过程十分辛苦，要用水牛帮助一起练。其次是烧窑，连续烧几天，火候的把握很关键，不仅要有耐心，也需要技术。砖瓦能否出成品，就在于窑烧得是否到位。

楼屋

浙东运河流域民居楼屋的用材与平屋基本一致，只是墙体已不再用黄泥墙，用的是青砖或篦爿砖，外墙用石灰刷白。绍兴运河沿岸，还有许多人家用石板做墙体，叫作石板销墙。石板销墙的石板长二米左右，高一米左右，厚十公分左右，插入方形石柱的凹槽内，从基础开始排布，一块石板的，称作一板销墙，三块石板往上垒起来的叫三板销墙，上部再用砖块砌筑上去。楼屋形态上都是两层，很少有三层及以上的楼房，这是因为旧时的建筑结构和建筑材料没法将房子往高处建，否则要么成本太高，要么结构不牢，所以楼房建到两层就不再往上建了。楼屋的开间以三间、五间居多，大

浙东运河沿岸民居楼房（摄于 20 世纪 90 年代）

部分还用围墙圈起前后院。造得起楼屋，需要一定的经济实力。

因为是楼房，所以就比平屋多了楼梯，一般是正屋三间配一弄，正屋五间配两弄。这里的弄指的是楼梯间，布置在房子的东西两侧靠山墙。楼梯由木头制作，一字直梯到二楼，很少做往返楼梯。楼板也用木板铺设。楼房人家都把卧室设在楼上，楼下用作厨房、餐厅、客厅、主人的书房，以及储粮、杂物等。楼屋的东西山墙与屋顶的关系，除了硬山顶、悬山顶也用平屋的方式以外，也有做成马头墙形式的，主要用来与左邻右舍之间的防火。这也成了宁绍平原水乡民居的特色。

廊下

廊的定义是屋檐下的过道、房屋内的通道或独立有顶的通道。浙东运河流域民居中廊的类型有平屋或楼屋的檐下廊、台门内的回廊，园林中更多的是游廊。廊具有遮阳、防雨、小憩等功能，是建筑的组成部分，也是构成建筑外观特点和划分空间格局的重要手段。

廊下的空间对居民来说有着十分重要的作用。夏日廊下纳凉，雨天廊下避雨，早晚左邻右舍廊下拉拉家常，小孩在廊下追逐嬉戏，就是居民的日常。不仅如此，廊下还是与生产有关的场所。每当从地里园子里收来瓜果蔬菜时，主妇往往在廊下先择菜，进行预处理，一是借用室外的光线，

二是避免将垃圾带入室内。有些菜或粮食要放在室外晾干或糖化，这廊下的作用就更大了。比如，做笋煮干菜的芥菜就需要先阴干晾瘪，就是不能在太阳下曝晒，一直晾到青色转成黄色才可以处理，晾的地方就是廊下柱与柱之

浙东运河沿岸民宅的临水廊下（摄于 2005 年）

间绑一根竹竿，在竹竿上晾晒芥菜。再比如，秋收后，玉米棒的晾干、番薯的糖化，都会挂在廊下的晾竿上，一挂挂，一层层，金灿灿，黄澄澄，煞是好看。再比如，到冬天，家家都会做些酱鸡、酱鸭、鱼干、腊肠、腌肉等，晾挂在廊下的晾竿上。至于每日家庭主妇洗衣涤被，雨天或夜晚，都在廊下的空间晾晒，这廊下是运河沿岸民居独特的风景。

至于江南园林中的游廊又是另外的风景。园林中的游廊主要起着划分景区、造成多种多样的空间变化、增加景深、引导最佳观赏路线等作用。各种双面空廊、单面空廊、复廊、双层廊等已不单单是廊的概念，它已成了园林的一部分。

踏步

踏步，也叫踏道，是浙东运河流域人们对台阶的一种俗称。这踏步是人们生活中不可或缺的东西，凡正常行走的人天天都会用到，这与江南水乡特有的地形地貌以及人们的生活习惯密切相关。

运河两岸水网密布，每年因季节不同降雨量不等，丰水季与枯水季水位相差很大，因此水面、陆地、路桥、民居等之间不在同一个平面，连接各个平面的交通就是踏步，通过踏步完成不同平面之间的转换。因此，踏步在运河岸边人家的生活生产中是不可或缺的。

不同地方的踏步都不一样，比如房屋门前的踏步要设计成单数，以三阶或五阶为宜，布局要符合风水要求，宜室宜家。普通人家用石块垒砌，家境好的人家用条石砌成，如是大户人家，从起步开始，一直到檐下至门前，用整块石板铺就，两边镶上垂带石，门前还有门当石，雍容大气。宗族的祠堂前同样用石板作踏步，这是整个宗族的脸面，用料也是最好的。在河埠头或塘埠头，是居民洗洗涮涮的场所，踏步会做得更宽一些，以容纳更多的村妇同时洗涮，还会在恰当的位置放置捣衣石，方便洗衣。捣衣声声，水波荡漾，踏步、水岸与村妇便成了乡村的风景。在码头边，因要搬运货物，踏步做得非常稳固，在以运河、水道作为主要交通要道的水乡，码头边的一级级踏步，记录着船老大和伙计上下搬运的辛劳，记录着水乡人婚丧嫁娶、走亲访友的日常，记录着水乡人早出晚归去对岸田地里劳作的场景，记录着水乡青年远赴他乡求学应试的喜乐与愁苦，记录着商人披星戴月的满足与疲劳。

石蛋路

石蛋路又称石弹路，或弹石路，原意本是搪石路，但俗语如此，代代相传，石蛋路或石弹路便这样叫下来了。

古时没有水泥也没有沥青的时候，先人们发明了将石块镶嵌进路面的方法，相比较土路或泥路，石蛋路一方面增加了路面的强度，人行、马踏、车碾不会使路面下陷；另一方面石块高出路面，排水畅通，下雨雪时出行，鞋子不会被水打湿。讲究些的石蛋路会铺出各种图案，具有美化装饰效果。

石蛋路有各种各样的类别。以路区分，有民居之间的小路或弄堂铺石，有村内主要道路铺石，有村与村之间大路铺石，有村内通向码头、农田、山地等作业场所的主路铺石。以石区分，大都是从溪流捡拾的鹅卵石，经过流水的冲刷，鹅卵石表面非常光滑，踩在上面不硌脚。根据路的大小用相应大小的鹅卵石。在一些大路或上下坡路，也会用人工加工的毛面方块石，待用久后，石块表面的棱角也会渐渐磨掉，变得越来越光滑。

石蛋路的铺设要请经验丰富的老师傅来施工。首先要处理好路基，路基的平整压实是必需的工作，路的两侧要做好排水沟，不可以积水。根据路面大小及走向，老师傅会设计好造型、图案，选好大小适中的鹅卵石，并搭配好石子的颜色。路的外侧会做两道散水坡以利排水。铺石用的砂浆需特别加工，将石灰、轧碎的稻草、糯米等捣成黏性足的浆料，把鹅卵石浆砌在地上，间隔一定距离，砌个寓意吉祥的图案或石板，以增强文化内涵。工艺好的石蛋路历经百年都能保持完好，为一代代的人们留下永不磨灭的故乡记忆。

弄堂

弄堂是指房子与房子之间的小巷，在较大的居民区，由于房子成片建造，但地形与屋基并不整齐划一，小巷随着房子的走向自然形成，大小、方向都不一致。曲里拐弯的弄堂串起了整个居民区所有的房子，成为居民区或村落内十分重要的交通线，由此产生了独特的弄堂文化，成为南方村居，尤其是浙东运河流域村居的重要特征。

弄堂是周边居民的社交场所。每当夏天时，弄堂因窄管效应形成气流流动成了自然的风场，居民称弄堂风。大家便在弄堂口纳凉、聊天，交换各自的信息，此时的弄堂人声喧闹，展现出独特的市井生活。特别天气炎热的时候，人们将水往地上一泼，竹榻或店铺的门板一搁，便在弄堂里过夜了。小孩则在弄堂里玩着自己的游戏，打弹子、扯响铃、跳皮筋、踢毽子、唱童

绍兴民居中间形成的长弄堂（摄于 2007 年）

谣，或帮大人干家务活，童年就在弄堂里不知不觉中过去了。弄堂两边往往是各式各样的店铺，售卖着各种日用品，最热闹的是那些小吃、点心摊，腾腾的热气氤氲着，食物的香气勾着小孩的贪婪，这便是人间烟火了。

水乡民居的弄堂千姿百态，移步换景，走进弄堂，两边可能是住宅，可能是店铺，可能是平房，可能是楼房，可能是透风的猪栏，可能是斜披的茅房，也可能还有个高墙大院，甚至可能是留着矮垣的菜园。有些弄堂弯弯曲曲，就像迷宫；有些弄堂笔直悠长，难以一眼望尽；有些弄堂又窄又长，石板或鹅卵石铺路，两边的墙体都是三板以上的石销墙，下雨的时候走在里面特别有江南的味道，夜晚走在里面又使人毛骨悚然。

埠头

埠头在字典里的意思是码头。其实在浙东运河流域，埠头不仅仅是有码头意思的河、江、湖埠头，还有水井边上的井埠头，水塘边上的塘埠头，不管是哪个埠头，它都和水有关。

河埠头、湖埠头主要的功用是用来靠船的。运河两岸人家，船是主要交通工具，出行或载货都得用船，停泊船的地方就是大小不一、形状各异的埠头。河湖的埠头有凸出、凹进两种形状，大都用石头、石板砌筑，也有用原木支撑、木板铺设的。凸出形的一般从岸上直接上船，凹进形的往往是岸边有石台阶延伸进水里。河湖埠头岸边的砌石上，会凿出一个个的孔用来拴系船缆。时间悠久的河湖埠头往往会有人樟树亭亭如盖，以供往来客商或搬运脚力避日遮阴，岸边会有大场用来堆场晒货。有的埠头会和桥结合在一起，以方便两岸来往。还有穿行在民居间的水巷，它能通行小船，居民不论屋前临水还是屋后临水，都会开出个埠头，用来洗洗涮涮以及便利出行。

井埠头、塘埠头一般都在村居中间。井的主要用途是方便村民居民汲取饮用水，村中的水塘一般是村里的消防池，火灾时从水塘里打水救火。但井、水塘同时还有埠头的作用。水井的井眼一般有高于地表的井圈以保

绍兴城内埠船码头（摄于 1926 年）

护废水不倒流入井内，然后在井圈四周随形铺设石板，设排水沟，再在外侧搭设井台，用来洗涮。而池塘边也会铺设石板或平整光滑的石头，并且有高有低，方便捣衣、浣洗。这些地方就是叫作井埠头、塘埠头的所在。每当早上或傍晚时，这井埠头、塘埠头总是集聚着一群村妇在淘米洗衣、洗涮各种物件。村妇们一边劳动，一边交换着各种信息，各种家长里短，叽叽喳喳，热闹非凡，成为村头一景。

附房

不论是大户人家，还是普通百姓，在自己房子的边上，或多或少都会有附房，浙东运河流域的人家也有自己特色的附房。附房，顾名思义，就是附属于主房的房子。根据用途不同，有各种各样的附房。

与劳动有关的附房，主要以摆放生产工具为主。比如与山地生产有关的锄头、勾刀、扁担、畚箕、麻绳等，与水田作业有关的犁、耙、水车、稻桶、箩筐、镰刀等，与粮食加工有关的捣臼、风车、石磨、竹簟、筛子、缸、氅等，与肥料有关的料桶、料勺，都需有恰当的附房存放。

与养殖有关的附房，主要饲养家禽家畜。关鸡的鸡窝，鸡生蛋的蛋窝，一般为小巧的笼状搭建物。关鸭的鸭棚，一般为草披状的简易草房，猪栏需是有墙的小屋子，因为冬天江南的天气极其寒冷，如不做好保暖措施，猪会被冻死。如这家有牛，则需要更大的牛棚。牛棚内不仅有关牛的木栅栏，还需要有足够的空间存放牛过冬所需的全部草料。如有养羊，则需有羊圈，羊圈的大小和猪栏差不多。

与生活有关的附房，主要堆放杂物。一天三餐做饭所需的柴草量很大，晒干后的柴草要避雨，不能被水渗透，一般会用斜披草屋堆放。木头劈开的木柴，一般堆放在太阳能晒到的墙根，一叠一叠摞起来，也是乡村一景。一些不常用的桌子板凳以及旧家具，平常也堆在杂物间，等用到时再拿出来。

附房对农家来说，它的作用很大。既解决了生产生活中各种需要，又使主房干净整洁，又因搭建的随意性，增添了村居别样的味道。

台门

在浙东运河流域，等级最高的住宅叫台门。这是一种围合式的建筑，类似北方的四合院，但台门大都是由多个院子和房子组合起来的，里面一般有三至九进房子，大门、仪门算一进，厅、堂、正屋、后堂、杂屋等合计起来至少有三进了。大门、仪门及各进之间，没有定规。这里最多的是石库台门，门框用石材雕琢而成，大门两扇黑漆的杉木实樘门，门楣上有极其繁复的砖雕装饰，中间会雕刻吉祥语。科举或武官出身，门前可立旗杆，下有旗杆石。河边的台门会有停船的埠头。

台门都是乌瓦粉墙，展现出典型的江南民居特色。自古以来，凡是为官或者经商成功或家境较为殷实的，都会在老家建造台门屋，以光宗耀祖。宁绍地区历来人才辈出，手工业也极其发达，所以留下了非常多的台门。民国初年，有这样的说法："绍兴城里五万人，十庙百庵八桥亭，台门足有三千零。"足见台门数量之多。

台门的取名也很有特色，有以姓氏命名的，如陈家台门、李家台门、王家台门等；有以官职命名的，如尚书台门、翰林台门等；有以科举等级命名的，如状元台门、探花台门、解元台门等；有以开过的店号命名的，如开过当铺，就叫当铺台门；有以方位命名的，如坐南朝北，叫朝北台门；还有些特殊台门不叫台门称府第，如伯府第、大夫第等。建造台门的材料除普通的青砖乌瓦以外，还有用特殊材料的，如楠木做柱，黄铜打造装饰物，大石板、大青砖铺地。

台门世代沿袭，记录了浙东运河流域千万个家族的兴衰、岁月的变迁、历史的沧桑和文化的积淀。

二、家用物品

家具是屋子的重要物件，可以说是一个住宅的重要组成部分。家具代表一个地方的传统，反映了当地的文化。传统家具包括大柜、小柜、雕花眠床、木箱、橱、八仙桌、太师椅子等，这些传统家具多刷紫红色漆。

旧时大户人家堂屋内陈设（摄于 2002 年）

灶台

灶台是每家必备烹煮食物、烧饭烧水的最主要物件。浙东运河沿岸的传统的灶台，一般用砖和石等砌成，一般以烧木柴为主。

灶台有一眼、两眼、三眼之分，大小不一，可放置小锅、中锅和大锅，锅都用铁制成，灶台里侧会放置一个或两个汤罐，在烧菜烧饭时顺便把水也烧热甚至烧开了。农村有逢七和立春日禁铲灶台灰的习俗。

灶囱（也叫烟囱）是灶台的一部分，专门用来排烟。一般人家在烟囱上会放神龛，用来供奉灶司菩萨。

火缸也是灶台的一部分，用于储存炭和灰。灶洞内的火碳拨入火缸，可以烤地瓜、焐粥、烘衣等。

水缸

水缸是旧时浙东运河人家厨房必备物件，一般是陶制品。水缸的大小有五石缸、七石缸之分。有很多人家会把房顶上下雨时的水，直接接入屋檐下的水缸

鲁迅家的厨房（摄于1997年鲁迅故居）

内，这也是旧时人们生活用水的主要来源。当然也有从井、河里挑水加满水缸的。这里的习俗会在过年前，把水缸内的水挑满，称"缸缸满，甏甏满"，并贴上一张青龙甲马画以图吉利。水缸还有一个用途，失火时应急用，所以旧时老人总会关照小辈把水缸挑满，以备不时之需。

庎橱

庎橱是浙东一带的方言叫法，它指家中用来存放食物和餐具的橱柜，也是每家每户必备之物件。旧时吃饭所用的碗筷，吃剩的菜都放在庎橱中。庎橱用木头或竹做成，大一点是落地四脚柜，也有小一点，直接挂在墙上的，一般分为两层，上为食橱，下为碗橱。庎橱能存放菜肴和餐具，也能起到防尘防苍蝇之类侵蚀食品，所以是极为有用的家具。

蒸笼

蒸笼是一种传统厨具，历史悠久，上古陶器、青铜器中已有和蒸笼原理一样蒸煮的器皿，后来其他材质的蒸笼逐渐淘汰，只有竹制的蒸笼传了下来。浙东运河流域因特殊的地域环境，漫山遍野生长着竹子，做蒸笼的原材料取之不尽、用之不竭。

制作蒸笼是篾匠的活。首先要挑选好适合做蒸笼的竹子，再经过破

竹、去竹节、竹子内部刻纹路（目的是烤火的时候竹子不破裂）、烤火软化竹片、将软化的竹片弯曲成蒸笼圈、编制盖子顶部的竹席、制作蒸笼盖、蒸架等十几道工艺才能完工。蒸笼是一层层分层制作的，一副蒸笼可以高达十几层，叠起来比人还高。当然，根据主人家的要求，蒸笼的大小必须与家里锅相匹配。蒸笼直径小到二十来公分，大到一米以上都可以制作。

蒸笼蒸食物时，先在锅里放满水，蒸笼里放好食品，在锅上一层层叠好，盖上盖子，最下面一层与锅交接处，一般会用布或毛巾围住，防止蒸汽外溢。这时候就可以用猛火烧了，蒸汽越大，食物熟得越快。锅内水不能干，如水不足，就要及时往里加开水，不可以加冷水，否则温度下降，没有蒸汽，蒸的过程中断了食品味道会受影响。蒸笼的原理是顶层先熟，因为水一旦成为蒸汽，就会快速上升，直到顶部被盖子压制，只要炉灶不断加热，水蒸气源源不断往上，使得蒸笼顶部始终保持高温状态，食物就熟得快。所以，在摆放食物时，内行人懂得什么食物放上面，什么食物放下面，而且知道哪些食物蒸多长时间熟了，可以撤蒸，哪些食物得加时，只有掌握好时机，才能恰到好处地蒸出美味的食物来。

铜火熜

铜火熜是浙东运河流域人们在冬天用来取暖的用品，一般用黄铜或者白铜制作。这一带冬天湿冷，许多人的手脚都会冻伤，为了暖手暖脚，有人发明出铜火熜这个用具。

铜火熜的形状呈扁圆状或长方形，底部直径二十公分左右，向上渐渐放大至直径二十五公分左右的圆肚，再自然收口至二十来公分大小，上口形成一二公分高度的颈部，与之相应的是外凸的盖子，盖子上布满小孔用于传热和透气。还有一个上下活动的提手柄。生火的过程是先在底部铺一层灰，将柴灶烧火后留下的红火炭用火锨装进火熜，再在上面盖一层灰，让炭火的热量慢慢从火熜壁和盖子上的小孔传导出来，捧在手上很暖和。没有柴火的人家，要用备好的木炭装进火熜，再在中间放进一个提前烧红的火炭作引子，盖上灰后，其余的木炭会被慢慢烧红。不同的地方有着不同的在铜火熜外表做装饰的习惯。如錾刻吉利图案文字，柄上缠绕红丝线，外面用布或细竹丝再编一个保护套。

铜火熜除了捧在手上可以暖手以外，放地上脚搁在盖子上，可以暖脚，睡前放进棉被里，可以暖被窝。有小孩的人家，还用来烘尿布。贪吃的小孩会在火熜的炭火里煨栗子、番薯之类的食物。每到冬天，老人小孩会端着个铜火熜串门，或者捧着个铜火熜，坐在朝南的墙根下凑在一起晒太阳，聊家常。

铜火熜（摄于 2003 年）

铜火熜是家家户户的必备品，所以姑娘出嫁时，娘家必会定制一对铜火熜作嫁妆，上面贴上红双喜，有的地方直接把炭火烧红了的火熜捧去夫家，喻示新人未来生活红红火火，十分吉利。

八仙桌

八仙桌是中国传统家具，桌子四边长度相等，一边坐二人，一桌四边共坐八人，数字合传统八仙之数，故称此桌为八仙桌。桌子的名称在五代时才产生，明清以后，无论达官贵人还是平民百姓家里都有一张八仙桌，浙东运河流域人家尤其如此，八仙桌是家家必有的家具。

八仙桌的结构简单，用料经济，十分实用。吃饭时是饭桌，祭祖拜菩萨时是供桌，来客人时，是主客喝茶的茶桌，做手工食物时，比如揉面团、包饺子等时，它又成了案桌，甚至闲时成为打牌、搓麻将的牌桌，用途非常广泛。

八仙桌的样式主要分为束腰和无束腰两种形式。早期的八仙桌基本都是无束腰的，也就是四腿直直地杵在地面，后来经过不断改进，在桌面下部有一圈收缩了进去，就像女子束紧腰部一样，因此称为束腰，这种束腰形式使桌子的整体线条柔和了许多，看起来更加美观，一直流传至今。八仙桌桌面分镶板桌与拼板桌两种，镶板

民居中八仙桌、板凳（摄于2004年）

桌级别高于拼板桌。镶板桌面以四个大边为框，中间镶嵌木板或石板，桌脚多为正方形木柱或雕花型马蹄柱；拼板桌为厚木板直接拼成桌面，桌脚与镶板桌相同。但无论是镶板桌还是拼板桌桌面的木板数，其数量必须是单数，否则视为不吉利。普通人家的八仙桌以实用为主，官宦或大户人家，还讲究美观上档次，如将八仙桌四只角和桌脚连接处用铜包裹，整桌漆上金漆或红漆，罩上绣花桌帷，使八仙桌显得更加富丽堂皇。同时还搭配两把官帽椅或太师椅，左右摆放，更显威严。八仙桌在家中摆放时，板缝必须与中堂平行，切不可对门，因只有家里做白事时，才可以板缝对大门。

在接待礼仪和饮食文化中，八仙桌的座次是十分讲究的。传统的座次是对大门为上，两边为偏座；席次上又以左为尊，右为次，以上为尊，下为次，以中为尊，偏为次。

八仙桌是社会、家庭和谐吉祥的标志，这张桌子在每户家中的地位很高。

板凳

板凳是用一块木板安装上四条腿、没有靠背的狭长形坐具。这种坐具取材方便，制作简单，实用性强，是家具中最常见的坐具。传统板凳的做法用榫卯结构，不用钉子。板凳有方凳、圆凳、丁字凳、工字凳、折叠凳、长条凳、小板凳等，大都用木材制作，极少有铁制、陶制的板凳。浙东运河流域常见的是木头板凳，并且以长条凳、小板凳为主。

普通板凳用柴木或者老松木等杂木为原材料，二人坐的长条凳坐板长约一米，厚三四公分，高四五十公分不等。四条凳腿分两组装在木板两端。凳腿与木板之间呈与垂线之间 12 度夹角，木板上的穿孔也要以此夹角开凿，两凳腿在离木板三分之一处安装连接档以增强凳腿的稳定性。凳腿的上部锯出雄榫接入木板，刨平，再用木楔嵌入雄榫，以使木板与凳腿紧实不会脱开。凳腿下端锯去 12 度斜角，以确保凳腿与地面接触面是全接触，凳子更稳定。木工完成后，根据主家喜好，漆成红色或褐色。官宦或大户人家用好木料制作的凳子，需按照红木家具的制作程式制作。凳面是木框灌板方式的榫卯结构，凳腿是束腰、马蹄脚等形制。

还有一种小板凳的制作和长条凳大同小异，只是低矮些、小巧些，二三十公分长，二十公分高，拿着轻巧，移动方便，主妇洗衣、择菜，小孩洗脚最喜欢用这类小板凳。这里还有一种介于长条凳和小板凳之间的一种凳，俗称半大凳，也非常普遍。不同大小的凳子适用于不同的场景，只是为了方便生活和劳动。

橱柜

浙东运河流域人家家里都会有一些柜子，也叫橱子，或橱柜。这里俗称的橱子并不仅仅指厨房里的家具，其他柜子也可以叫橱子。不管怎么叫，柜类家具主要是指各种盛放物品的木制家具。柜子的使用始于夏商周时期，那时称为"椟"。到了明清时期，柜子成为室内必备的家具，且形制已定型。明清柜子按形制可分为方角柜、圆角柜、亮格柜，形制不同，其构成部件也有不同。

用于放衣服被褥类的柜子，有顶箱柜、被橱等。顶箱柜在中式家具中属于比较大的家具。明后期出现，清代十分流行。由顶柜和底柜两部分组成，往往两只为一组，可作为一对组合摆放，也可拆分左右各一摆放，他的作用就是下部柜体盛放衣物，上部柜体放被子。明式顶箱柜最高级的用黄花梨、楠木制作，总体上明式家具比较简洁，清代的顶箱柜高档的用紫檀制作，面板上雕工繁复，十分奢华。当然普通人家是享受不了这类家具的，一般用樟木、杉木做衣柜，特别是樟木有天然除虫的效果，衣柜中多少会拼进几块樟木板。用于盛放粮食的柜子，有谷柜、米柜等。谷柜比较大，有专门盛放稻谷的，也有分成几格，分别盛放稻谷、麦子、玉米等不同的粮食。米柜就是盛米的，一般叫米桶，因稻谷脱壳变米后，较难长时间存放，很容易出虫，所以，家里的米桶一般都不大。其他如家里有读书人的就会有书柜，有文人的就会有书画桌配博古架或多宝格。放杂物的柜子还有三斗柜、五斗柜。

缸甏

浙东运河流域人家用的陶制器皿是生活必需品之一，主要有缸、甏、钵等，用来盛放不同的东西。这类陶制品价格便宜，实用性强，无论普通人家还是富贵人家，都需要一些陶器。

缸甏种类繁多，大小不一。缸最大的叫七石缸，可盛七石谷，一般用来做酿酒缸、太平缸、饲料缸、粪缸等。中等的有五石缸、三石缸，一般用来做水缸、腌菜、浸年糕等，沿海一带渔民还用来腌咸鱼。人们把有盖的称为甏，有大甏、七斗甏、五斗甏、尖脚甏和小甏。缸与甏的区别在于缸的上口大，甏的上口收拢，口子小。所以甏一般用来盛大米、面粉、五谷杂粮等干货，甏口容易盖住，不易受潮。其他还有一些特制品种，如榨菜甏、盐甏、猪油闷罐、药罐等五花八门的日用陶器。

窑厂的制陶师傅是要拜师学艺过的，不然制作不了陶坯，烧不好窑。尤其是烧缸甏的窑，一般倚山坡而建，蜿蜒几十米到上百米长，下端设火门口，顶端设烟囱。一炉窑要烧三天三夜，由老师傅时常查看火候，十分辛苦。烧出来的缸甏就有人摇船、拉车沿途去卖，一点点流入千家万户。人们的生活离不开这大大小小、高高矮矮的缸与甏，它们散落在天井里、屋檐下、厅堂内、楼梯旁，成为生活的一部分。在老人眼中，家里的缸甏是万万空不得的，缸里有水、甏里有米，日子才过得踏实。

缸甏在使用过程中磕磕碰碰，难免会造成破裂、缺口，过去由于交通不便和经济困难，缸甏出现损坏一般不会扔了，但凡能修补的，会等修缸补甏师傅来时把它修补好。修缸补甏师傅巡回上门讨生活，是沿街沿村吆喝的，一声声"修缸哟，补甏哟"响起，大家便知道师傅来了。

木桶

木桶的使用历史已经上千年了，是人们生活当中必不可少的一种用具。早先，人们聚落而居，寻个泉眼打井，从井里汲水并运回家，就需要用木材制作的水桶。后来发展到用木桶洗澡、洗脚，以至于应用到生活中的各个领域。伴随着木桶的发展，同步出现了以箍桶为职业的箍桶匠，专司箍桶之职。因为箍桶的技术要求与一般的木作不一样，连工具也不一样，所以箍桶业有自己的师承，与普通木作完全不同。浙东运河流域地处水乡，无论生产还是生活都离不开水，因此与水相关的各种木桶数不胜数。

箍桶材料大都采用杉木，俗称和木。这种木材色白，质轻，有香味。箍桶制作遵循从上到下、从里到外的步骤，光工序就有开料、推刨、开眼、钻钉、洛底、箍桶、上油等十几道。其中钉子用的是竹钉，不用铁钉。容器是否箍得紧，关键在于箍口的技术，无论采用哪一种箍，都要以箍紧为目的，木盆是底小口大，在箍盆的时候，将箍从盆底小口放进去，然后用一根四方的木条慢慢地向下敲打，因为越往下敲，盆体越大，箍得越紧。木桶一般是两头小中间大，便于从两头上箍敲打，才能越敲越紧，最后要把木桶在烈日下暴晒几天，再刷上桐油，这样才能经久耐用。桶箍最好的是铜箍，铁箍次之，最差的是竹箍。

江南人家木桶无数，曾有一则根据民间故事改编的地方戏曲《九斤姑娘》中关于箍桶的唱词，较好地反映出本地常用的一些木桶。唱词为："我天亮要箍天亮桶，挨昼头要箍午时桶，日落西山黄昏桶，半夜三更要紧桶，我要箍有盖无底桶，要箍有底无盖桶，还要箍只直笼桶，两只耳朵翘耸耸，外加一对恩恩爱爱夫妻桶，还要箍只奇怪桶，一根尾巴通天空，一根横档上当中，上头一记松，下头扑龙冬，拎拎起来满桶桶。"这当中共唱到九只木桶，分别是面桶、饭桶、洗脚桶、马桶、木锅盖、豆腐桶、蒸桶、挑水桶、吊水桶。

翻轩眠床

床是家庭必备之物。《广博物志》中曾有"神农氏发明床，少昊始作簧，吕望作榻"的记载。浙东运河流域人家的床非常讲究，典型的是一种俗称翻轩眠床的床很普遍，学名应叫拔步床或者架子床。以翻轩为名，主要是指床的正面上部，有雕花或绘画的装饰板，单层板的叫单翻轩，双层板的叫双翻轩。

架子床通常的做法是四角安立柱，床顶安盖，顶盖四围装楣板，俗称翻轩。床面的两侧和后面装有围栏，多用小块木料做榫拼接而成，因为床

旧式翻轩眠床与梳妆台（摄于 2001 年）

有顶架，故名架子床。

拔步床是明清时期开始流行的一种大型床。拔步床的独特之处是在架子床外还有一间小木屋，从外形看似把架子床放在一个封闭式的木制平台上，平台前有二三尺宽的空间，平台四角立柱，镶以木制围栏，考究的还在两边安上窗户，使床前形成一个回廊，人跨步入回廊犹如跨入室内，回廊中间置一脚踏，两侧可以安放桌子板凳类小家具。床架的作用是为了挂帐，为达到室内宽敞明亮，其左右和后面安装了较矮的床围。有一家博物馆内传下来一架甬式全围屏拔步床，上设顶盖，下设底座，四周设围屏，后围屏可以打开。此床挂面由红木、楠木、花梨木等多种木材制成。楣板上以黄杨木和象牙镶嵌戏曲人物，窗成芭蕉扇形。颜色鲜亮，色彩为红底，富丽堂皇，整体充满了线与面、深与淡的对比美。木材质地细腻，木纹优美，气味芬芳，还能防腐、防虫，全床榫卯结构，不用一根钉，可拆可装。拔步床因其体型巨大，占房半间，有地方也称之为"半间床"。又因其费工浩大，做工奢华，以一人一天为工，制作耗力费时，所以民间还有"千工床""万工床"的说法。

浙东运河流域人家的床无论是其做工还是装饰，大都古朴典雅，浑厚中见灵气，真实具体地记录了这一带人们的生活、习俗以及审美情趣。

梳妆台

梳妆台是妇女专门用来梳妆打扮的小桌子，尤其是家有女儿的闺房里，一定会有一架梳妆台，而且梳妆台除了红木是原色之外，一般都漆成红色。

老式的梳妆台分高低两种。高梳妆台是一张专用的桌子，桌子后面装着镜架，镜架中装一块大玻璃镜，又名镜台，在清代中期已很常见，旁边有数个小橱，用来放化妆品，桌台下面会有小抽屉，用来装首饰。低的梳妆台称镜台，形体较小，一般放在桌案上或柜子上使用。镜台下面设小抽屉数个，放首饰和化妆品。有的在台面后放一组小屏风，三五扇不等，屏前有活动支架，用以挂镜，又名镜支。也有在台面上安一箱盖，打开盖子，支起镜架，即可使用。梳妆台对女性来说，并不是不可或缺的家具，而是必需品。浙东运河流域的姑娘出嫁时，嫁妆中必有一架梳妆台。

梳妆台在闺房中如何摆放，大有讲究，有很多忌讳。比如说梳妆台上一定要安放镜子，不然女性会缺乏安全感，感到恐慌。梳妆台上的化妆用品，用完后不能随手摆放，要保持台面整洁、不杂乱，才会使生活更幸福。又如，梳妆台镜子不能与房门相对，

梳妆盒（摄于2010年）

房门是卧室气场流通的气口，梳妆台镜子与房门相对，会形成直冲之煞，对居住者身心健康不利。又如，梳妆台的镜子不能正对床位。床位与梳妆台的镜子相对，会导致居住者精神紧张和情绪不稳，影响睡眠质量。只有梳妆镜朝向与床坐向保持平行一致，才会保持谐调平衡的风水磁场，不会形成冲煞，营造出卧室和谐舒适的氛围。又如，梳妆镜不能照床头，否则容易让居住者做噩梦、精神欠佳，而且健康与事业运势都会受损。

旧时候的梳妆台是闺房的核心所在，少女在宋朝之前是可以出去逛的，宋以后闺房就是少女的主要活动场所了，梳妆台就是她们最主要的消遣之地。

马桶

马桶是家庭必备之物，浙东运河流域人家普遍用木制马桶，解决人吃喝拉撒中撒的事。家中和马桶同一属性的还有夜壶、粪桶。

据史料记载，马桶的形制到唐朝前就已形成，平民百姓家庭已经有马桶了。宋朝的马桶基本形状与唐朝并未相差太大，马桶上加有圆形的木桶

盖，马桶用桐油或漆上过，不会渗水。以后马桶不断改进，做工越来越精细，形状也千姿百态，大部分为圆形，有鼓形、上口大下口小的倒圆锥形、直桶形、中间收腰形等，以黄铜箍桶，大都漆成红色或暗红色，盖子、桶外壁上还会描上金色的吉祥或花卉图案，更讲究些的，外面再配上一只箱体盒子，名叫马桶箱。马桶的称呼也渐渐多起来，如称马桶为要紧桶、子孙桶等。女儿出嫁时，马桶又叫子孙桶，是必备的嫁妆之一。

由于马桶存放的是排泄物，如长时间放在室内，难免会有难闻的气味从马桶内溢出充斥整个屋子，所以每天早上主妇便会将马桶从室内拎出，把粪便倒进茅坑，再用水把马桶冲洗干净放回。一些城市中还有专门替人洗马桶的活计。城市中由于倒洗马桶不便，每天凌晨，主妇会将马桶放在自家门口，便会有人过来收了马桶，拉去河埠头，把粪便倒进粪船里，洗干净马桶再放回各自家门口。马桶用的时间长了，桶壁和桶底还会结一层白白的尿垢，需专门的人员清理。旧时在绍兴就有这样的专业人员，把马桶洗净晾干后，用铁凿一点点把尿垢敲掉，又不会敲坏马桶的内壁，称为打马垢。

席

席子是家庭生活用品，每个家庭都有几张席子。浙东运河流域人家用的席子有草席和竹席。

草席主要以蔺草为主要原料，麻做席筋。蔺草编织的席子具有较好的亲肤性，吸湿和防湿效果都很出色，当温度高时，草席的气孔会吸附湿气，天气干燥时，海绵状的蔺草会自动释放出储存的水分。正是蔺草的这种特性，使用它编织的席子具有夏天凉爽、冬天不冰的舒适感，对人的健康非常有益。由于蔺草的柔软性，可以编织出各种各样的花纹、图案，具有很强的装饰效果。席子还可折叠，方便外出时携带。蔺草还有一股草的清香，助眠效果极好。

宁波草席编织历史悠久，所产草席以质地精密、挺括硬实、柔软光滑、收藏简便等特点畅销各地。宁波草席以本地产蔺草为原材料，用自制木机，两人搭档编织而成。其编织技艺有三十多道工序，工序之间环环相扣，一条草席织成至少需要五天。其主要品种有麻筋席、纱筋席和软筋席，尤以白麻筋席编织紧密、吸汗力强而著称。

竹席性凉，特别适合夏季高温季节使用。浙东运河一带因取材容易，竹席几乎家家户户都有。精选五年龄以上而且是冬天的毛竹，做出来的竹凉席耐用，不会有虫蛀。经过锯段、开坯、剔坯、匀丝、牵篾、刮篾等工序，将竹子变成竹篾，就可以编织了。竹席的编织从中心开始向外编，编到周边时要进行扭边、收边、插边等工序，最后修毛刺、打磨，竹席制作就算完成。

竹椅

浙东运河流域的竹子当它刚发芽生长时，叫作笋，是一道鲜美的时蔬；当它生长成材后，又是制作各种家具、农具的原材料。竹子与江南人家密切相关，常见于日常人家的竹制家具，最普遍的当数竹椅子，几乎所有人家家里都会有几把竹椅。

竹子有其独特的天然纹路，清晰可见，竹节错落有致，外形独特美观。竹子的韧性足，可塑性极强，在火的烘烤下，可以弯曲成各种角度，经过篾匠巧手裁切、钻孔、榫接、打竹钉、打磨一系列工序后，可以制作成各种日用家具，如竹桌椅、竹榻、竹床、竹篮、竹筛子、竹簟、竹席、竹桶、竹扁担、竹斗笠等，经济实惠，雅俗皆宜。

竹椅制作水平如何，能很好体现篾匠的手艺高低。一把竹椅的制作过程一般有以下工序：选好竹子预处理，砍去枝与叶、头与尾。截取椅脚、椅背等不同部位所用竹段，竹子根部较老，适合做脚，梢头竹节长，韧性足，适合做靠背架及坐面竹排。然后将竹段烘干、去节、防蛀。准备完毕开始划线，火烤并弯曲所需角度，切凹槽、打孔、做竹钉、锯、凿榫卯结构，各个部件加工完成，即可组装整椅。好的竹椅四脚落地稳，后靠实，椅子坐面舒适，不会摇晃或吱吱作响。竹椅温润透着竹子的清香，自带人间烟火味道。用的时间长了，人的汗水渗进竹子里，竹椅渐渐泛黄发亮，便会透出时间的印记出来。

每当大人劳作回家，总喜欢坐在竹椅或竹躺椅上小憩一会，等待开饭。小孩也喜欢拎个小竹椅，坐在爷爷奶奶身旁听他们讲故事。

囤窠

"人小班辈大，爷爷坐囤窠。"这是一句流传在浙东运河流域的俗语，意思是说，年纪小的人比年纪大的人辈分要高，而且高出不止一辈，要高出两辈。这种情况在旧时是十分普遍的现象。同一个宗族内，由于各支繁衍快慢不同，几十年、几百年后，族内同一辈人的年纪相差越来越大，逐渐就会出现俗语中的现象。而俗语中的囤窠，却是这一带特有的婴儿用品。

囤窠，根据俗语中的语音记录，也有说成藤窠，类似现代婴儿学步车。材料有稻草和木头两种，在农村以稻草为主。将晒干的稻草搓成比拇指大的草绳，按圆锥形的形状堆叠并用麻线或小草绳扎紧，下口直径六七十公分，上口直径三四十公分，高一米二左右。还有一种做法是，先将稻草扎成一束束草把，扎时旋紧，一把把连接着盘旋往上扎，每一把草把中会分出一小股，和上面的草把扎紧，直至最后收头。中间上下插进两块约二十公分宽的木板。离上口三四十公分的木板做坐板，圆中线靠后一些；另一块插在坐板下二三十公分处做踏脚板，圆中线靠前一些。这样前后放置，就不用担心婴儿会掉下去。板下的空间用来放炭火盆或铜火熄。将已能坐起来的婴儿放进囤窠，冬天不会着凉，尤其在给婴儿换尿布时，热烘烘的囤窠更显它的好处。哪怕在春秋天，婴儿放在囤窠里，让他独自玩耍，大人可以腾出手来干活。因为用材简单，稻草加木板即可，因此在宁绍地区农村几乎是家家都有的婴儿用具。当然，家境好一些的也有用木头做的，请箍桶师傅箍一只，再刷上油漆，完全是高档货了。

现如今，囤窠已经彻底从人们的生活中消失了，代替它的是婴儿车、学步车等新产品。

搓衣板

搓衣板是国人洗衣用的工具，和槌衣棒捶打洗衣的作用一样，都是为了把衣服洗得更干净些。在搓衣板使用之前，古时人们多用木杵捣衣。木杵，北方人叫棒槌，古时候称捶衣杵，多用枣木等硬杂木制成，长五十来公分，一端稍粗用于捶衣，一端稍细便于手持。至今仍有许多关于捣衣的诗句流传下来。唐张若虚《春江花月夜》就有"玉户帘中卷不去，捣衣砧上拂还来"句。

搓衣板的木材大都用梨木或樟木。这两种木材木质细腻，不易开裂变形，不仅雕凿容易，还不会起毛刺，即使长期浸水搓洗，也始终保持光滑柔润，不会搓坏衣服。搓衣板由整块木板制作而成，两端分别有十多公分为平板，上部会挖一凹口，以方便放肥皂，顶部转一小孔，穿绳子可以挂起来便于晾干，防止发霉，中间凿有二三十条沟槽。讲究一些的搓衣板沟槽分两种，宽槽用来搓洗粗布厚衣，窄槽用来搓洗单衣。

搓衣板使用时间长了，槽牙难免会磨损，甚至磨平了，如是好木材或节约些的人家会请人修理搓衣板，将板上沟槽凿深些再用。如是普通木头则丢弃旧的，新做一块。

浙东运河流域人家用搓衣板有多种场景，大都在河埠头、塘埠头、井埠头这些地方，往往一群村妇聚在一起，说笑声、捣衣声、搓衣声、泼水声等此起彼伏，祥和中透着极强的村居生活氛围，这也是运河人家过去千百年中的日常景象，经久不衰。

至于搓衣板的另一个功能，强悍媳妇让懦弱丈夫跪搓衣板，则是另一种俗文化，更多的是人们茶余饭后相互间的调侃谑笑。

呼筱

呼筱是方言，没有可以对应的学名。筱，字典、词典解释是小竹、细竹，或称竹的细枝条。南朝时曾做过上虞县令的徐陵有诗《内园逐凉》："提琴就竹筱，酌酒劝梧桐。"这里的竹筱就是竹的细枝。呼筱也是竹的细枝，只是它特指是毛竹的细枝，呼字应是个象声字，挥动竹筱时，会发出呼呼的声响。

　　不同于北方，旧时浙东运河流域的孩子对呼筱特别有感觉，那是因为绝大部分男孩子尤其是小时候都或多或少尝过呼筱加身的滋味，而且在千百年间被一代又一代传了下来。它究竟是一个什么样的神器，会如此神奇？其实，呼筱就是从毛竹身上的分枝，刀砍下后，粗的柄部削去细枝，并刮光，用来握手，竹梢部分只摘去竹叶，保留竹梢上所有细枝。如这支竹筱够大，就单独一支，如不是很大，会将几支竹筱用细麻绳从柄部绑在一起，形成一把竹筱。这些加工好的竹筱清一色插在自家家门的外门框上。外门框上会挂一个小竹筒，竹筱就插在竹筒里。

　　这竹筱的梢头有密集的细枝，挥舞起来呼呼作响，竹筱的名字不知怎么就改成呼筱了，大概呼筱这个称呼更具威慑性。首先，这呼筱是用来驱赶麻雀、鸡鸭的。每当从田里、地里收来粮食，会在自家屋前的道地上晾晒，这时容易招来麻雀、鸡鸭来偷吃，大人便从门口拔出呼筱挥舞，再配合叫喊声，这些动物就会逃离。其次，这呼筱是用来打小孩的。每当自家小孩淘气不听话，或在外面打架、做坏事等闯祸了，家长第一时间便是拔出呼筱往小孩身上一顿抽打。这呼筱打人有几个好处，一是打到身上，特别是夏天腿、胳膊都露出来的时候，挨呼筱一下，奇痛无比，几下下去，皮肤上立即起一条条红红的印子，保证他原地蹦起来，迅速逃之夭夭，而且这种痛会让人产生深刻的记忆，只要一次经历过，再有第二次时，大人们一拿出呼筱，大多数小孩便会乖乖认错服软。二是呼筱打在身上很疼，但不会伤筋动骨，标准的皮外伤，就是说，呼筱打人打不坏人。但是有一条，一般不往头上、脸上抽打，否则容易伤到眼睛或破相。

十六两秤

　　秤，也叫杆秤，是人们进行商贸活动时用于称重的工具。古代称重的计量单位是十六两制。十六两秤有说是鲁班发明的，也有说是范蠡发明的，相对可靠的说法是秦始皇统一度量衡时推广十六两秤。因此在漫长的二千多年时间里，中国一直用十六两秤。

古代的十六两秤极具文化内涵。十六两杆秤由秤杆、秤砣和秤盘或秤钩组成。秤砣也叫权，秤杆叫作衡，权衡轻重这个词就由此而来。秤杆上的秤星，每一颗都代表一颗星，它们是北斗七星，南斗六星，再加上福禄寿三星，其寓意是：称重时，斤两要实，倘若短斤少两，少一两叫损福，少二两叫伤禄，少三两叫折寿。秤心必须是白色或黄色，不能用黑色，比如做生意要公平正直，不能够用黑心。秤杆上的第一颗星又叫定盘星，其位置是秤砣与秤钩达成平衡时的点。做杆秤的关键是选准定盘星，只要确定好定盘星，就是一把好秤。宋朝朱熹在《水调歌头·雪月雨相映》词中写"记取渊冰语，莫错定盘星"，可见定盘星的重要，人们往往把定盘星用来比喻做事情的准绳。在做买卖时，商人一提起秤来首先看到的是定盘星，就是提醒商人要权衡良心，无论做什么生意都不得缺斤短两，暗示人们做生意要诚实，不能昧着良心干那损人利己的事情。

制作秤叫作钉秤。钉秤是有许多道工艺的，旧时也是一门手艺，一种职业。

龛

佛教传入中国后遍及各地，也传遍了浙东运河流域，一些人开始皈依佛教，成为佛教信徒，特别是家庭中上年纪的女性，很多都会拜菩萨、做佛事、念佛经，甚至在家里供奉菩萨。供菩萨要用龛。龛是供奉佛像的小阁子，叫佛龛，一般为木制。汉扬雄著《方言》称："龛，受也。"即容纳、盛受之意。佛教传入中国后，掘凿岩崖为室安置佛像，名供龛。在中国云冈、龙门、敦煌等石窟中均能见到。此后，又出现了用石、木或其他材料做成橱子形小阁供奉佛像。

龛的形式模拟建筑并缩小，如宫殿式龛、楼阁式龛、亭式龛和各式塔龛等，有僧人苦修的草庐式龛，也有模拟亭式龛造型的供龛，如园亭龛、四方亭龛、长方亭龛以及四角、六角、八角亭龛等。龛顶部的变化丰富多彩，有歇山、悬山、攒尖、盝顶等。供龛的装饰题材除了常见的龙的形象之外，还有藏传佛教的"八宝"，及各种传统祥瑞名物等。如象（祥）、蝙蝠（福）、桃子（长寿）、葫芦（福禄、子孙连绵）、荷花、缠枝牡丹（富贵）、灵芝（如意）等，此外还有八宝卷云、如意云、流云、花卉纹等。

佛龛的摆放位置很重要，也很有讲究，在家敬佛拜佛，把佛像请回家中，是虔心修佛的一种很好的方式。佛龛摆放位置大都在正堂当中的方桌上。龛后要有靠，不能空虚，也不能靠厕所、厨房，不可以放置在横梁下，还要清静、整洁。上香数量以三炷香为宜，如平时忙，可在初一、十五上香。供奉的水果要保持新鲜，不可以等水果坏了才换。佛前要供一杯清水，有条件要供奉鲜花。佛龛一旦请进家，不可随便放弃。这既是那时普通民众的信仰，也是一种习俗。

蜡烛台

浙东运河流域人家几乎家家都有一对蜡烛台，插上蜡烛，晚上用于照明，也用于四时八节各种神灵、菩萨、祖宗的祭祀。

燃烧的蜡烛需要有个架子安放，这个架子首先要能盛住流下来的蜡烛油，其次要能手拿着移动，方便照明，古人发明出名为蜡烛台的蜡烛安放用具。蜡烛台最简单的造型是中间插有尖针的托盘，后来慢慢演变出各色各样繁复的造型，有飞禽走兽动物造型，有树木莲

蜡烛台（摄于 2020 年）

花植物造型，有一柱一管或一柱多管造型。烛台的材质也各种各样，银、铜、钛、锡等金属材质，木质、瓷、瓦、陶等材质不一而足。根据不同材质、不同造型，蜡烛台面上会用不同的方法，如锻造工艺、雕镂工艺、彩绘工艺、倒模工艺等增添各种纹饰，以至于蜡烛台不只是一件生活用具，还是一种具有装饰性的艺术品。《天宝遗事》记载："甲王以檀木刻童子，每夜饮，列执华烛，故名烛奴。"说的是唐代的贵族喜欢用名贵的紫檀木

做烛台，将它雕刻成童子的形状，晚上宴饮宾客时点燃巨烛照明，这童子状的蜡烛台名叫烛奴。

蜡烛台除了照明的作用之外，给人记忆最深刻的是用来祭祀礼佛时的用途。当某个节日或重要纪念日来临时，运河流域的人们会在家里或特定的场所举行相应的仪式。不管什么仪式，像婚嫁喜庆场景、过年迎神送神场景、祭天祭地祭祖场景、礼佛拜佛场景、亲人离世白事或上坟场景等，都必须先点燃蜡烛，插在蜡烛台上，摆放在所行仪式前的桌子上，只是白事点的是白蜡烛，其他一般点红烛。这点蜡烛的意涵和点香大致相同，是与神灵、菩萨、故世亲人之间建立沟通渠道的一种方式。蜡烛台上的蜡烛静静燃烧，喻示着仪式就要开始了。

针线盒

《礼记·内则》载："女子十年不出，姆教婉娩听从，执麻枲，治丝茧，织纴组纴，学女事，以共衣服。"在男耕女织的传统生产模式下，缝补、织绣是女性的专属劳动。针线盒作为储放针头线脑的容器，与针线不离手的女子朝夕相伴。浙东运河流域的姑娘出嫁时，针线盒是必须有的嫁妆。

针线盒的形式有很多，它不仅是一种女工器具，还是一种陈设品。专业手艺人所制作的针线盒，有竹编的圆盒形，有柳编的笸斗形，也有木制的覆斗形。"慈母手中线，游子身上衣。临行密密缝，意恐迟迟归。"自古针线便是女红的必需品，会不会女红便是判断女子是否可以成为贤妻良母的标准之一。对于待嫁女子来说，女红手艺的好坏更关系着其一生的幸福。无论是贫民老百姓女儿还是富家的千金小姐都要备它，婚后针线盒更是生活和消遣的一部分。针线盒里除了针头线脑，还会有缝纫用的顶针、剪刀等相关用品。

毕竟针线盒是个工具盒，能拿针穿线缝制才是根本。不说刺绣、裁衣等高级针线活，最基础的针线缝制手法还需得会几种的。比如平针：最常用最简单的一种手缝方法，通常用来做两块布料的缝合，以及做褶裥、缩口等。疏缝、假缝：和平针的针法一样，但针距较大，这种手缝方法通常用来做正式缝合前的粗略固定。锁边缝：这种方法一般用来缝制织物的毛边，以防织物的毛边散开。包边缝和扣眼缝：这是两种极为相似的缝法，用途和锁边缝一样，但后两者的装饰性和实用性都要更强一些。

第四节　出行习俗

古越人"水行山处，以船为车，以楫为马"，其主要交通工具应该是船。

一、交通

水路

浙东运河自从贯通后，极大地促进了杭州、绍兴、宁波三地之间的人员往来和货物运输，成为极其重要的水上交通要道。因为有了这条交通主动脉，宁绍平原各水系得以全面贯通，形成了以运河为中心的水上交通网络，促成

绍兴城内繁忙的船运（摄于 20 世纪 20 年代）

了绍甬两地通江、达海、连山运输的互联互通大格局。

除浙东运河外，浦阳江、鉴湖及汇聚至鉴湖的各条支流，是萧绍主要

浙东运河柯桥古镇段航道（摄于20世纪20年代）

水路通道，曹娥江是贯通天台、嵊州、新昌的主要水道，姚江、奉化江是宁波除浙东运河以外的主要水路。北宋中期，两浙东路即通过以上水路向朝廷运送粮食、布帛和赋税。南宋高宗驻跸越州时，温、台、闽、广等地的粮食，皆由海道运至余姚县卸下，然后再由运河转运到越州。等移驻杭州以后，因定海至临安航道淤浅，钱塘江舟行困难，温、台、闽、广等地的粮食便在明州卸下，然后再由运河转运到临安。明清时浙东运河水路畅达，明代王登来绍兴，他在《客越志》中说："此地舟行如梭，卷篷蜗居，不可直项。插一竹于船头，有风则帆，无风则纤，或击或刺，不间昼夜。"明清以后，杭州至宁波间的浙东运河路线已经非常稳固，其路径如下："自杭州武林驿出发，往南二十五里至浙江水驿，渡浙江十八里至西兴驿，经五十里，至钱清驿，再五十里到绍兴府蓬莱驿，又八十里到东关驿，渡曹娥江十里，至曹娥驿，经九十里到姚江驿，再六十里至车厩驿，又六十里达宁波府四明驿。"

古道

浙东运河南边是四明山脉和会稽山脉，丛山中形成的诸多小溪、河流向北注入钱塘江，舟船进入山脚，只能弃舟登陆了，在山与山之间，形成了一条条的山道，时间久了，便成了古道，这些古道与运河有着千丝万缕的联系。南来北往，西去东来，古道的鹅卵石路与运河的舟楫完成了转换与交接。古道无数，有名的不多。以下就是其中部分古道。

在绍兴境内的有，雪窦岭古道位于柯桥区南部山区稽东镇，过去曾是稽东去龙峰的必经之路，山路全长三千米左右。陶隐岭古道因南朝齐梁间道家陶弘景隐居于此而得名，故当地又称陶隐岭古道，始建于南朝，完工于明清，依山势盘旋而上，气势宏伟。日铸岭古道记录着越王勾践率众北抗吴楚的坚韧与努力，古道上下马桥、议事坪、卧龙坪、太平井等遗迹流传着康王赵构逃难、刘伯温心系天下等历史故事。相传，越王勾践之父允常时，欧冶子在日铸岭一日铸成五把越王剑。上青古道被誉为绍兴的茶马古道，从上灶到青坛，盛名已久。古道上百年的红枫、古老的村落、斑驳的老房子、成片的竹林和杉木林，至今依旧。虞嵊古道是连接上虞岭南与嵊州下王的道路，已有五百多年的历史，古道两边是千年梯田，古道左侧梯田边，有一条长数百米的冰川石廊。谢公道是蜿蜒于天姥山下斑竹村的古道，是天姥山麓的精华地段，昔年谢灵运游历新昌投宿于此，途中有司马悔桥、刘阮遇仙的刘门坞村等遗迹。

在宁波境内的古道有，亭溪岭古道从横溪周夹村到东钱湖城杨村，旧时为鄞州、象山、奉化三地之间的重要通道。徐霞客古道为宁海到天台的要道，建于唐代，出宁海西门，途经黄坛白沙、屿岫岭，至梁皇山，均鹅卵石铺面，长达数十千米。大松湾古道在鄞州龙观乡，是鄞州进入四明山的主要通道，全程十多千米。芝林古道在余姚大隐芝林村，处四明山北麓，境内山峦连绵，竹木茂盛，溪流纵横。灵岩山古道在象山泗洲头镇，东临大海，巨岩如鼓，沿途有瀑布、天池，景色迷人。栖霞坑古道在溪口镇，是新昌、余姚通往奉化、宁海的主要通道，沿途密林遮道，群山环抱，峡谷悠长。

桥

桥是水乡的重要交通设施，往往建在重要之处，方便人们往来。同时，桥头容易形成桥埠头，船舶多在桥埠头停泊。埠头边上会有人开设店铺，时间长了，慢慢就变成了街市集镇。浙东运河流域有许多集镇的名字就由此而来，如柯桥、下方桥、谢家桥等。

浙东运河一带乡风向善，好行公德，修桥、铺路、造凉亭，都被认为是行善积德之举。旧时有许多古石桥和凉亭都是乡贤或民众集资兴建的。一般由地方族长或乡绅根据多数人的意愿组成桥会，聘请有经验者设计，然后筹集材料，组成造桥队。资金一般是自愿捐助，也有按田亩公摊的。少数富裕人家也有独自或几家合力承担，财力贫乏者也可以劳代资。瓜渚湖、青甸湖避塘以及运河上的古纤道，都是这样建造或修缮的。桥建好后，一般会立碑记事。碑上刻有建桥原因、经过、捐资者及其捐助数额，以流芳百世。这种碑文有的出自文人大家之手，具有很高的史料和文学价值。如陶望龄的《东渡桥记及铭》、徐渭的《史氏桥记》等。

运河边的人们还喜欢在桥旁聊天，夏日纳凉。因桥头人来人往，消息

绍兴城内八字桥（摄于20世纪50年代）

灵通，往往设有茶楼酒肆，品尝之际可以交流所见所闻。尤其夏日傍晚，在桥头休憩、纳凉，笑谈趣事逸闻。一把芭蕉扇，一壶浓茶，一根烟管，或坐桥阶，或靠桥栏，便是旧时习俗的一道缩影。

许多桥在桥头还建有桥头亭，甚至在桥上建廊桥，构筑简朴大方，十分实用，可供行人憩息、避雨、躲风、防晒。还有一种闸桥，下面是水闸，上面是通道，是桥与闸的组合。

桥名大都寓意吉祥，如太平桥、安宁桥、众安桥、广济桥、称心桥、永和桥、万福桥、进禄桥、万寿桥、长生桥、保善桥等，寄托着人们善良和美好的愿望。有的还根据方言谐音编一些和桥有关的童谣，绍兴城内最有名的是十座桥：大木桥，凤仪桥，三脚桥，螺蛳桥，鲤鱼桥，福禄桥，戴山桥，八字桥，酒务桥，日晖桥。

石桥

运河流域人们出门一离不开船，二离不开桥。陆地行走，没桥不成路。所以单是绍兴一地，就有万桥之乡的称誉，更有万古名桥出越州的美誉。历代史书都有大量桥名记载，并且不少古桥传承了下来。因施工工艺不同，有浮桥、木桥、石桥、折边拱、半圆拱、马蹄拱、椭圆拱、准悬链线拱等古桥。

这里的桥大都是石桥，根据不同用途，有各种不同样式的桥梁，大致可分为梁桥、拱桥、组合桥三种。梁桥一般建在跨度很大、水深较浅的地方，由桥柱和桥板组成，物体重量从桥板传向桥柱，最有代表性的梁桥现存的就是古纤道桥。拱桥造型优美，曲线圆润，富有动态感。有陡拱，有坦拱，有多孔拱桥，也有长拱桥，有拱肩上敞开的敞肩拱和不敞开的实肩拱。拱的形状有半圆、折边形、圆弧、椭圆、抛物线、蛋形、马蹄形和尖拱形。现存的拜王桥、宝珠桥、广宁桥属于折边形拱桥；光相桥、小江桥属于半圆形拱桥；而泗龙桥、太平桥、接渡桥属于平梁与拱券结合的组合桥。

石拱桥的建造一般采用榫卯结构方式，由此使石桥更为稳固。

浙东运河上的太平桥与碑亭（摄于 1957 年）

桥墩的形制一般都是迎水面做成尖角以分散水流冲力，背水面做成方形以增强抵御水流的冲击力。桥面上梁桥不做任何装饰，也不设栏杆。拱桥一般会做石栏板，栏板望柱上会雕刻狮子一类的动物。

纤道桥

纤道桥在浙东运河绍兴阮社一段，与运河平行，俗称百孔官塘桥，为石板石礅组成的长桥，其主要作用为纤夫拉纤用，此外也可用于风浪大时船只的避风。纤道桥始建于晋代，贺循疏凿西兴运河，在阮社段南侧建有纤道。现存纤道桥为唐元和十年时浙东观察使孟简整治运河时修建，西起钱清江，东至曹娥江，全长 75 千米。清同治年间重修。《纤道桥碑记》云："自太平桥至板桥止，所有塘路以及玉、宝带桥计贰百八十一洞。光绪九月八日，乡绅士章文镇、章彩彰重修，匠人毛文珍、周大宝修。"这一段是目前保存最完整的一段。此桥为特长型石礅石梁桥。其中阮社段东起双梅上谢桥，西至钱清板桥，全长 7160 米，由 1285 孔石梁桥组成，其中 2 跨高孔，其余低孔净跨 2 米，桥面用三块石条拼成，宽 1.5 米，桥墩用条石干砌，桥底接近水面，只有东端第 45 跨较高，可通小舟。桥两端原有茶亭各一座，现已不存。

纤道桥因功用而得名，即为古时拉纤而造，是古人行舟背纤的通桥。古纤道桥就砌筑法可分为单面临水、依岸砌筑和两面临水、破水砌筑两大类。后者又分为实体砌筑式和石梁平桥式两种。古纤道的东段，大多是属单面临水，依岸砌筑之法。在泾口大桥地段、樊江至东湖一带，尚存部分保存完好的石砌堤面。此种砌筑法，用于河面不甚宽阔之处。古纤道的西段，大都用两面临水、破水砌筑法，自柯桥上谢桥至湖塘板桥，两面临水的古纤道，每隔一里地就有一座横跨运河的石梁桥或石拱桥，在石礅纤道桥孔中通行小船。遇到风浪时，船只可贴近纤道或在凸起的桥洞中躲避，以免于危险。

古纤道在古人眼里既有诗情画意的一面，如清代齐召南曾作有"白玉长堤路，乌篷小画船"的诗句来形容古纤道的景色；也有背纤人艰苦生活的一面，唐朝诗人李白在《丁都护歌》诗中有"吴牛喘月时，拖船一何苦"的感慨，以质朴的语言描绘了一幅辛酸的纤夫拉纤拖船图，这也是历代浙东运河两岸船工的生活写照。

绍兴水乡古纤道（摄于 20 世纪 20 年代）

二、交通工具

船

浙东运河沿线地处江南水乡，水系发达，河流纵横，出门遇河，抬脚用船。自古沿岸先民就以稻做饭，以舟代车。河姆渡遗址出土的木桨证明了五千多年前宁绍先民已开始舟行水上。旧时人们出行很大程度上依靠船只。无论是小到绕村串巷的小河上的乌篷船，还是连接乡村与城镇的江河上的客船，甚至是跨越省市的航行在大海上的轮船，都是人们出行的重要交通工具。

乌篷船

在绍兴这座"三山万户巷盘曲，百桥千街水纵横"的江南古城中，船是必备的交通工具。绍兴的船形式多样，以大小来分，有大船、小船之别；以船篷来分，有篷船、袒船之别；以船篷颜色来分，有乌篷、白篷之别；以用途来分，有客船、货船之别；以船行时间来分，有白天埠船、晚上夜航船之别。其中的乌篷船最为普及，适用性最广。

乌篷船的制作分两部分，船身的制作大同小异，船篷的制作带有明显的地方特色。船篷的材料主要是竹子，篷的骨架由细竹竿火烤后折弯而成，再用竹篾编两片篷，中间夹以竹箬，四边用竹片夹紧固定，用熟桐油、烟煤调和的黑油膏刮在篷的外面，便成了乌篷。这乌篷晴天能隔热，雨天不渗水，防虫防霉，久用不坏。船篷的多少取决于船的长度，从三扇到九扇不等。乌篷船上的船篷有的是固定的，有的是可以活动的。一般活动的船篷推到固定船篷上面，人可以站起来，方便上下船，也方便搬运物品。考究些的乌篷船会装上明瓦以透光，使舱内亮堂些，这类船一般叫"三明瓦"乌篷。还有轻巧一些的叫"梭飞"，船行的速度更快些。周作人写过《乌篷船》的文章，记述乘坐乌篷船的感受，十分真切。

驾驶乌篷船必须有独特的技术。技术高明的老船工，仅用一只胳膊夹住桨就可以掌舵，用两只脚踩住划桨，一伸一缩，乌篷船就在水上滑行出

在运河上作业的乌篷船（摄于 1930 年前后）

去了，腾出来的双手可以一边喝老酒，一边享用放在船板上的青鱼干或茴香豆。

乌篷船造价低廉，制作简单，大的可载一二十人，小的可载三四人。作为绍兴旧时主要的水上交通工具，乌篷船犹如黑色的精灵可以便捷地穿梭于八百里鉴湖及其支流之中，可以灵活自由地出没于运河两岸的村庄集镇、城市水巷之中。

埠船

埠船是绍兴水乡内河运输的一种船，主要行驶在农村与城里或集市之间，沟通村与村、村与城之间的交通。埠船体型比乌篷船大，一般使用摇橹，由两个船老大一起摇船，少则可载十几人，多则能载几十人，兼可随身携带些货物。大部分埠船从始发点到终点有固定线路、固定时间，沿途还会有停靠点，方便附近人们进出。城里主要水城门的内外侧都有相对开阔的水面，边上建有埠头，可以让各地来的埠船在埠头停泊。有些埠头在城内，比如城北大江桥头，便是一些埠船的集散地。埠船大都一早从某个村子出发，上午到达城里或集市所在地，下午返航，如此周而复始。

埠船对沟通人员往来、货物往来的作用很大。尤其是乡下农民出产的农副产品、家禽家畜、鲜鱼活虾都要拿到集市或城里贩卖，再从城里、集市里卖些盐、布、铁器等日用品回去。水乡人家只有通过埠船才能去目的地，因为并不是每家都有船，即使有，河途较远，摇船来回的时间与体力都是大问题，不如乘坐埠船更方便、更经济。还有一个原因是，绍兴水网密布，许多地方不通陆路，水路是唯一的出行选择，所以坐埠船出门也是唯一选择。

行驶路途相对远一些的埠船大些，七八米长，一二米宽，船篷有白篷，也有乌篷。船篷可移动，方便上下船，晴天时，推开船篷既通气又可看风景，雨雪天时，合上船篷可挡雨雪。船底平铺木板，左右两侧架有长

船头雕刻有鹢图案的四明瓦乌篷埠船（摄于 1920 年前后）

条形的木板，上面可以坐人，每边可坐十几人。乘坐埠船的人各地都有，为消磨时间，一些有些知识又见过世面的人会谈天说地，说一些趣闻逸事，让随行者增长见识。也有一些健谈者插科打诨，或说些黄色笑话，赢得大家哄堂大笑。也有见到熟人，相互问个好，聊聊种植养殖如何，收成怎么样，交流各种信息。时光就在这样的场景中不知不觉过去了。

航船

浙东运河流域水乡泽国，自古以来以船为主要交通工具。余姚河姆渡遗址曾出土过六条木桨。2002 年，萧山跨湖桥文化遗址中，考古学家挖掘出一只距今 8000 多年前的独木舟，足以证明这里船行历史之悠久。

相对于埠船和乌篷船，航船是指航程较远载货或载人的船。以航行区

域划分，可分为河船、海船；以运输对象划分，可分为客船、货船；以用途划分，可分为战船与漕船；以航行时间划分，除了白天航行的船以外，还有专门的夜航船；以速度划分，除了正常行驶的船以外，还有速度很快的快船。航船对于这里人员流动、货物流动的重要性无与伦比，也诞生了完善的船运行业。一般人出行，会根据需要租一条船，旧时不叫租而叫买舟。货运则通江达海，天南地北都可以到达。

在大大小小的航船中，有一种航船特别有名，叫夜航船。夜航船属于要么距离较远、要么时间紧迫急需赶路的运输船，需要夜里行船，一般傍晚开船，次日早晨抵达，这类船习惯称作夜航船。因为夜里航行在黑漆的水面上，为便于识别，更为了安全航行，夜航船的船篷不用黑色而用白篷。周作人曾有《夜航船》一诗："往昔常行旅，吾爱夜航船。船身长丈许，白篷竹叶笘。旅客颠倒卧，开铺费百钱。来船靠塘下，呼声到枕边。大船明残烛，邻座各笑言。秀才与和尚，共语亦有缘。尧舜本一人，澹台乃二贤。小僧容伸脚，一觉得安眠。晨泊西陵渡，朝日未上檐。徐步出镇口，钱塘在眼前。"这首诗反映的就是夜航船以及夜航船生活。夜航船乘客多，三教九流无所不有；航行时间长，又是在夜间，这给大家闲聊提供了很大的便利，奇闻逸事、官场秘闻乃至荒诞传说都是夜航船中的谈资。诗中提到的明末清初绍兴人张岱所著《夜航船》一书，即缘此而定名。

画舫

画舫是一种仿制陆上楼阁、装饰华丽的船。这类船在旧时的运河一带，与普通百姓无关，它是达官贵人或大户人家在水里游玩、宴饮的游船。因形制庄严，用材名贵，外观雕龙画凤，十分奢华而得名。又因画舫在水中移动，宛如水里移动的房子，在天光水色的映衬下无比美丽，常常入历代诗人的诗中而为人称道。唐人刘希夷《江南曲》吟曰："画舫烟中浅，青阳日际微。"宋代的绍兴诗人陆游常以画舫入诗："舫子窗扉面面开，金壶桃杏间尊罍。东风忽送笙歌近，一片楼台泛水来。"

画舫系仿建筑而造，船板铺平后，上部就是亭、台、楼、阁的造型，一般船头和船尾退进一定空间，是方便人们进出或站立观景的场所，然后会布置飞檐翘角的亭子，中间船身部分为三段，前舱作歇山顶建筑屋顶形式，可赏景，中间较低的建筑作为中舱，可宴客，尾舱多为楼阁，可登高远望湖光山色。画舫出游时，富贵人家、文人墨客、靓男倩女莺莺燕燕，穿梭于百里鉴湖中，本身也成了水上的风景。

还有一种画舫与园林相关。它是由画舫、楼船演变而来的一种临水或水中近岸建筑。这种建筑的外形与真实画舫完全一致，只是固定在岸边或水里，不能移动，在水里的画舫有各式小巧玲珑的桥与岸边相连。这种小巧建筑的体量、形态较好地融入园林之中，被称为最有浪漫情怀的建筑。这类建筑又称"旱舫""石舫""不系舟"。

拖船

拖船是水乡主要的货运工具，单船行驶的动力有摇橹、风帆、拉纤等，拖船的动力在没有机器之前，主要靠水牛和竹篙。水乡河道都是上游冲下来的沙子，河两岸也是沙性土壤，河流比较浅，许多河流稍大一点的船就不能通行，于是牛拖船现象很普遍。

牛拖船是以一头水牛拖拉几只小船，通常为六艘船组成的一个船组。一人坐在前面的船头上，持鞭指挥水牛；另有一人手持撑篙，在后面的船上来回走动，随时矫正船组，以免搁浅。牛拖船的船只，式样统一，大约一丈长、五尺宽，船身较浅，船面平直，宛如一般的船只斩去了头尾，只剩中间一个舱节，这种船船体小，吃水浅，载重量不大，主要运输农具、粮食、酒坛，以及一般的生活用品。

水牛之所以能拖动这串船，是因为沙质河道清浅，河底较实，没什么淤泥，牛脚踩着河底慢慢地走，使得上劲，又因为水牛能短距离游泳，遇到十字河口等较深的河段，牛可以游泳拖着船安然而过。船到终点后，船主的第一要务是卸去牛轭，牵牛上船，并喂以油饼、玉米等精饲料。

另一种别竿船，是牛拖船时代较为普遍的行船方法。别竿船不用橹，不用桨，也不用纤，而用一支撑竿"别"。其方法是将撑竿插在船尾上，人在岸上握住撑竿梢头推行，船即前进。因为别竿行船的需要，这种船的船尾与其他船不同，造船的时候，特意将船尾延长一尺余，形成一个中空的倒三角，倒三角的两侧钉以厚板，撑竿就从三角孔插入，别住厚板。别竿船行船时，要将船头稍向里侧，船尾则偏向河中央，这样才吃得住水，别得住船。别竿人手握撑竿，将撑竿梢头抵于胸前，倾伏着身子推行，船就缓缓向前行了。

泥鳅龙船

端午赛龙舟是传统习俗，各地都有。浙东运河流域也有赛龙舟习俗，起源很早。《越谚》云："划龙船始于吴王夫差与西施为水戏，继吊屈原为竞渡，隋炀帝画而不雕，与此异。"这里龙舟之盛远胜他乡，而且龙舟的造型也与别处不一样，名叫泥鳅龙舟。

运河边的村庄，每个村一般都会有一两艘泥鳅龙船，为村民自发建造，视为本村至宝。因运河一带河道水域狭窄，尤其是进村的小河汊，大型龙舟难以驶入，更不好掉头。因此，此地龙舟的形状比较修长，能在河汊溇湾之间随意行驶，因为修长形似泥鳅，又十分灵活，便有了泥鳅龙船的名称。原先的泥鳅龙船既没有龙头又不设鼓手，只在船身绘有龙头和龙鳞图案。

泥鳅龙舟材料主要以杉木和樟木为主，杉木轻且纹理直，用来做船身。做龙舟最重要的是龙骨，要两头尖中间宽，呈橄榄形，开线落墨时必须三点一线，使龙舟的头、尾和中间保持在一条直线上，否则船身就会不稳。船体由四块杉木拼在一起作底板，木板之间的缝隙填充特制桐油灰。樟木则用来做挡脚板和坐板。龙舟长约二丈，宽约二尺，船首有一龙头，船尾有一人把舵，十余人执桔划船，船行如飞。旧时赛龙舟时还会弄出些花样来，如龙舟划到水深的地方，故意将船侧翻，划船的人从船底下泅泳，推着龙舟前行，不一会又将龙舟翻回来，用戽斗将水舀出，重新用力划龙舟。

轿

轿子的历史十分悠久。《尚书·益稷》中记述大禹治水时，说："予乘四载，随山刊木。"《汉书》记载会稽太守严助"舆轿而逾领"。《明史·舆服志》明确说："轿者，肩行之车。"轿又称"肩舆""平肩舆"等，是古代靠人抬着行走的交通工具，就是一种"肩行之车"。

北宋时轿子开始流行，宋哲宗时"京城士人与豪右大姓，出入率以轿自载，四人舁之"。到南宋，因为定都在杭州绍兴，水乡泽国，车马难行，不如轿子方便，这时轿子的使用完全超过了车马，成为主要出行工具。朱熹说："自南渡后至今，则无人不乘轿。"就连从事医卜星相的各种民间艺人，也动辄乘坐二人小轿招摇过市。此后，轿子便成为人们出行的日常工具。

轿分官轿和民轿两种。官轿是皇家、官员的主要交通工具，由于坐轿者身份不同，所乘的轿子也不同。轿子是权力的标志，有严格的等级，对轿的大小、帷帐用料、质地和轿夫的人数等方面都有明确规定，不同品级的官员坐不同等级的轿子。民轿也有多种，一种是富门商贾备用的私人轿，以蓝布作轿身，有两人抬或四人抬的。另一种民轿为黑色小轿。这种轿齐头、平顶、黑漆、皂布围幔，轿身轻巧，由轿铺供人租用。

此外，民轿中还有特殊用途的花轿和素轿。花轿也称喜轿，专用于办婚嫁大事。花轿装饰华丽考究，轿身绣有凤鸾牡丹、福禄鸳鸯、麒麟送子等吉祥图案，四周用红绸扎结，四角悬挂玻璃连珠灯，下坠大红彩球，有的还镶上宝石，轿子上装饰金凤银人，富丽堂皇，故谓花轿。拥有这种轿子的轿铺通常实力较强，轿夫队、鼓乐队一应俱全。素轿又分为两种：一种是女子出行时使用的，轿子四周围以青布；另一种是送葬出殡时使用的丧轿，这种轿子以白布围轿身，考究者还要在轿上扎白绸球。古时，人逢婚丧等事，少不了坐轿，通常向轿铺租用。

古代的轿夫大都为世袭制，子承父业。轿铺中轿夫的人数有一定额度限制，轿夫也有正班和外班之分，正班轿夫的工钱比外班轿夫多得多。各轿铺正班轿夫的数量有严格限制，每遇空缺，由外班的轿夫递补。

旧时接送名医的快轿（摄于 20 世纪 40 年代）

车

自古以来，车是人们搬运货物的重要工具之一，在中国二千多年以前，就有了最原始的车的概念。传说夏朝时，奚仲对车轮进行了改进，将车轮改为有辐条的轮子。春秋战国时期，出现了上千乘战车作战的场面。《考工记》中详细记载了一系列造车的技术要求和检验手段，比如用规去校正车轮是否圆整，用平正圆盘检验车轮是否平正，用悬线验证辐条是否笔直等，还对车轴、车辕等各个部件有详细说明。汉以后，车辆的品种得到了很大的发展。车是陆地运行的工具，宁绍平原因其水乡泽国特殊的地理环境，不方便大规模行车，所以流传的车辆相对简单些。

独轮车是只有一个轮子的车，车轮在中间，两边装着木头货架，两根车把手向后，把手尾部扎一条带子可挂在人的肩上，人推着向前走。独轮车既可载人亦可载货，旧时有些工匠推着独轮车载着工具走乡串户揽活，比较灵活方便。也有丈夫推着独轮车上刚结婚的新媳妇回娘家。

两轮车有拉人和拉货两种。拉人的俗称黄包车，最初从日本传入，因车身大多为黄色，又称黄包车、东洋车，是旧时城市内主要客运交通工具。拉货的两轮车主要在运河南侧的山区使用较多，为山区农村运送货物的主要工具。

三轮车一轮在前，两轮在后，前部为轮轴脚踏装置，靠人力踩踏脚装置而行，后为带车篷双人座位。人力三轮车载客的宁波人称为黄包车，载货的则称为黄鱼车。

第五节　婚嫁习俗

"洞房花烛夜，金榜题名时"，被古人誉为人生两大幸事。据传作者是宋朝汪洙，汪洙字德温，是浙东运河流域的鄞县人。不管是古人还是现代人，结婚都是"将合二姓之好，上以事宗庙，而下以继后世"的头等大事，要有最隆重的礼仪。

中华民族结婚程序从周朝开始便形成完整的"六礼"：纳采、问名、纳吉、纳征、请期、亲迎。旧时宁绍一带的婚嫁习俗，其繁缛程度，一点不逊色于六礼。官宦富绅家婚姻嫁娶每道程序都有约定俗成的礼节，男娶从央媒说亲、定亲订婚到结婚礼成，程序和规矩很多，仅结婚仪式就得举行三天；女嫁从受茶许婚，到女儿出阁，婚后回门，也有非常多的规矩。当然，贫困人家结婚要简单得多，甚至有"抢亲""典租"这种操办不起婚礼的特殊习俗。另有一种叫"霍亲"，俗称"冲喜"，用结婚喜事给男方重病父母或重病新郎"冲"掉霉运或病痛，这是一种迷信陋习，但在旧时并不鲜见。

一、婚前习俗

提亲

提亲是男方家长请媒人向女方家长提出结亲的意愿。

中国古代有"天上无云不下雨，地上无媒不成亲"的俗语，男女婚姻历来遵循父母之命、媒妁之言。浙东一带旧时男方看中女方，会央媒人向女方父母提出，如果女方父母同意，就将女儿的生辰八字交媒人送到男方家，这在民间俗称出婚头。男方会把写着女孩生辰八字的纸压在大厅的桌上，三天内若家中诸事顺利，被认为"合婚"。然后再将男女双方的八字（出生的年、月、日、时辰）交算命先生合算，若八字相合预示着可成亲，婚姻会美满。若生肖八字相克，则此事便搁置，不再谈婚论嫁了。旧时男女婚配首先看两家经济条件、社会地位是否门当户对，再看男女八字是否相合，如果两者都满意，才会被认为是一段良缘，可婚配。

在浙东运河流域，说合婚姻叫"做媒"，说合的人叫"媒人"，媒人一般是年长一些的女性，因此"媒人"也叫"媒婆"。

换庚帖

男女双方的婚事经提亲初合后，选定吉日男女要互换庚帖，也叫合八字。吉日当天男方央遣媒人，把写着男孩姓名、生辰八字、籍贯的庚帖装进用红布包裹的小匣子，再有一封"敬求金诺"大红金帖即求帖，加六个至十个果包一并送到女方家。女方收下后，把女孩的名字及生辰八字的庚帖放入原小匣子内，并回帖写"谨遵台命"，这叫允帖。女方随庚帖带回一双"银钉"，意思是女儿将来可以为男家增添人丁一并送回男方，这一程序叫作换庚帖。

换庚帖后，经算命先生仔细测算，无"六年大冲""三年小冲"，男方年龄成双，女子不是十九岁，此段婚姻便被认为是天作之合，必定十分美满。

定亲

定亲是旧时男女双方确定未婚夫妻的关系的一个仪式，古代也叫"纳征"。

在浙东一带，定亲通常是男方到女方家承办，是结婚前的重头戏。定亲前会先议亲。议亲就是议定亲礼，也叫"小礼"。在宁波小礼一般为"四洋红"或"六洋红"，即绸缎衣料 4 件至 6 件，金戒指 2 个，金耳环 1

对；聘礼以小礼36（银元）、中礼64、大礼120计数；食品以64计数，即包头64对、油包64只、麻饼64对等；还加有老酒2担至8担不等。

议亲后，按选定的吉日良辰举行定亲仪式，一大早男方家会有长辈及至亲和准新郎众人一起出发去女方家，事先或同时派人将议亲礼品、用红绿纸包裹好的"过书"也一并送到女方家里，过书是旧时定亲的书面凭证。定亲酒在女方家举办，规模不大，但极为隆重，至亲及好友都会被邀请到场，见证双方喜结秦晋之好。

选结日

男女定亲后，一般没有特殊情况，会挑良辰吉日当年就完婚。结婚是一辈子的大事，所以旧时挑选结婚日是非常讲究的，不仅要合男女生辰八字，还有很多日子、月份是不能结婚的，应避免或错开。在浙东运河流沿岸，选日子应避开农历的三、七、九月，因这几个月份分别适逢"清明""盂兰"和"重公"，均为传统的"鬼节"，不宜办喜事。在绍兴要避开农历五六月，民间叫五黄六月，在风水学上看这两个月份，被认为是凶月，加上天气炎热、农忙辛苦，不适宜结婚。另外还要避开双方各自的生日及父母生辰。如果双亲或单亲已有过世的，应该避开去世父母亲的生忌日、死忌日。

选结婚日是由男方家来做的，选定后，郑重地用红纸写好详细内容，包括结婚男女名字、结婚日子时辰等，专程送到女方家。

送聘礼

聘礼，是男方在婚前以结婚为目的赠送给女方的聘金。聘礼俗称"彩礼"。在我国传统婚姻六礼中，专门有送聘礼一环，叫"纳征"。古人非常重视聘礼，甚至将它看作婚姻成立的关键环节。《礼记》里专门记载"非受币，不交不亲"，意思是若不给聘礼，双方都不必继续交往了。

在浙东一带的传统婚俗中，男方送的聘礼女方接受了，说明男女双方婚约正式缔结，只差个仪式了，所以不得悔婚。当然万一出现女方悔婚，聘礼应尽数退还；男方悔婚，聘礼一般不退。

聘礼，应是双数，以取其"好事成双"和"龙凤呈祥"之寓意。具体礼金、礼品金额和数量，取决于女方要求和男方经济实力，民间也大概有一定标准。聘金、金银玉器首饰、绫罗绸缎、绍兴老酒、各色桂圆、荔枝、枣子、花生等物品包成"元宝"形的包头，读书人家也可是收藏的字画，农户猪羊牛之类食品均可以当作聘礼。聘礼大多有清单，送聘礼时会一并送到女方家。

在宁波，聘礼送达女方家时，女方会问清未来公婆、挈郎（未婚夫）和揭方巾的福气婆脚码尺寸，提前做好鞋子，婚礼时赠送给他们。

至于聘礼用途，主要用来置办嫁妆和支付酒宴费用。

婚房铺床

宁绍一带对婚房的布置极为重视和讲究。婚礼前一日，女方备礼前来暖房，会邀身体康健、父母双全、夫妻和睦、儿女双全的被称为"全福人"的妇人专门来给新人铺床，希望将全福人的好运气带给新人。主人家要在新被里放上红包给负责铺床的人。

安床习俗：床门（古代床有朝向有帐幔）向窗，床不能放置横梁下，衣柜顺堂，门不对柜，镜不向床。安床分铺床、升帐、开铺等步骤。

铺床时间：婚礼前一日的清晨，铺床的全福人要在潮涨时（根据皇历所示潮涨时间）进门，在午时前要铺好床。

铺床要求：被褥要大红色表示喜庆，被子、褥子、枕头等都要成双。先扫床再铺鸳鸯枕、龙凤被，冉"撒帐"，将花生、桂圆、莲了、栗子、枣等干果铺撒在婚床上，意即"枣栗子、莲生子、花生子（儿女双全）"。床铺好后，让一男一女两个小孩在床上滚一下，意即将来既有儿有女又聪明健康。

寡妇或未生育过的妇女是不能触碰新房内被褥、床品的。在未举行婚礼仪式之前，是不可以坐在床上的。

备嫁妆

女子出嫁时，娘家陪嫁到夫家的财物，有一定数量钱款、金银及物品。嫁妆多少取决于女方家经济实力以及女子在家中受重视程度，不过民间也是有一个大致标准的。

定亲后，女方最重要的事就是准备嫁妆。嫁妆一般包括：硬木家具部分包括床、桌、箱、柜、椅、凳、桶、盒、盘等，细软物件部分包括衣裤鞋履、首饰、被褥以及女红用品等。

嫁妆一般在婚礼当天随迎亲花轿抬送到男方家，如果太多也会在婚礼前一天，把红奁中大件如床铺、桌、柜等先由挑夫送往夫家。

在浙东运河流域，闻名于世的嫁妆便是宁波的十里红妆。这个传统婚俗，讲的是发嫁妆时，蜿蜒数里的嫁妆（床、柜等嫁妆都漆成红色，故也称红妆）队伍从女家一直延伸到夫家，壮观至极，放眼望去十里皆红，故称"十里红妆"。

十里红妆是达官显贵嫁女时展示嫁妆的盛大场面，这里的人们用"良田千亩，十里红妆"形容嫁妆的丰厚。其典型的代表是浙东运河沿岸的宁海，宁海因商业兴盛而使人民富足，古时大户人家女子出嫁陪嫁极其繁富奢华，明清时期最盛。不惜财力为女儿置办嫁妆，逐渐成为宁海地区的民间风俗，世代相传。十里红妆是家族富有、地位显赫的一种象征。宁海十里红妆婚俗规模声势之大，为国内罕见。

二、结婚习俗

旧时宁绍一带结婚仪式一般安排三天，富贵人家甚至会安排五天。

第一天，男方家的至亲好友就陆续来送贺礼喝喜酒，喜宴也就正式开席了。这天男女家双方各自要祀神祭祖，在绍兴祀神俗称"祝喜福"，祭祖俗称"做全堂羹饭"，新郎由自家长辈陪同祭拜菩萨和祖宗，通报结婚喜讯，邀请来喝喜酒，仪式隆重虔诚。祭祀仪式后，男方重头戏是发轿迎新娘。发轿时间是看两家距离，相距远的，早饭吃过就得发轿，路近的可在午饭后发轿。古时很多绍兴人家迎新娘轿用船，也称"轿船"。发轿前有个必经程序叫"搜轿"，请族中辈分最高的原配且子孙满堂夫妻（称福禄双星），男的拿一面镜子，女的拿点燃的红烛，在花轿内照一遍，再用芸香在轿内外熏一遍，目的是除祛藏在轿内的妖魔鬼怪，把新娘平安抬回家。发轿时，新郎身穿吉服"送轿"，把花轿送至大门口，向花轿作三个大揖。

这天女方家的至亲好友也会早早来送贺礼喝喜酒，因为女方是"嫁方"，所以比男方要早一点。女方会请一个有福有德的妇人给新娘出阁梳头。梳头时还要念"一梳梳到尾，二梳梳到白发齐眉，三梳梳到儿孙满地"，祝愿新娘未来有美好生活。接下来新娘要开脸，开脸也称绞面、绞脸。开脸是用两根细线交错绞去新娘脸上的汗毛，剪去额发和鬓角，修整眉毛，进行脸部美化的习俗，是旧时女子嫁人的标志和必经程序。能替新娘开脸的妇女一般被认定为是有福有德之人，女子一生只开一次面，希望只与一人相守一生。开了脸后就不再是任性撒娇的姑娘，意味着要成为能吃苦耐劳的人妻人母了。在宁波等地女方会在当天中午办"开脸酒"，是女方正席酒，也称"起嫁酒"，宴请宾客。

女方出嫁前也要在长辈的陪同下祀神祭祖，而且特别隆重，新娘要再三叩拜，向祖宗作告别。在迎亲花轿到来之前，女方要请两位全福妇人（叫顺流太婆）叠箱，把嫁妆及细软服装放在箱内，把陪嫁首饰放进首饰盒，由新娘随身带上。新娘嫁妆器物上均需贴上大红双喜。

新郎与伴郎、媒人等按双方商定好的"请期"时间去女方家迎亲。迎亲的人数忌双数，而女方送嫁的人数要双数。寓意是男家"单"去"双"回，添丁增口，女方双数意为好事成双、白头偕老。

等到花轿临门，女方家会放炮仗迎轿，新郎进门先喝三道茶：第一道为绿茶，因新郎一路接亲辛苦，为他接风；第二道为糖茶，祝他婚后甜甜蜜蜜，幸福美满；第三道为桂圆茶，如果丈母娘喜欢这个女婿，就要特地斟杯桂圆茶，寓意早生贵子，一家人团团圆圆。

新娘出门上轿前要吃娘家饭，须吃饱才能出门，寓意是，父母想让女儿出嫁后不受饥饿，希望女儿不要忘父母养育之恩，娘家饭需要母亲亲手喂女儿吃。新娘上轿时要点燃红烛，先拜别祖宗大人，再向父母兄弟姐妹辞行。出嫁之日，新娘沐浴更衣，开面梳妆，戴上凤冠霞帔、穿起绣花衣裙，由兄长抱上轿，进轿坐定后不可随便移动，寓意平安稳当，新娘的鞋要脱下还给娘家，意即不可以把娘家的财气带走。起轿后花轿在娘家大门外要连绕三圈，叫"望娘湾"，此时新娘会在轿内哭泣，母亲则坐在房内的马桶上大哭，真是难分难舍母女情。旧时嵊县山区有新娘穿素衣上轿的习俗，意为女子出嫁，从一而终。女方送轿多为叔伯兄弟姐妹，也会有一些有声望的亲友，男方也派人到半路接轿，轿至男家多是夜幕降临时候。

相传因南宋高宗，为报越女舍身救他性命之恩情，特诏此地姑娘出嫁可用"半副銮驾"，享受公主的待遇，凤冠霞帔，嫁妆可以雕龙刻凤，执事可用宫灯，提香炉，鸣锣开道。传说是真是假，难以考证，但是新娘享有乘坐花轿和出嫁巡游仪式的权利一直流传下来。出嫁这天的姑娘是最受敬重的，即使是母亲、婆母也要以礼相待。因而迎亲队伍也是銮驾、华盖，宫扇、芸香、头灯、彩灯都是俩俩成对，双锣开道，铳手扛着"火铳"遇桥放铳，另有"清音班"伴奏细乐，一路上热热闹闹、浩浩荡荡地行进。在绍兴城内，花轿有意要从福禄桥、万安桥、如意桥这三座桥去走一圈，以图吉利。按规矩花轿沿途不得停歇，即使遇倾盆大雨，也要冒雨行进。遇到迎亲队伍不可冲撞，即使是地方官因公出巡，遇到迎亲花轿仪仗，也得绕道或在道旁暂时回避一下，以免犯下冲道之忌。

一般新娘花轿抬到男方家已是夜里了，所以合卺吉时一般会在半夜子时。行合卺礼仪式由礼生主持，吉时到，礼生高喊："行迎亲礼。鸣炮，奏乐。"顿时鼓乐齐鸣、鞭炮声、火铳声震天动地。待乐止炮毕，礼生三请新贵人登堂。新郎在左右红纱灯指引和伴郎护卫下，从内室进入"喜堂"，新郎一身喜气，佩戴大红绸结，面朝福禄寿三星像，向南、向北各作三个大揖。接着礼生高喊："请新贵人回銮，行合卺礼。鸣炮，奏乐。"正式拜堂开始，"请新玉人降彩兴"，新娘才从花轿中出来，伴姑扶新娘上堂外跪右边，两手高拱齐眉。男傧相陪新郎上堂外跪左边，听读祝文（俗名"话天地"）完毕，新郎新娘转身向祖宗高堂行跪拜礼，新郎新娘互行对拜礼。拜堂仪式结束后，新郎新娘由两个童子捧龙凤花烛引导，新郎执彩球绸带引新娘进入洞房。新娘脚须踏在麻袋上行走，麻袋一般五只，走过一只，喜娘将后面的又传递到前面，如此循环，寓意谓"传宗接代""五代见面"。进入洞房新郎新娘"坐床"后，由一名福寿双全妇人用秤杆微叩一下新娘头部，而后挑去盖头篷，意即称心如意，新郎新娘喝交杯酒。新郎稍坐即出，新娘换装，客人吃换装汤果。

接下来是闹新房，也叫吵新房。有谚语云："新婚三日无大小。"新娘刚来不太与客人说话，所以吵房时要先逗新娘开口。吵房时，第一看新娘衣裳纽扣，若是五颗纽扣则为"五子登科"的好兆头；第二看其脚踝，依据形状看新娘是否长寿。各种逗乐节目至深夜，宾客才散，新郎出门送客，喜娘铺完被褥后，新娘要给红包。之后，新人共吃"床头果"。新郎上床，新娘"坐花烛"，待到蜡烛烧尽方可上床，燃烧着的花烛不可吹灭。

第二天是正日，正酒最为隆重。清晨喜娘会约吹鼓手到新房门口来演"送子上门"戏，求讨封赏。正酒会在结婚礼堂举行。这天的礼堂，张灯结彩，满堂喜气，堂中放八仙桌两张，桌上花烛辉煌，香烟缭绕，并放茶米果酒等物。

正酒日仪式有把酒等活动，主要是增添喜悦气氛，这天的节目有"头聚饭上新娘称尊"，"酬情酒席舅爷为大"，"新嫁娘拜庙拜祖宗"等。

第三天要摆"三朝酒"。新娘要"开金口"认亲拜会夫家宗族；如娘家在近处，还可"三朝回门"。

婚礼习俗非常繁多，各地各个时代又有一些差别，因是人生大事，即使繁复，人们也乐此不疲。

三、婚后习俗

回门

新婚夫妻回门是浙东运河流域的传统婚俗，指女子出嫁后首次携夫君回娘家探亲，一般安排在新婚的第三天，又称"三朝回门"，回门也标志整个婚礼正式收尾。新婚夫妇参拜新晋岳父母，礼节自然是不能少的，新女婿要奉给岳父母回门礼，回门礼须是双数，意为夫妻成双，合好百年。岳父母设宴款待新女婿，在宁波宴席上忌用冰糖甲鱼，有的女方亲戚还要闹女婿。

旧俗规定新婚夫妇回门不准在娘家留宿，应当天返回夫家，因为有新婚一个月内不空房的风俗。回门结束，新娘家会准备回礼让新人带回。

出厨

在宁波，还有个习俗，就是在新婚后三日，新娘要亲自下厨，煮糖面分赠亲友与邻居。下厨这天新娘在夫家女眷陪同下去河埠头洗一条鱼、一块肉，讨一个"富足有余、有头有尾"的彩头，然后下厨烹煮，称出厨。古时让新婚媳妇出厨的目的，一方面培养其当家做主的意识，另一方面展示新媳妇的勤劳和厨艺。

正月不空房　冬至不过夜

在宁绍平原有结婚满一个月，女方父母要给女婿挑"满月担"的习俗。满月担包括四盆菜肴，寓意早生贵子的红枣、花生、桂圆、莲子及代表吉祥、团圆的"龙凤金团"四十八个，此外还有藤编针筐、剪刀、尺子、针等。送过满月担后，女儿方能在娘家过夜。但特殊的日子还是有特别规矩，如正月初三新媳妇回娘家拜年必须当天去，当天回，不能在娘家过夜，叫作正月不空房。旧时规定，父母或祖父母有丧，正在服孝的子女和孙子女不能举行婚礼，须将原定婚期推迟，一般到"满七"或"百日"后才行，叫服丧不成亲。每逢冬至夜，已出嫁的女子不能留宿娘家，叫"娘家过个冬，夫家少个公"，迷信地认为出嫁女冬至在娘家留宿，夫家公公就会遭遇不测。

第六节 生育习俗

中华民族历来重视繁衍后代。浙东运河流域在生育习俗上，带有江南水乡的特性，较为富裕的物质生活，使这一区域更重视产妇身体的恢复和对幼儿的早期教育。

一、催生习俗

古时夫妻结婚后，家中长辈会不停催促生育，方式有很多。

拜送子观音

旧时浙东民间为求生子，拜送子观音较为普遍。传说观音有三十三法相，其中一相为送子观音，也叫送子娘娘。很多庙里专门立送子殿，供奉送子观音法相。求子夫妇准备好香烛、香花之类供品，虔诚地向观音娘娘诉说心愿，并跪拜祈求早日得子。

绍兴的香炉峰、舟山普陀山都是这一地区有名的拜送子观音的大庙，每年香火都很旺，其他各地也有很多的大小庙宇都设有送子殿。

大年三十打懒生

浙东运河流域另有一种特别的催生方法，一般在年三十晚上，自家婆婆看着一直未怀孕的儿媳，会倒抓扫帚轻轻打在媳妇的肚子上、身上，还会边打边喊："侬生勿生，生勿生？"聪明点的媳妇会顺着婆婆回答："我生！我生！"也有媳妇一时丈二和尚摸不着头脑的，旁边看到的人都会提醒或劝导，让媳妇赶快答应："生，生！"如果真能如愿生下孩子，则皆大欢喜，婆婆会认为这方法灵验，逢人便会推广此法。如果没有怀孕，也没人会追究，大家求个心理安慰罢了。

解缚

旧时宁绍一带在出嫁女儿待产的这一月里,女方家长要给女儿"解缚"。绍兴也有叫"驮舍姆羹"(绍兴方言"舍"读"所"),宁波叫"贺生担"。"解缚"意思就是给怀孕女儿送去婴儿衣服、鞋帽、吉祥平安锁等孩子用品,以及产妇吃的红糖、桂圆等一些滋补品,另有讨彩头的"鸭罐"(阿官)、红鸡蛋、"解缚粽"等物品,民间称这一风俗为娘家人来解缚。解缚仪式很隆重,也很讲究。在绍兴首先要挑日子,这是一件大事,最好是农历初一或者是月半。日子选定,娘家的父母和一众亲戚,带着解缚物品,水乡的摇着大船,山区的用肩挑或车推,喜气洋洋去男方家。这一天女婿家出嫁的姐妹,也回娘家来,大家聚在一起,热闹非凡,解缚的物品和夫家姐妹送的礼品堆成了山。这意味对即将诞生的婴儿的祝福和重视,更希望即将生产的产妇母子平安,另一层意思孕妇不必为准备这些物品再操劳,安心待产即可。旧时解缚物品多少,也体现着娘家的经济实力和重视程度,娘家为顾及女儿在夫家的脸面,会尽力置办得丰盛些。

在宁波,娘家的赠礼是在婴儿出生的第三天送到,称作三朝礼。旧时若产妇生头胎,娘家要送婴儿"贺生担",贺生担里物品与绍兴解缚差不多,寓意也一样。

二、诞生与产妇调理

接生

宁绍一带将产妇生产称作"做舍姆"(方言"舍"读"所")。旧时城乡没有专门的妇产医院,更没有什么消毒设施,产房一般就在原来卧室,有的人家会腾空一个杂物间做产房,临时产房取暖防潮卫生条件都是不理想的,更要命的是没有专业的接生人员,女人生孩子真的就是进鬼门关,危险系数极高。旧时称产房为"暗房或红房",丈夫及其他男人是不能进入的。

旧时接生一般由村里经验较为丰富的妇女担任，叫接生婆。接生婆进门先拜灶司菩萨，祈祷生产顺利，再准备一些热水、干净布片或衣服，在宁波有用旧锅、筛子、渔网接生的。婴儿出生后，要用温水擦洗婴儿全身，从头部到胸口到手脚，最先洗双眼，叫"开天门"，后洗鼻子，称"点龙鼻"，再擦洗嘴巴，叫"开龙口"，直到将婴儿身上的羊水血液洗净为止。出生的是男孩，要用父亲的旧裤将他包裹起来，然后放在狗窝里躺一下。包裤寓意是"裤"与"苦"同音，给新生婴儿穿旧裤，是希望孩子长大后有吃苦的精神。躺狗窝是民间称命贱如狗，新生儿躺一躺狗窝，希望这孩子好养活，能健康成长，防娇生惯养。

旧时，有条件的人家会请有经验的女佣人伺候产妇坐月子，宁波人称之"出窠娘"。这种专业的女佣经验丰富，手脚麻利，能够很好地照顾产妇恢复身体和护理新生儿。

蜡烛包

在浙东运河流域，新生儿出生后，先都会用一块大棉布或小薄被，将婴儿双手双脚拉直，对角把婴儿包裹起来，只露出头脸，包裹好的样子像一支大蜡烛，故称为"蜡烛包"。蜡烛包既方便大人怀抱刚出生的婴儿，因刚出生的婴儿身体十分柔软，不这样结实用薄毯裹着，很难抱。另一个好处，蜡烛包可以很好地保护初生婴儿，因此时婴儿体质柔弱，经不住风寒，包裹有保暖防寒作用，蜡烛包把其小手小脚都严严实实绑住了，可避免婴儿抓伤自己。当然，不能包裹太紧，否则会影响新生儿呼吸、心肺功能和运动功能，影响婴儿生长发育。

开口奶

按浙东本地风俗习惯，在婴儿出生二十四小时后，母亲是不能给自己孩子喂奶的，要先向别的产妇讨奶吃，叫吃"开口奶"。吃过开口奶后的宝宝，才可以吃自己母亲的奶。农村还讲究，开口奶最好男婴讨女婴母亲的奶，女婴要讨男婴母亲的奶。这个一般在孩子出生前，家中长辈都已经互相说好了，寓意孩子长大后的婚配会一帆风顺。

喂开口奶前，长辈会先准备好一口黄连汤，给婴儿吞下，意思是先苦后甜，孩子日后会更珍惜好日子。

穿百家衣

婴儿出生后穿百家衣这个习俗，浙东运河流域与我国大多数地区差不多。百家衣的"百"，指的多，并非特指一百户人家。这一带人家逢家中小孩出生，爷爷奶奶或家中长辈会奔走向左邻右舍和亲戚朋友报喜，同时讨要布块，布块最好是蓝色的，因蓝音同"拦"，意为可拦住妖魔鬼怪来侵害新生儿。其次刘、陈、程等姓氏人家赠的布块最受欢迎（谐音叫留成），留住婴儿。讨取或赠送的很多小块布料，拼缝成婴儿衣裤，给婴儿穿。认为穿上百家衣，孩子能受百家福，能保佑婴儿祛病消灾，健康成长。

在余姚的传统习俗中，婴儿一出生时穿的衣服必须是红颜色的，传说虱子、跳蚤不咬红色的，所以穿红色可以避免虱、蚤叮咬。

坐月子

中国女人生完孩子后，都有坐月子这一习俗，浙东运河流域一带坐月子叫"做舍姆"，宁波叫"做生姆"。旧时坐月子一般三日内不下床，一月内不出房，所以叫坐月子。此时产妇生育后身子十分虚弱，既要休息好，还需要合理进食，忌碰冷水忌外出忌生冷食物，目的是要调养好产妇身体，不能落下月子病。

绍兴地区叫产妇为"舍姆娘"，舍姆两字有讲究：旧时医疗条件差，生孩如同走鬼门关，故为了生孩，女人将命都舍出去了；另一层意思，女人生孩子后十五天仍十分危险，过了十五天后，基本安全，"舍姆"在绍兴方言中音与"十五"相近，故舍姆也指十五。

坐月子中禁忌很多，除上述外，还有产妇要少说话，产妇禁止干活，禁用冷水洗手、洗脸，一月内不洗头洗澡。产房只允许产妇的母亲、婆婆、丈夫等人进入照顾，禁止外人进入产房，怕陌生人有病菌会传染给产妇与新生儿，即使是产妇的父亲、公公，也得等到满月后才能见面。

旧时宁绍一带极为重视对产妇的调理，除了日常吃一些鸡蛋、面条、桂圆等食品外，一碗河鲫鱼炖汤是必不可少的，主要是为产妇增奶而熬制。熬制时再加点豆腐或萝卜丝效果更佳。河鲫鱼炖汤味道极其鲜美，汤呈乳白色，滋补养颜，催奶效果上乘。

做满月

在浙东运河流域，历来对孩子出生十分重视，尤其在出生满一个月时，会邀请亲朋好友隆重地庆贺一番。一般孩子父亲方办满月酒，母亲娘家要送办酒用的鸡鸭鱼肉之类食品和婴儿新装。满月酒前往来亲密的村坊邻舍会送来礼物，孩子满月的前一天，宁波的外婆家会送"满月担"。满月担里除满月酒所需的大黄鱼、蹄髈、咸蟹、大虾外，还有一件用各色丝线绣成花卉图案的大红软缎披风，俗称"一口钟"。满月当天，孩子内穿黄棉袄，外披"一口钟"，接受着长辈和亲朋的期望和祝福。

"做满月"的另一件重要事情是"剃满月头"。孩子出生满一个月，有一定抵抗力了，可以洗头理发搞一下卫生了。旧时满月剃头是有讲究的，古代人认为婴儿的胎发来自母体的血污，剃头是为了剃除秽气。从毛发生长角度来看，剃除眉毛和胎发是为了让婴儿的头发长得更浓密，所以剃除胎发的同时，也会剃除眉毛。

在宁波按传统习俗，婴儿满月这天，一般由大人抱着婴儿，一旁撑着伞，走过七座桥，绍兴习俗是走三座桥，不能走回头路，寓意是为孩子成长壮胆，有勇气面对生活困难。

由于旧时重男轻女思想作祟，女婴出生满月是不办酒宴的。

三、育儿习俗

宁绍一带的人们极为重视对后代的教育，长辈对孩子的良苦用心从给新生婴儿穿旧衣裤、喂开口奶前先喂一口黄连汤等习俗中都有体现。

开食

婴儿长到半岁左右第一次进食除母乳以外的食品，叫开食，也有称开口的。五六个月大的婴儿，光靠喂母乳已满足不了其生长发育的营养需要，必须进食其他食物，同时也为断奶作准备。宁绍一带对婴儿第一次进食，还是有一定讲究的。父母及长辈会有一个开食仪式，准备好各式荤素菜肴，一双筷子、一只碗、一只酒杯，父母或其他长辈抱着婴儿，用筷子在酒杯中沾一点酒给婴儿嘴里尝一下，一边说美酒四季有，再夹一块肉在婴儿嘴边擦一下，说餐餐有肉，再夹一片鱼，说年年有余（鱼）……把准备好的菜肴都尝一遍，吉祥语也都要说一遍，尝过的食品都放在备好的婴儿碗中，仪式完毕后，婴儿的母亲将孩子尝过的菜代替婴儿吃掉。开食后婴儿就可以吃各种食品了。

举行开食仪式，给孩子先吃具有象征意义的食品，目的是保佑孩子健康成长，顺风顺水。

十里不同风，百里不同俗。有的地方婴儿开食会在其出生百天之时进行。请一个福寿双全或德高望重之人，用酒肉给婴儿象征性食用，把开食与庆"百天"一起进行，祈求孩子一生衣食无忧，大富大贵，福、禄、寿、喜齐全。

做周岁

绍兴宁波非常看重婴儿出生满一周年，即做周岁的习俗。孩子从婴儿慢慢转变成幼儿，大多数孩子已能独立行走。父母及长辈重视孩子的周岁庆祝，孩子穿新衣服，办周岁宴，外婆家要送各种物品，尤其是外婆的"虎头鞋"是必送的，亲朋也多有赠送孩子日常生活用品和玩具的，如果长辈长寿，外婆家要送由小到大五个等级的金团（北方叫麻团），称"五代见面"。

孩子周岁一般人家都会举办抓周仪式，是庆贺周岁生日的一项重要内容。旧时抓周普遍通过摆设书画、刀剑、算盘、零食、金子、钞票等物品，让小孩自行抓取，并根据抓取物来判断孩子的喜好。抓到书本和笔，寓意以后会读书，可考取功名；抓到零食，寓意有口福，不会饿肚子；抓到金子，寓意有财会富足；抓到算盘，说明会计算可经商；抓到刀剑，预示日后可从武，有希望做将军。总之，抓周既有趣，又寄托着家长对孩子的美好期望。

民间也有一种说法，生日忌宴请过于宏大，很多老人认为孩子尚年幼，气运还不稳定，所以要低调地行事，只要请一些最亲近的人来庆祝即可。

开笔礼

在浙东运河流域，对少儿教育有一个很重要仪式，即开笔礼。古代，小孩子到了读书识字年纪，能握笔写字了，就在每年阴历的二月初二龙抬头这天，或在读书人家里、或在私塾里，举办一个"开笔礼"的传统活动。开笔礼是古代读书人的四大礼仪之一。

相传阴历二月初三为文昌神（主宰功名之神）的诞辰日，所以在每年二月初三这一天，天下读书人都要敬奉文昌神，以求科举及第登科。而在此前一天的二月初二，则要为即将读书的儿童们举行"开笔礼"，表明从此开始正式学习。古时这天让孩子开笔写字，取龙抬头之吉兆，为孩子正衣冠、点朱砂启蒙明智，寓意孩子眼明心明，希望孩子通过学习，能识文断字，知书达理，做一个修身齐家治国平天下的大丈夫。"开笔礼"是读书人的第一次大礼，所以在古代，这个习俗对于读书人来说是非常重要的。宁绍一带素有文化之邦美誉，耕读传家之风相沿成习，影响着一代又一代读书人。

四、寄拜与过继

寄拜与过继习俗全国都有，在旧时的浙东一带比较常见。寄拜是让自己的儿子认一个多孩多福的人为干爹；过继是让人家的儿子认自己做干爹。在绍兴、宁波民间，不管是寄拜还是过继，其出发点有两个：一是怕孩子养不大，拜一个多孩多福的干爹可以庇佑其长大成才；另一个可以通过寄拜或过继方式，联络感情，扩大人脉。

旧时，有的人家孩子多灾多病，做父母的害怕孩子养不大，或家中已有小孩夭折，或子女"八字"不好，或过于娇贵，便找人丁兴旺、多子多孙家庭的人，认作寄拜爹与寄拜娘，以求消灾避祸。如：鲁迅小时候曾寄拜有四个健壮儿子的大姨母为干娘，周家认为这样容易把孩子养大。

寄拜与过继的流程内容差不多，一般是双方商定，父母领子女（一般是儿子），带着桂圆、荔枝、红（黑）枣、白糖、蜡烛至干爹家，先拜天地，再拜干爹干娘的祖宗，后三跪三拜干爹干娘，并办酒宴请邻里族老，有的还会签订正式"承寄书"作为凭证。少数人家还会让干儿子改从己姓另取名字，列入家谱子女排行榜。干爹回赠金或银质长命锁或衣物、笔砚等物品，以后每逢节日，干儿子要给干爹干娘送礼及岁烛，过年干爹会给压岁钱。

当然这个习俗也有糟粕，为获取不当利益，也有妙龄女子主动或被动认上了年纪、有财有势的男子为寄拜爹。民谚讥讽："寄拜寄拜，要解裤带……"一语道破了掩人耳目之陋俗的实质。

过继更多情况是夫妻不育或无儿子，会把兄弟或他人之子作为自己子嗣养育，也叫"过房"，目的是为自己养老送终。这种会请中间人立据，写明日后赡养和继承事项，宴请亲友后，孩子可随过房爹娘一同生活。

第七节　做生与拜寿习俗

做生也就是过生日、过寿诞。在浙东运河流域做寿庆有一些特殊的风俗，如绍兴人的传统"做九不做十"；在宁波有一般"男不做三十，女不做四十"的俗规；十岁和廿岁虽没有寿庆的资格，但也有遇"十"庆祝和纪念的传统习俗。一般生日是不大操大办的，但对高龄寿星都会大张旗鼓地操办。

一、做生习俗

做生就是庆祝生日，做生年年有，做寿则要到五十岁之后。

在浙东，逢十岁的生日会比较隆重些。孩子长到十岁，按这里的习俗，即由外婆家来给外孙做十岁生日，外婆家会送衣服、文具、书籍，并送红鸡蛋分赠左邻右舍，讲究一点的给外孙办个宴席，至亲好友共同庆祝一番。旧时婚配较早，男子十六岁就可娶妻生子，女子十四岁就可出嫁，所以到二十岁几乎都有丈母娘了。旧俗中男子二十岁生日由丈母家来操办，叫廿岁丈母家。男子三十而立，即已成家立业了，故三十岁生日自己做，有俗语云"三十不做，四十不发"，所以三十岁可以庆祝一番。四十岁，绍兴方言中四十与死日同音，迷信说法，四十岁操办生日会惊动死神来索命，所以四十岁要"蹉"即拖过去，也可理解为蹉跎过去。

一般人家过生日是不大操办的，未成年以前过生日，甚至只给煮两个鸡蛋和煮一碗生日面条吃，成年后也只是家里炒点面，做点馒头，增加几道好菜而已。这样也有利于从小培养孩子节俭的良好品德。

二、做寿习俗

祝寿拜寿

旧时由于医疗条件差、生活艰苦等原因，人的寿命较短，人活到三十六岁已算是"本寿"（平均寿）了。所以到五十岁已值得庆贺了，开始做寿。六十岁寿诞叫花甲寿，年满六十称花甲，民间有"不到花甲不庆寿"的说法，认为六十岁的人真正达到了寿数，故寿庆要大办。后逢十称"大寿"，七十古稀大庆，八十耄耋吉庆，九十期颐荣庆，百岁人瑞，福寿双庆，百岁老人寿诞连地方官员都送匾来祝寿。据清道光《会稽县志稿》中描述：周家上有王氏老太，在清康熙戊寅年寿百岁，浙江巡抚送"百岁寿母"题匾一块，所以绍兴的周恩来祖居称"百岁堂"。

旧时到五十岁，往往"三代见面"，甚至到六十岁有"四代同堂"的。在宁绍一带祝寿一般由寿者儿孙出面操办，老人寿诞，操办人不会发邀请，亲友会主动送寿礼拜贺。寿礼要有寿烛、寿桃和长寿面等物品。寿礼可以送"袍料"，但不能送"寿衣"，"寿衣"是给死人穿的衣服。

绍兴习俗逢十寿庆，往往提前一年办，叫"做九"，如六十大寿在五十九岁做，是为避"十全为满，满则招损"之讳。农村迷信说法是，做十足会引来阎罗大王惦记，谁都不希望被惦记，所以做九不做十成了这一带的习俗。

庆寿拜寿礼俗很多，尤其是大户人家，礼数繁杂。在宁波、绍兴一般包含暖寿、拜寿、献寿礼、寿宴、喜庆堂会等几个环节。

正寿前一日，按习惯由出嫁女儿先来"暖寿"，有"预庆"的意思。暖寿这天，有钱人家会挂灯结彩，厅堂正中挂个大的"寿"字。其他墙面会挂上亲友送来的寿幛、寿轴、寿联、万寿图之类喜庆书画。女儿为父（母）暖寿，除点燃通宵寿烛、办寿宴、分寿面馒头给亲友邻舍外，有条件的会雇请"清音班"或"词调（越调）班"来唱"堂会"。清音班以演奏丝竹为主，词调班以说唱"节诗"为主，不用搭台，不敲大锣鼓，他们分坐在两张八仙桌拼成的大桌子两旁，说拉弹唱，既热闹又文雅，为暖寿增添了无限喜气。暖寿这一天，寿公公（寿婆婆）身穿吉服，由女儿女婿陪同，宴请送礼的宾客，宴后参加堂会，听奏丝竹或听唱节诗，欢乐祥和。

祝寿正日会摆寿宴，富裕人家还演寿戏。正寿这一天由儿子为主操办，亲朋好友从暖寿这天送寿礼开始，可以吃两餐寿酒。上午由寿星亲率儿孙先祀神后祭祖，祭祀完毕，寿公公接受儿孙们按长幼次序的拜寿礼，寿星会发儿孙们红包。大户人家雇的佣人也会来向寿星叩头拜寿，寿星会逐一发给赏钱。前来贺寿的亲友，一般会拱手抱拳说些祝福语。

寿宴上长寿面、寿馒头是必不可少的，菜肴不兴大鱼大肉，多以豆腐做的净素菜肴为主，原因是高寿之人应体谅上天有好生之德，尽量不要杀生。

做寿戏，有条件的戏台搭在厅前面的天井里，家人亲朋坐在家里嗑着瓜子、吃着糖果开开心心欣赏演出。

绍兴旧俗　扮八仙祝寿（摄于 20 世纪 90 年代）

总之，祝寿庆典，越是高龄寿翁，越热闹铺张。毕竟长寿者少，只要条件许可，大家都乐意这么做。

寿关

宁波有俗语称"六十三，鲤鱼跳沙滩"，在绍兴民间流传的谚语叫"七九六十三，要活也犯难"，"七九六十三，老人走难关，小鬼两头拦"。甚至有的算命先生在替人算命时只算到六十三岁为止。可见，在浙东运河流域一带，六十三岁被认为是兆凶之年，是个难过的关。在旧时的宁波，六十岁以后过生日，子女还会提前把"寿衣""寿材""寿坟"等丧葬用品全部准备妥当。

如果老人过了六十三岁，说明已经逃过了一道难关，有人会买条鲤鱼到寺庙放生池里放生。

接下来便是六十六岁的关，这一带都有"六十六，阎罗大工请吃肉"的说法。旧时人们认为六十六岁是煞年，是道难关，阎罗要吃你的肉，为了不让阎罗大王吃父母的肉，因此女儿要送六十六块肉给父母吃，替父母消灾，化凶为吉。倘若有的老人没有女儿，这个任务一般由侄女或寄拜囡（干女儿）担当。若吃素，则以烤麸替代。所以历来有"六十六，吃囡的肉"的习俗。

吃六十六块肉的风俗是，出嫁女儿必须在自家煮好六十八小块猪肉（其中两块，一块敬天，一块敬地），猪肉切成六十八小块，形如豆瓣大小，故也称"豆瓣肉"，猪肉红烧熟了后用陶瓷大钵头盛装，有的是直接放在一大碗白米饭上，连同一双筷子，放进竹篮里，上面以红绸遮盖，由女儿女婿一起送去，送肉的日子必须是父（或母）六十六岁生日当天，并向寿星拜寿。老人在接到女儿隆重送来的肉后，十分高兴，先将六十八块肉中的两块，一块抛到屋顶上，另一块丢到菜园地或天井里，以示敬天敬地。剩下的六十六块肉，一人慢慢食用，边吃边想着长寿、顺利，吃得味美开心。六十六块肉寿星能吃下说明身体健康状况好，接下来便可六六顺风，是天大之喜。

第八节　丧葬习俗

浙东运河沿岸旧时的丧葬仪式，由于社会阶层不同、经济状况不同等因素，有铺张与节俭之别。

一、报丧戴孝

送终

送终一般指长者临终时在身旁照料，逝世后为其办理丧事。这一习俗自古就有。汉董仲舒《春秋繁露·五行之义》记载："圣人知之，故多其爱而少严，厚养生而谨送终，就天之制也。"宋司马光《论麦允言给卤簿状》："陛下念允言服勤左右，生亦极其富贵，死又以三事之礼为之送终。"老人生前都希望自己临终时有子女在身边照料自己，并为自己送终；而子女也要在长辈晚年生活不能自理时照料他们，并作最后的诀别，这就是古时候传下来的养老送终。

旧俗，家人步入中年后就开始为自己死后做准备：做寿衣，打寿材，造生圹。到弥留之际，根据习俗先须行送终之礼，即把子孙聚至床前作诀别。务求亲生子女必到，一面大声呼唤，以示挽留；同时点烛燃香，人手三支香哭送，并在院内焚烧纸钱。送终以子女到齐为福气好，倘有儿子尚在途中未赶到，会为临死者灌参汤，以延续时辰。老人将逝之时，要有人在背后扶着，使躯体呈睡卧之状，并用手托住下巴，迅速抹下上眼皮。传说死者的嘴张着，就是生前想吃的东西没吃上；睁着眼，就是没见到想见的亲人。老人气绝后，家属才能号哭举哀，并焚烧锡箔纸钱，叫作送盘缠，再用丝绵或纱布覆盖死者面部，并将其遗体调转方向躺卧，传说能加速死者投生顺产转世。临终时外人一律回避，若参与送终，就要戴孝，待丧事办妥方能离去。人一断气，若挂有蚊帐就要赶快取下来，意即使亡者不再受罗网之苦。还要把房屋上头的瓦揭去一匹，是草房就捅一个洞，死者的灵魂从缝隙中升天而去，叫出煞。

浴尸

死者入殓之前要为他最后洗一次身体，根据传统，浴尸是"以示洁净反本之意"，不让亡人把生前俗世的尘垢带入来世，或说是不让死者把在红尘间染上的疾病和沾染的污垢带去另一个世界。浴尸在先秦时已经形成，并成为当时的丧葬制度之一。《周礼·春官》有记载："王崩，人肆，以桓鬯浴。"意思是说周王死后，陈尸而浴，要用桓鬯洗尸体。不只是君王死后要浴尸，其他人也这样。《礼记·丧大记》："始死，迁尸于床，帴用敛衾，去死衣。"说的是人刚死，就将尸体移到南窗下南北向的床上，大殓用被覆盖，然后脱下旧衣，之后就要给尸体洗浴。浴尸的程序各地不尽相同，有的地方是真实用水给死者沐浴，有的是象征性地给死者沐浴。越地习俗叫买水浴尸。

越地的浴尸不是真正的洗浴，而是一种象征性行为。浴尸前要买水，由家中长子披麻戴孝，后跟一人为其撑伞到河边或井边，先向水里扔几枚铜钱，这是买水的钱，然后舀水倒进钵头里拿回，一般是儿子浴父尸，女儿浴母尸。明田汝成《炎微纪闻·蛮夷》："亲始死，被发持瓶，恸哭水滨，掷铜钱、纸钱于水，汲归浴尸，谓之买水，否则邻里以为不孝。"浴尸结束后，为死者理发整容，修剪指甲，换穿寿衣。有的是在临终前换上寿衣的，在将要咽气身体还柔软时，家人就把事先准备好的老衣裳送给死者穿上。

移尸

人死后，要从卧室床上移尸到堂屋中。如家有几个儿子的，一般由长子捧头，幼子抬脚，移尸于中堂或堂前间的木板床上，木板大都用门板卸下后充当，下面用两张长条板凳作搁脚，放置时，必须头朝门的方向，脚朝里，称作小殓。各地叫法五花八门，宁波鄞州一带称"移板头"，慈溪称"歇床"，宁海称"晾板头"，余姚称"摊板头"。如移尸要经过天井，就要撑伞遮住，不可以见天日。移好后，在死者脸上盖一块白布，俗称"盖面白"。脚后点油灯一盏，意在给死者照明，俗称"脚后灯"。有的地方会用棉纸制作纸灯，蘸上香油，一直点到大门外，俗称"引路灯""长明灯"，目的是帮助死者照亮去阴间的路。

之后便是布置孝堂。孝堂在停尸间外，由白色遮孝帘布分隔。帘布上挂遗像，像下挂一个斗大的"奠"字。帘外摆桌设灵台，台上放牌位，点香烛，供祭品。牌位用毛笔竖写，上书"讳故先××××之位"。孝堂外左右两侧置长桌，一边为收礼处，一边为签到处。在收殓之前，长明灯不管白天晚上都要有人看守，不能让它熄灭。同时死者家的院子或门外的大街上要搭一个灵棚。灵棚通常是给前来吊唁的亲朋好友休息、吃饭用的。

在主要亲戚赶到后，开始"参灵祭奠"，又称"吊仪"。旧时丧家会在大门口设置一口"报丧鼓"，吊唁的人一进门就击鼓两下，亲属听见鼓声就号哭迎接。

报丧

报丧，亦叫报死讯。移尸上堂后，死者家属就会派人向亲友报丧。报丧者不论晴雨，均须右腋倒夹一把雨伞，俗称"倒夹报死伞"，作为报丧标志。报丧者低头赶路不与人谈话，到要报丧之家，将伞柄朝下放置门外，告知简要情况及大殓日子即走。主人便要请报丧的人吃点心，然后问清楚丧事的具体安排。乡间有的地方，待报丧人一走，旋即在大门口砸碎一个报丧人用过的碗或一张瓦片，意为"百病消散"。女主人同时啼哭数声，以示哀悼。在外地的亲人如果收到一封"焦头信"（信封的一角被烧焦），就知道这是报丧信。

拜境庙

浴尸后，孝子撑伞、提灯笼，灯笼内应不分昼夜燃烧着蜡烛，去境庙烧香跪拜，告以"境庙弟子×××于×月×日×时亡故"。

烧祭包

小殓后，将死者生前睡过的席、褥等物并新买的一双草鞋，按一定的方向焚烧于三岔路口，称"烧祭包"，俗称送无常。告知村民或路人此家正在办丧事。

二、守灵入殓

守灵

守灵又称为护灵，是指在亲人去世后，尸体或灵柩安放在灵床或灵堂上，亲人们轮流守夜的习俗。守灵在民间习俗中具有重要的意义，既是对逝者的尊重和纪念，也是亲人们表达哀思和最后陪伴的方式。活着的人认为，亲人虽然死了，但灵魂还在人间。去阴间前，会回到家里看一看。亲人怕灵魂在回家的路上迷路，会点一盏灯，放在亡灵旁边。害怕灯熄灭了，亡灵找不到家，于是家属就彻夜坐在遗体旁边，保证那盏指路灯是一直燃烧的，所以叫守灵。

在守灵期间，一般都会请来道士、和尚念经，俗称做道场或做佛事，为去世的亲人超度亡灵。做道场时，道士身穿道袍，和尚则穿袈裟，一边以吟唱的形式诵经，也叫唱经，一边辅以唢呐、笃板、锣鼓等乐器鼓乐齐鸣，无论是道场还是佛事，都有各自的仪式和程序，主要是祈求逝者能得到安息。

灵堂（摄于 2009 年）

守灵的人员主要是死者的直系亲属，如儿子、儿媳、女儿、女婿、孙子、孙女等。这些亲属与逝者的亲缘关系最为密切，守灵能够让他们表达对逝者的深深怀念以及哀思，同时也是对亲情的一种坚守和传承。如果逝者为男性老人，通常不会要求妻子的娘家亲属守灵。而如果逝者为女性老人，她娘家侄子、侄女在参加丧礼时，也可以为其守灵。

守灵有一些忌讳，如一般不会安排孕妇、年龄太小的孩子和年龄太大的老人守灵；灵堂要肃穆庄严，不可随意嬉戏打闹等。

破孝与戴孝

死者眷属要裁制孝服，叫作"破孝"。给来吊唁亲眷分白布裁制的孝服，叫作"散白"。子孙及至亲穿上孝服叫戴孝。

孝服根据不同对象是有区别的：孝子孝孙穿麻衣，着蒲鞋，腰束草绳，头戴"草冠"；孝孙在帽檐上要扎一块圆形红布，表示孝中有吉；嫡亲男性"白帽头"为圆顶，远亲的是方顶。女眷戴孝兜，形状如同披风，有长有短，女儿、儿媳所戴孝兜最长，一般女眷所戴短一些，也有戴白包头的。族内本家晚辈穿麻衣，同辈则穿白衣。

孝布长七尺。孝子、孝女可将孝布直接系于腰间；孝女也可以对折后缝成孝帽戴于头顶。其中长子、长媳也可各用白色孝布做成孝袍。逝者的儿子、儿媳、女儿、女婿的孝布不可带有红布条；逝者的孙子辈戴的孝布要带有一块红布条；逝者重孙子辈等的孝布要在红布条之上再加盖一块黄布条。黑纱男子系在左手臂，女子系在右手臂。同样，孙子辈和重孙子辈要在黑纱上带有红布条和黄布条。孝布出殡后即可摘下，做七日、做百日时仍需佩戴上，过百日后不用佩戴。黑纱须连续佩戴一百天，到逝者做百日时摘下烧掉。

大殓

大殓也叫入木、入殓、落材。人死后停尸时间分为三日、五日、七日，俗称"几日排场"。一般择单日、拣潮涨时辰大殓，故谓"看潮水落材"。普通人家用稻草灰铺棺材底，富家用石灰，上铺灯芯碎末，俗称"灯芯眼"。摊上材席，放置头枕、脚搁，称"元宝枕"。要在死者背部处，垫上七个铜钱，有钱人家则用银元，俗称"垫背钱"，意为其子女们日后有钱花，不会受穷。后由孝子捧头扛足，帮忙者四人抓起兜尸被的四角，纳尸入棺，俗称"落材"。尸体脚须碰着棺材板，并要说一声"脚踏实地"。尸体周围放二十四包或三十二包石灰，俗称"包头"。同时，还要将死者生前喜好的一些物品陪葬，如烟斗、茶具、麻将等；如是文人，就离不开琴棋书画与文房四宝这类高雅物件，连同浴尸时剪下的指甲、趾甲都用纸包好一并放入，但忌放镜子。然后按亲疏顺序盖上亲人眷族所送"重被"。执事的两人一呼一应"报衣单"，盖一条要喊一声是某人所送，最后一条重被为孝子或孝孙所送，俗称"子孙被"。之后一人左手拿升，右手拿斗，向棺材内伴装倒物，边倒边吆喝"黄金一升""乌金一升""白银一升"，孝子孝孙均齐声答"有"，俗称"金、木、水、火、土，三斗三升足"，可让死者安心。相传宁波俚语"骗侬落棺材"即典出于此。

落棺时，锣鼓唢呐齐奏哀曲，所有的本家孝子孝女，都披麻戴孝，手擎一炷香，当亲人的遗体入棺后，便围着灵柩一边瞻仰亲人遗容，一边呼天抢地，号啕大哭。

堂祭

去世后到出殡前，一般要停灵三日或五日、七日，须是单数。停灵期间要行堂祭礼。堂祭的仪式一般由道士或专门的司仪主持。首先由孝子拜祭，孝子除了披麻戴孝外，还头戴用草绳编织的"三梁草

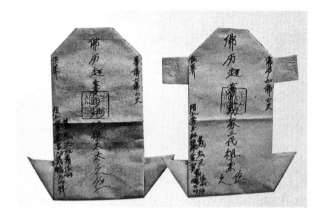

焚化祭品（摄于 2009 年）

冠"，足穿草鞋，腰中系一根草绳，以最朴素的悲痛形象表达悲痛之情与慈孝之心，切不可衣冠不整或锦裘华服，与丧事氛围格格不入。随着哀乐奏起，孝子束衣整冠，行三跪九拜大礼后，由道士代为诵读祭文。祭文有传统的格式，主要是颂扬死者一生，向生者表达谢意与缅怀之情。其他吊祭者同样穿孝服，佩黑纱，以亲疏尊卑为序，本家先祭，外客后祭。来祭者先在门旁白案处奉上吊礼，登记物品，然后焚香，对遗像行跪拜礼或鞠躬礼，再绕至后堂瞻仰死者遗容。来宾礼祭时，死者亲属、孝子须匍匐在案旁叩头答礼，来宾会对死者亲人叮嘱节哀保重。堂祭时会放爆竹。大户人家的祭礼更加繁复，会专门设司礼生，主持堂祭仪式。

三、出殡入域

出殡

浙东运河流域一般人去世后，停柩的时间大都为三天五天，这个时间既可以让外出或较远的亲人赶到，又来得及料理后事，待停柩结束就要出殡，大户人家出殡的具体日子由风水师择定。出殡的时间离去世时间间隔

必须逢单，不可以逢双；并与家长或长子等主要家人的属相不能犯冲。

出殡俗称出丧，一般要在早晨日出之前。出殡这一天的丧葬礼仪在整个丧事中最为隆重。在灵堂前置两张方形祭桌，桌上摆放满祭品。在祭桌上首，另放一把高背椅，椅上披一件死者生前衣服，地上放一双鞋，象征死者端坐于此接受祭奠。起枢前有一整套仪式，如供祭、举哀、摔盆、辞灵等，一时鼓乐齐鸣，爆竹震天，亲人哀号痛哭。起枢后先用短杠抬出户外百步，把灵枢搁在凳上，然后装长杠，四人或八人扛抬。如至墓地有水路可通，则抬上船运输。灵枢行进，必雇请和尚、道士吹打送行，前有大锣开道，童男童女执两支引路幡引路，花圈、旗幡随后。

亲子要扶枢而行，出户外百步停枢时，长子须手捧逝者牌位在前，旁边要有人打伞遮住，不可见天日。立牌位有专门礼仪。牌位在浙东运河流域俗称"木主"，用木板制作，刷上黄漆或黑漆，请有名望的先生在灵堂书写，正面写逝者头衔、荣誉尊号及姓名，背面写逝者生卒时间、简历、子女配偶姓氏与安葬之地。书写木主时子孙必须穿孝服跪伏于周围。木主正面写到某某亡灵主的主字时，要先写成王，待正反面全部书写完毕后，再在上面加点，俗称点主。这时先生出吉语赞颂，跪伏者举哀起立，将木主供于灵堂正中。出殡时随灵枢送至葬地，然后迎回送入祠堂香火厅供奉，或放置于家里高处。

出殡队伍行进，前有路幡前引，后为灵枢，长子或女婿捧木主随后，全体送丧眷属一律白衣素服跟随，最后为僧道吹打相送，一路上有专人撒纸钱，俗称买路钱，直至墓地。

出殡做法场景（摄于 2011 年）

做坟与进坑

旧俗对坟墓十分重视，一般都要请风水先生寻找满意的坟地，大户人家有专属的宗族墓地，贫穷人家也都想有一块好风水的墓地，期望子孙能借此发迹。墓地一般都是提前选好的，有的甚至做好了坟，称做寿坟或生圹，有的是墓地主死后再做的。做坟的当天会请人准备好祭礼，点燃香烛，烧上纸钱，举行"开坑祭"仪式，祈求管辖此山的山神爷，也叫土地菩萨，请予宽恕并祈求保佑，然后方可动土。

灵柩被放入墓穴里，称为进坑。放入之前，先要用芝麻秆等秸秆在墓穴中焚烧，称为暖坑，意思是墓穴阴冷潮湿，用火取暖后，亡故的人住进去就会舒服了。用芝麻秆为燃料，其寓意一是其子孙后代会像芝麻籽一样人丁兴旺；二是会像芝麻开花节节高，日子越过越好。

在旧时的浙东运河沿岸还有一种"停棺"或叫"殡"的风俗，或叫暂厝，就是棺材暂不入土埋葬，而是在野外找个偏僻地方先搁置起来，上面盖上稻草，有的人家甚至用砖瓦盖个小屋，将棺木放在里头。这种做法原因有很多。有的是因为当年或当时下葬时辰不利，不宜下葬；有的是认为"热尸"下葬不好，需停棺数年后再下葬，有利于子孙发迹；有的是因为还没有找到满意的墓穴。待条件具备时，再择日举行下葬仪式。而水乡地带因没有山地，很多村民直接将墓穴设在水田里，下面填高一些，墓的外椁用石板围合，顶上撒上黄泥就算是墓葬了。

出丧队伍须循原路返回，先后次序亦如来时，乐队引路，眷属在后，但不放炮仗，不烧买路钱。回家后安置木主，祭告祖宗。丧家必须在出殡回来的中午，备好豆腐饭答谢所有奔丧者及所有帮忙的人。

豆腐饭

吃豆腐饭之丧葬习俗广泛，流传于国内很多地方，浙东运河流域尤其普遍，指亲友参加葬礼完毕，死者家属用豆腐等菜肴招待宾客的风俗。这个习俗的来历据说与流传于浙江地区的豆腐祖师爷乐毅有关。

丧葬程序一般都在上午完成，因此，丧家会在中午设筵席酬谢参加祭奠死者的亲友、街邻等。筵席以素食为主，古人称为豆筵，意指以豆腐等素食为主的筵席，浙东多称豆腐饭或豆腐羹饭。送葬回来的人在入席前必须跨火盆或火堆，并将孝服脱下在火上象征性抖一抖，意将不干净的东西烧掉，再在身上甩些许"净水"，它是道士念过净水咒的清水，可以消除身上送葬后所带来的阴气、晦气，驱邪避祸。

豆腐饭没有严格的礼节，席位随坐，吃得也比较随意。如若是寿星老丧，也称作喜丧。有些人会在吃肉时省下自己这份，将其带回给家里的小孩吃。据老人们说，孩子吃了喜丧的"羹饭肉"，身体就会无病无灾，或百病全消，意思是死去的老人在管着小孩，帮着驱除病魔。

四、祭奠扫墓

做七

给死者做七习俗有两个源头，道教的"魂魄聚散说"：人之初生，以七日为腊，一腊而一魄成，故人生四十九日而七魄全；死以七日为忌，一忌而一魄散，故人死四十九日而七魄散，做七的意义就是祭送死者。佛教的"生缘说"：人生有六道流转，在一个人死此生彼之间，有一个"中阴身"阶段，如童子形，在阴间寻求生缘，以七日为一期；若七日终，仍未寻到生缘，则可以更续七日，到第七个七日终，必生一处。所以在这七七四十九天中，必须逢七举行超度、祭奠。

做七的习俗是要设好灵堂，供遗像，上供菜肴、水果、点心，须单数，盘子也须单数；点蜡烛、焚香；亲朋好友依次点香，向逝者祭拜，并按大小亲疏排序将酒杯倒满献给逝者，而后散酒在地；焚烧纸钱及锡箔元宝供死者阴间使用。

每个七都有各自的含义。一七也叫头七，即人死后七日，丧家举行隆重仪式，设灵位、供木主，上香叩拜，烧纸钱，请僧道诵经、拜忏。二七、四七、六七祭礼从简，家人备酒馔、羹饭祭奠，烧纸钱祭奠。三七亦称散七，夜里孝子擎香火，到三岔路口呼喊亡人姓名或称谓，或上坟焚香接亡灵回家，家中设奠。五七祭仪特别重要，出嫁女儿挑酒食回娘家祭奠，烧五盆纸花。丧家举行祭奠，焚纸钱。朋友也可携纸钱、锡箔等元宝祭奠。七七仪式略同头七。七七为断七、起服，即除去孝服，请亲朋好友参加断七礼仪活动。请道士和尚来做道场，名曰保太平。这一次是为活人祈祷，念经拜忏之后，子女们便脱下丧服，换上常服。现代五七之后，家人就会恢复正常生活，极少有人做七七仪式。

做七的规矩禁忌：做七期间，禁止理发、赴宴、饮酒作乐、华装盛服等。家中设灵位，七七期内，点长明灯，香火不断，长供鲜果等。

百日祭与周年祭等

亲人死亡后一百天和一周年时，都要举行祭祀仪式，分别叫做百日与做周年。百日祭是一个标志着亡者灵魂归西方极乐世界或投胎转世的日子，因此也有人称之为送西或送轮回。百日祭通常是在亡者去世后的第一百天举行，但也会提前或推迟几天，以避开有忌讳的日子或方便亲友参加。百日祭之前，亡者的家属要穿着孝服，并遵守一些禁忌，以示对亡者的尊重。百日祭之时，亡者的家属要到坟墓或灵堂上拜祭，并请来僧人或道士念经超度，以助亡者脱离苦海，得到解脱。百日祭之后，亡者的家属可以脱去孝服或换成轻孝服，并取消一些禁忌，恢复正常生活。同时也可以邀请亲友吃饭或分发糕点等食物，以示感谢。

在亡者周年祭时，亲人们须准备祭品、香烛前去坟前祭奠，一般按正常仪式进行。

亡者三周年时，还要对亡者做一次重要的祭祀，叫满祭。这是丧家在这些时间节点里，对亡故亲人再次深表哀悼的一种方式，当然也是佛道对亡灵的宗教仪式安排。三周年满祭，还与儒家礼制有关。按儒家礼制，父辈、祖辈死亡，在朝为官的子孙须丁忧三年，名守孝。在三年守孝期间，家里不能放鞭炮，不能娱乐，不能造房子，更不能庆寿及办喜事等，限制非常严格。这对过去的人来讲，确实很难熬。三年期满，丁忧结束就可以回归正常的生活。

扫墓

扫墓是指在特定的时间到墓地祭祀祖先或亡者的一种习俗，表达祭祀者对祖先或亡者的孝道和思念之情，属于礼敬祖先或亡者、慎终追远的一种文化传统。

按照习俗，一般在上午出发扫墓，携带酒食果品、纸钱元宝等祭品到墓地，清除坟墓杂草，培添新土，将食物供祭在祖先墓前，焚香点烛，轮流斟酒，再将纸钱元宝焚化供奉，然后叩头行礼祭拜。同时也会在墓旁边焚一炷香，放些祭品，祭拜山公山母，让其保护亡者尸骨。

旧时的祭祀活动多得不胜枚举，随着历史的推移，这类活动大多已消亡，唯有清明时节的扫墓，传承至今依旧不衰。宁绍平原一带多为水乡河网，旧时上坟多用船只，普通人家往往须先期租赁船只，望族大户有自家的画舫，俗称上坟船。清明节这一天，河湖上舟船如织，眷属们多穿罗着缎，着意装扮，青春少女尤甚，随船摇曳，风姿绰约，更成一道人文风景，所以越地有"上坟船里看姣姣"之说。清明扫墓，既是祭祀，又是一次阖家春游，并且有门前插柳枝的传统。有妇女还把少许柳叶插于发髻，相传可辟邪祛灾。陆游有诗："忽见家家插杨柳，始知今日是清明。"明张岱有《越俗扫墓》文，生动记述了当时越地清明坐游船扫墓的热闹气氛和淳厚民风。

.

第三章
文化信仰习俗

厚重的越文化积淀、南北文化的大交融、山原海多样化的地理环境，造就了浙东运河流域多元的文化民俗风情。这里的人们勤劳务实，善良勇敢，崇尚正气，拼搏进取，好义守信。

这里有各种民间信仰，也有带有迷信色彩的禁、祭、兆、占等习俗。尤其像宁波沿海渔民经常出没于汹涌的波涛之中，世代与风浪拼搏，他们对海龙王、妈祖等的尊敬与信仰是世代相传、刻在骨子里的。

第一节　文化风俗

浙东运河流域耕读传家的观念根深蒂固。绍兴、宁波都是文化名邦，千百年来传承至今的读书、爱书、藏书蔚然成风。著名作家木心曾说过："有骨的江南当看绍兴。"正是这两座有着数千年历史的文化古城，走出过西施和勾践，走出过王羲之和王阳明，走出过陆游和鲁迅，走出过秋瑾和屠呦呦……不得不说，绍兴与宁波都是值得一"读"再"读"的城市。它们既有江南的柔情，又积淀着魏晋遗风，还继承着一种旷达而傲然的风骨。

一、重学尚孝

耕读传家

耕读传家，能耕田就是能务农事，种五谷，可以养家糊口；能读书就是能知诗书，达礼义，可以修身养性，治国平天下。所以，耕读传家既学做人，又学谋生。最早将耕读传家列为家训的是五代十国时期《章氏家训》，书中写道："传家两字，曰耕与读；兴家两字，曰俭与勤。"自此，许多家族都把耕读传家作为重要的家训，用以劝勉后世子孙重视耕读，做到勤劳耕作，读书上进。

读是读圣贤书，学礼义廉耻的做人道理。在古人看来，做人第一，道德至上。传统农耕社会，读书人即使读书，也不会忘记耕田。无论是寒门蓬户，还是名门大族，大都提倡耕读传家。晴耕雨读，亦耕亦读，成为古人所躬行、崇尚的生活行为方式。明沈周画有一幅《耕读图》：山树之间，庭院一处，茅屋数间，背倚山崖，崖上瀑布倾泻而下。屋内一人安坐阅读。柴门外，一人肩扛锄具，正行走在路上；而更远处，一农人正在田地中，扶犁呼牛。题画诗曰："两角黄牛一卷书，树根开读晚耕余。凭君莫话功名事，手掩残篇赋子虚。"这便是耕读传家的传神写照。

在科举时代，浙东运河流域是全国耕读传家最典型的地方。这里崇尚读书，鼓励农桑，历来都是文脉渊薮。绍兴历史上出过2238名文武进士，其中文科进士1965人。仅绍兴陶堰

书房（摄于 2004 年）

村在明清两代就出过进士 43 人，举人 112 人，陶望龄、陶允淳、陶元藻、陶濬宣等文化名人辈出，陶氏族人记述："陶家堰陶氏宗谱里，就是科第方面少了一名状元，仕官方面少了一位宰相，其他是应有尽有。"宁波史诏家族所在的绿野古村，村口石柱上的楹联书写着"四代辅臣二王业绩传千古，历朝进士七二题名启后人"，高度概括了史氏一门在科举上的辉煌。其他如余姚黄氏、余姚孙氏、上虞谢氏、绍兴张氏、绍兴陆氏、萧山来氏等家族莫不如此。

慈孝家风

浙东运河沿线历来重孝。上虞有虞舜孝感动天的故事，有曹娥投江救父的壮举，宁波慈溪有董黯母慈子孝的动人故事，宁波城内还有一条立着牌坊表彰孝行的孝文街。

二十四孝之首的虞舜传说，说的是虞舜的父亲瞽叟及继母、异母弟象，多次想害死他。可舜毫不记恨，仍对父亲恭顺，对弟弟友爱，他的孝行感动了天帝。舜在历山耕种，大象替他耕地，鸟代他锄草。帝尧听说舜非常孝顺，又有处理政事的才干，把两个女儿娥皇和女英嫁给他，并选定舜做他的继承人。舜登天子位后，去看望父亲，仍然恭恭敬敬，并封象为诸侯。

相传上虞曹娥父亲在阴历五月五日迎伍神的祭祀活动中溺水舜江，数日不见尸体，当时孝女曹娥年仅十四岁，昼夜沿江号哭。过了十七天，在五月二十二日曹娥也投江，五日后她的尸体抱着父亲尸体浮出水面，就此传为神话。孝女曹娥故事成为"万古江流、孝德传世"的大孝。

慈溪因孝而名。汉代董黯幼年丧父，家境贫寒，终年打柴换钱，侍奉母亲。董母病重期间，非常想念小时候娘家人隐溪的泉水。董黯于是就在外婆家的溪畔筑室，汲水供母，母病好转。董黯乡人被董黯对母亲的慈孝所感动，便改称大隐溪为慈溪。董黯之后，又出现了唐代的张无择、宋代的孙之翰两位大孝子，慈城遂被称为三孝乡、三孝镇。宋代宁波城区内有为表彰孝子杨庆而建的孝闻坊。

二、守信重节

浙东运河流域有一种风尚叫作名士重节，最早可追溯到大禹。传说中大禹为治水三过家门而不入，死后葬在绍兴，越地民众对此有极强的自豪感。

东汉马臻筑鉴湖，造福民众，又蒙冤被杀。马臻被害时，会稽百姓暗地将其遗骸运回会稽，并葬于郡城偏门外的鉴湖之畔。相传阴历三月十四为马太守生日，民间年年祭祀。

明末，绍兴的名人志士不愿仕清，以身殉国。清军大举南下，奸相马士英仓皇逃命。礼部尚书、文学大家王思任气愤之极，挥笔痛斥马士英："强敌来则缩颈先逃……且欲奔求吾越。夫越乃报仇雪耻之乡，非藏污纳垢之地也。"清军打过钱塘江，绍兴城破，他紧闭家门，愤然写下"不降"两个大字遁入山中自尽。户部尚书倪元璐决不投降，在京悬梁自尽，状元余煌以及潘集、祁彪佳、刘宗周等名士誓死不降，皆投水而亡。在国难当头之际威武不屈，富贵不动，慷慨赴死，其浩然正气，彪炳史册。

绍兴城内的秋瑾纪念碑（摄于 2002 年）

晚清及辛亥革命期间，绍兴走出了许多爱国志士。徐锡麟、秋瑾、陶成章等在黑暗势力面前奋起抗争、拼死一搏，继承了绍兴知识分子、士族阶层在国难当头之际，为民族之大义敢为时代先驱，身先赴死的优良传统。

三、崇文化人

刻书

浙东运河流域历来崇文，崇文的一种主要表现形式是刻书、藏书、读书。绍兴就是图书刻印最发达的地区之一，史料记载，唐时越州就有刻书的记录。诗人元稹任会稽刺史时，曾为白居易的《白氏长庆集》写序："至于缮写模勒，炫卖于市井，或持之交酒茗者，处处皆是。其甚者，有至于盗窃名姓，苟求自售，杂乱间厕，无可奈何。"这是中唐时期刻书的重要记载，也是我国刻印书籍的最早记载之一。

南宋时的绍兴刻本名闻遐迩。除绍兴府学刻本以外，各级机构都竞相刻印，这些刻本规模大、质量高，与临安刻本、福建建安刻本齐名。所刻印的代表书籍有《古越图经》《论衡》《元氏长庆集》《吴越春秋》《会稽三赋》以及嘉泰《会稽志》、宝庆《会稽续志》等近百种。南宋时绍兴私家刻书也盛行，如陆宰、陆游父子先后就刻有 23 种之多。明清时期的刻书更是汗牛充栋，绍兴府刊本、各地寺院刻本、坊刻本、家刻本不计其数。其他还有特种刻本，如活字泥版吕抚《精订纲鉴廿一史通俗演义》，版画《无双谱》、任渭长画传四种、《三不朽像赞》以及彩绘家谱等。

宁波及所属各县的刻书历史最早也可追溯到宋代，如宋刻《资治通鉴》二百九十四卷，卷末有"绍兴二年七月初一日两浙东路提举茶盐司公使库余姚县刊版"字样。元、明两代刻书业迅速发展，明代范钦就刻过很多书。清代是宁波雕版印刷的鼎盛时期，刻书门类齐全，官刻、家刻、坊刻都很发达。另外，书院、寺院刻本十分兴盛。余韵还延续到了民国，民国间仍有刻书坊二十余家，如四明乐善堂、四明茹古斋、三味堂义记、林植梅书坊、江东崇寿经房、慈溪授经楼、千岁坊、一经室等。

藏书

浙东藏书历来都是国内藏书的重要地区之一。宁波人自古好读书也好藏书，藏书文化在宁波城市文化中占有重要地位。历代有名可考的著名藏书家有二三百人，有名藏书楼也有一百余处，数量多、收藏丰、质量高、分布广。至今仍有保存完好的天一阁、五桂楼、伏跗室等藏书楼，珍藏古文献和地方文献逾四十万卷。"天下藏书落甬东，名园司马旧家风"。历史上丰氏万卷楼、范氏天一阁、郑氏二老阁、卢氏抱经楼等著名藏书楼名闻遐迩，特别是亚洲现存最古老的私家藏书楼天一阁，是全世界现存历史最悠久的三大家族藏书楼之一。在《四库全书》的编纂中，天一阁的贡献巨大，天一阁藏书楼是清代皇家藏书楼庋藏《四库全书》南北七阁的样本。天一阁之所以能四百多年保存下来，成为中国藏书史上的奇迹，原因有三：一是范钦立下"代不分书、书不出阁"的遗训，其子孙们严格遵守；二是有效的防火措施；三是独特的防潮、防蛀图书保护方法。

源远流长的藏书文化也是绍兴文化一个重要的特征。绍兴藏书有记载的历史可以上溯至战国，宋以后盛行，有史可查的藏书家多达几百位，留有名字的知名藏书楼也非常多。如绍兴陆游家族的书巢、新昌石氏家族的博古堂、

现存古越藏书楼门楼（摄于 2001 年）

会稽钮纬的世学楼、祁承爜的澹生堂、上虞王望霖的天香楼、萧山王宗炎的十万卷楼等。到清末，徐树兰在绍兴城内创办古越藏书楼，免费向全城民众开放，为人们提供了公众阅览处，并编纂《古越藏书楼章程》，使藏书楼有一套完备的组织机构与管理制度，还立下遗嘱，告诫子孙每年捐钱一千元，以保证藏书楼正常运行。古越藏书楼也因此成为我国第一座具有公共图书馆性质的私家藏书楼。

名士之乡

越国故里绍兴，名人名士辈出。

在灿若星辰的绍兴名人中，有以王阳明、王充为代表的大思想家，以王羲之、王献之为代表的大书法家，以徐渭、王冕为代表的大画家，以陆游、鲁迅为代表的大文学家，以钱三强、竺可桢为代表的大科学家，以任光、袁雪芬为代表的音乐戏曲大家，以秋瑾、徐锡麟为代表的辛亥先驱，以周恩来、俞秀松为代表的革命先辈，还先后走出了四位北大校长，孕育了八十多位院士。

院士之乡

宁波人给世人的总体感觉是有"灵气"，毕竟吃鱼长大，脑子好使。"秀才不怕衣衫破，只怕肚里没有货"的宁波人十分重视文化教育。近百年间涌现一百二十多位两院院士和一位诺贝尔奖得主屠呦呦，宁波成为全国院士最多的城市，扛回了"院士之乡"的美称。

绍兴师爷

师爷为旧时官署幕友的尊称。自清朝起，一概尊称此类幕僚为师爷。师爷为幕主或出谋划策、参与机要，或起草文告、代拟奏章，或处理案卷、裁行批复，或奉命出使、联络官场，凡此等等。在中国官场，从明朝中期以后，延至整个清代，师爷都是地方各级衙门首脑的幕后智囊，权势不可小觑。

如此一个特殊群体怎么会有"绍兴师爷"这样一个专有名字呢？究其原因，绍兴出的师爷人数最多、影响最大。这与绍兴自古以来崇学尚文的社会风气密切相关。绍兴多读书人，科举考试不中的人也多，读书人在做官不能、经商不屑的选择中做幕僚，既体面也能实现抱负，加上绍兴人精明能干，低调务实，自然很快成为官员的最得力的帮手。而同乡师爷的引荐为这一群体的迅速扩大起到了推波助澜的作用。

第二节　地方戏剧

　　浙东运河流域是地方戏剧和曲艺等舞台表演艺术的活跃区域，素以"戏曲之乡"著称于世。知名的地方戏曲，如绍兴有绍剧、越剧、绍兴莲花落、新昌调腔等，宁波有甬剧、姚剧、宁海平调等。看戏是浙东运河流域旧时民间习俗。逢节过节除了吃好穿好，最令人向往的就是看戏了。所以从古至今，戏曲在这一地区拥有广大的热心观众和一批执着痴迷的专业人员。

一、绍兴戏剧

绍剧

　　绍剧，作为中国传统戏曲剧种之一，主要发源及流行地在绍兴、宁波一带。原名"绍兴乱弹"，民间称"绍兴大班"，它起源于秦腔，明嘉靖年间，秦腔从北方流传到浙江绍兴，与当地的余姚腔融合后，形成了一种激越昂扬的新腔，当时称调腔。清乾隆年间是其壮大普及时期，影响范围扩大至绍兴、宁波、萧山及江苏、上海等地。清末民初，绍剧进入上海，并成立了上海"同春舞台"，新中国成立后，更名为同春绍剧团，后又迁回绍兴。1950 年正式定名叫绍剧。

　　绍剧是浙江三大剧种之一，它以"三五七""二凡"等高亢激越的唱腔为基本唱调，以豪放洒脱的武戏见长，以粗犷朴实的表演风格为特点。在其三百多年的发展历史中，拥有了四百多个剧目和三个专业剧团，最具代表性的剧目有《孙悟空三打白骨精》《龙虎斗》等。1961 年由绍剧团精心改编、排演的绍剧《孙悟空三打白骨精》赴北京演出，毛泽东、周恩来等党和国家领导人观看后给予极高的评价，毛主席还作了题词，周总理四次观看演出，与演员合影留念。后该剧还被拍成电影，在七十多个国家和地区放映，取得了绍剧发展史上的辉煌成就，也形成了绍兴猴戏的独特风格。绍剧艺人的角色行当分为白脸、花脸、旦堂三档，又细分为十三种，俗称"十三先生"。分工细致职责明

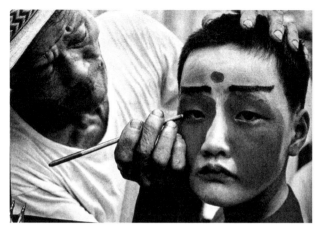

绍剧演员在化妆（摄于 20 世纪 80 年代）

确，各行脚色均有各自拿手戏。绍剧的著名演员有梁幼侬、吴昌顺、陆长胜、筱玲珑、林芳锦、汪筱奎、章宗信（七龄童）、章宗义（六龄童）等。尤其是六龄童，以演孙悟空而闻名，被称为"南派猴王"。

越剧

越剧，为中国五大戏曲剧种（京剧、越剧、黄梅戏、评剧、豫剧）之一，有第二国剧之称。越剧，也有叫小歌班、的笃班、绍兴文戏等。在 1925 年 9 月 17 日的上海《申报》演出广告中，首次以"越剧"名称亮相，几经发展，延续至今。

越剧发源于今绍兴的嵊州市，起初是农村流行的民间唱书，即落地唱书，后来发展成为有情节的小戏，并在庙会草台上演出，受到欢迎，20 世纪初进入上海，并在上海发扬光大。在越剧发展中汲取了昆曲、绍剧等特色剧种之精华，经历了由男子越剧到女子越剧的历史性转变。

越剧唱腔优美动听，情节凄婉动人，表演情真意切，画面唯美典雅，极具浙东灵秀之气。越剧题材多选取结局圆满、情节曲折的才子佳人的爱情故事和生活故事，非常迎合观众的心理，所以很快赢得广大观众的欢迎，同时也促进了自身的发展。

越剧百年，艺术流派纷呈，公认的就多达十三大流派。名家荟萃，有

姚水娟、袁雪芬、范瑞娟、尹桂芳、傅全香、徐玉兰、戚雅仙、王文娟、何赛飞等。上演剧目灿若繁星，多姿多彩，仅20世纪就有六千余个剧目，《中国越剧大典》记载的优秀经典剧目有375个。像《梁山伯与祝英台》《红楼梦》《祥林嫂》《碧玉簪》《孟丽君》《西厢记》等三十多部优秀剧目被拍成了电影。越剧演剧团体很多，影响范围也非常之广，单就这两条，越剧可列中国戏曲剧种之首。

二、宁波戏剧

甬剧

甬剧是用宁波方言演唱的地方传统戏剧。在晚清、民初时期开始流行，它最早是从农民田间地头的民间小戏、曲调演变而来的，早期叫串客，流传到上海被称作"宁波摊簧"，1938年最终定名为甬剧。甬剧最早主要流行在鄞县、奉化一带，新中国成立前，在上海、宁波、舟山等地相当活跃。

甬剧起初是农民在田头劳动时，将所见所闻、所思所想的新事趣事，即兴编成四句体，随口表达，故表演活灵活现，十分逼真。后把四句体改成七字结构，适合农民与手工业者在劳作时的即兴说唱。用抒情的表演和演唱来演绎剧情，其表演风格夸张幽默，音乐曲调十分丰富，受到广大观众的喜爱。

甬剧舞台服装经历了从多着长衫演清装戏到穿西装旗袍演戏的过程。甬剧道具十分简单，舞台上最多是一桌二椅，或一桌一椅，男角拿折扇，女角拿手帕。甬剧的代表剧目有《半把剪刀》《天要落雨娘要嫁》《田螺姑娘》《典妻》等。甬剧名角有擅长演"草衣"戏丑角的邬拾来，是甬剧的祖师爷，有被誉为甬剧皇后的李香兰和杨柳汀等名家。繁荣时期的甬剧出现了许多表演团体，目前仅存宁波市甬剧团一家。

姚剧

姚剧，是宁波市第二大地方戏曲剧种。清乾隆年间，为了给当地元宵灯会助兴，用余姚方言演唱"雀冬冬"等的民间说唱艺术和车子灯、旱船、采茶篮等的民间歌舞，在余姚县北部的坎墩开始兴起，后来当地的农民、手工业者在农闲时组班演出，地域扩大至余姚、慈溪、宁波、舟山、上虞等地。清光绪年间部分艺人赴沪演出，逐步发展成为具有朴实粗犷的表演特色的"余姚滩簧"，1956年正式定名称"姚剧"。

姚剧用流利清晰的余姚方言，唱腔似流利说话，几十句唱词编成流畅的歌，一气唱成，犹如鸟语，故又有"鹦哥戏"之称。姚剧表演自然，动作对白非常贴近生活，表演风格幽默、风趣、诙谐，富有浓郁的乡土生活气息，受到当地人们的欢迎。姚剧有《双推磨》等著名剧目，和马楠本、周兰英、楼阿木、月月红、小山宝、大桂香等知名艺人，沈守良、寿建立等代表性传承人。至清末民初，由于战乱，姚剧衰落。

第三节 民间文化

民间文化也叫民俗文化，是民众通过自发创造、大众共享、世代传承的一种生活文化。民间文化不仅能娱乐人们，教化大众，甚至还能起到让当局者"观风俗，知得失"的作用。浙东运河流域的先辈们在悠久历史中，创造出灿烂的民间文化。

一、楹联文化

楹联是指挂在楹柱上的对联，故称楹联。通常出现在衙门、大殿堂、庙宇等庄严建筑物的门楣上方与两侧。在古代，门楣是家族身份和地位的

蔡元培先生故居大门楹联（摄于 2019 年）

象征，因此一些豪门大户或读书人家便在自家门楣上悬挂用木头雕刻成的对联，以展示家族的文化底蕴和处世之道。楹联渐渐成为中国传统文化中的一种独特文学艺术形式，在中国传统文化中占据重要地位。

有文字记载的楹联始于唐五代年间，至明清时期已非常繁荣。楹联通常由上下两联组成，字数多少无规定，甚至有多达数百字的长联。但要求对偶工整，平仄协调，意境相互呼应，整体构成一种既和谐又蕴含深刻寓意的句式。楹联内容多为政论、处世、哲理、家训等，相比对联，楹联更加正式，更加注重文学内涵和哲理寓意。楹联后来也有写在绫绢、宣纸上的，一般悬挂在室内大堂中，慢慢使楹联变得更普遍、更丰富、观赏性更强。

以下是浙东运河沿岸流传至今较为典型的楹联。

有能从吾游乎，历宛委崇岩，阳明古洞，揽鉴湖八百里，而遥登高穷一览，禹之穴，舜之江，曹庙江声，剡溪雪瀑，春秋饶景色，更南翔天姥，北控海门，西接钱塘，东临慈水，最难忘兰亭饮禊，戢岭衡文，师友追陪，裙屐名贤传翰墨；

是以论其世也，自涂山玉会，勾践霸图，溯君子六千人，以后累代毓奇英，谢氏诗，孙氏画，虞公典录，逸少丹绎，述作盛源流，况昙摩寺僧，浣纱村女，秘监道士，烟波钓徒，正不独蠡种卿才，王朱理学，后先辉映，旗章勋业耀乡邦。——清末绍兴府衙大门超长楹联

数尺地五湖四海；几更天三朝六代。——绍兴诸暨枫桥大庙戏台楹联

天地是个大舞台；舞台是个小天地。——绍兴斗门张神殿戏台楹联

舞态翩跹，贺池月朗；歌声缭绕，樊浦风清。——绍兴孙端樊浦寺戏台楹联

小店名气大；老酒醉人多。——绍兴咸亨酒店作家李准撰的楹联

兰亭共流觞；香肴集斯厨。——绍兴兰香大酒店店门楹联

臭名远扬；香飘万里。——绍兴城内原光明路口一个油炸臭豆腐店的楹联

人淡似菊；屋小如船。——绍兴鲁迅故居内的楹联

水清鱼可数；天静色皆空。——绍兴下方桥石佛寺内楹联

英雄尚毅力；志士多苦心。——绍兴城内府山上风雨亭楹联

白云景里传心处；流水声中选佛场。——绍兴云门寺内楹联

宝塔应天真突兀；梵宫离地拾清凉。——绍兴城南飞来山上清凉寺楹联

披雾还观沧海日；流觞却异永和人。——绍兴兰亭流觞亭王焕镳题的楹联

浣纱石占丁秋，更难寻花草吴宫，鸱鸮越殿；汐舸人归何处，一例是琵琶汉怨，钗钿唐仙。——诸暨西施祠内的楹联

事父未能，入庙倾诚皆末节；悦亲有道，见吾不拜也无妨。——上虞曹娥庙内相传明代徐文长题写的楹联

书城巨观；人间罕睹。——宁波天一阁的楹联

崇寿前朝寺；栖心古道场。——宁波七塔禅寺内楹联

春秋多佳日；山水有清音。——宁波天一阁郭沫若集古诗题的楹联

丰功留梓荫；威望震欧洲——宁波招宝山吴公记功碑中的楹联

风声雨声晨钟暮鼓声声声正觉；山色水色贝叶莲花色色色皆空——余

姚市区的龙泉寺内楹联

几间东倒西歪屋；一个南腔北调人——绍兴徐渭题青藤书屋内楹联

千里遥吞沧海月，万年独抵大江浪；一曲蕙兰飞彩鹢，双城烟雨卧长虹。——余姚的通济桥东西两侧楹联

垂虹玉带门前来；万古名桥出越州。——绍兴浙东运河公园内楹联

盛盛盛盛盛盛盛；行行行行行行行。——绍兴陶堰百家庙相传徐渭所书的大戏台楹联

二、民间文学

歌谣

歌谣是人们用韵律和重复技巧表达情感和思想的一种民间文学形式，它贴近生活，有故事性，简短押韵，朗朗上口，有的蕴含深刻的哲理，故传播范围广、内容相当丰富，深得百姓喜爱。歌谣的种类很多，有民歌、民谣、儿歌、童谣等不同的表现形式。

浙东运河流域一带所传承歌谣以越歌为主，有的字句各地略有差异。以下列举一些有特色的歌谣。

绥绥白狐，九尾庞庞。我家嘉夷，来宾为王。成家成室，我造彼唱。天人之际，于兹则行。——《涂山歌》，载于《越王无馀补传》。

卿虽乘车我戴笠，后日相逢下车揖。我步行，卿乘马，他日相逢卿当下。——晋周处《风土记》所载《越谣》，西晋时越人交友的祝歌。

太阳火炎炎，石板冒青烟。东家在屋里，快活似神仙；长工在田里，鲜虾落镬沿。——《长工苦》，描述旧时代长工的苦难。

店王（地主）吃鱼吃肉，赤脚阿三生盐拌粥；店王穿红戴绿，赤脚阿三丁零挂落；店王放爆祝福，赤脚阿三呒有饭米落镬。——《店王与赤脚阿三》，诉说佃农辛苦和不平的歌谣。

媳妇要回娘家门，狂风暴雨也是晴，爬山翻岭也是平，黄蟒大蛇是

条绳，一脚飞到见娘亲。——《媳妇要回娘家门》，诉说旧时妇女的思亲心声。

正月灯，二月鹞，三月上坟船里看姣姣，四月田鸡咯咯叫，五月车水戴凉帽，六月耘田打虎跳，七月秋风起，八月扯大旗，九月稻头齐，十月掘藕挖荸荠，十一月里雪花飞，十二月里春糕裹粽来勿齐。

一月嗑瓜子，二月放鹞子，三月种地下秧子，四月上坟烧锭子，五月白糖温粽子，六月朝外扇扇子，七月老三驮银子，八月月饼嵌馅子，九月金柑夹桔子，十月砂糖炒栗子，十一月跌跌朴朴落雪子，十二月冻死凉亭叫花子。——这两首《十二月歌谣》主要描述浙东一带的风俗和四季农事。

丈人天，丈母地，老婆是皇帝，爹娘鼻头涕，甩来又甩去。——这首《丈人天》歌谣讽刺男子不敬自己爹娘的不孝行为。

鹦哥班，勿推板，一把二胡一副板，两个人唱唱勿嫌淡，男人听得勿出畈，女人听得勿烧饭。——这是宁波赞美鹦哥班魅力的歌谣。

若要夫妻同到老，梁山伯庙到一到，拜拜多情祝九娘，不为蝴蝶即鸳鸯。——这首歌谣反映出了宁波人赞美梁祝美好的爱情，笃信只要心诚定能夫妻白头到老。

老鼠眼睛像胡桃，老鼠尾巴像锉刀，前脚低来后脚高，身穿一件皮棉袄。日里呼呼困艾告，夜里做贼做强盗。黄鼠狼，看见告诉老爷道，老爷实嗝话：侬个赤佬也勿好！搭人家一只生蛋鸡娘咬咬倒，害啦人家两公婆鸡狗鸡狗吵勿好。——宁波生活歌谣。

摇啊摇，摇到外婆桥，外婆来格纺棉花，娘舅来格摘枇杷，舅母来格走人家，走到东家吃西瓜，还讲人家勿倒茶，咯落咯落还要辱人家，侬讲好笑勿好笑，外婆是吤话，吤坏人要其啥，还是斩斩喂大蛇，大蛇弗肯吃，小蛇囫囵吞，鲤鱼跳龙门，一跳跳到水缸顶浪，清零哐嘟做戏文。——宁波生活歌谣。

牛耕田来马吃谷，阿爹做官我享福，阿爹穿红我穿绿，阿爹吃鱼我吃肉，儿子心里还是嫌不足。——宁波生活歌谣。

上起一支万年高阁金栋,坐落之处四季平安。上梁时间到,上梁时间到,对准栋梁三记敲,左手馒头右手糕,脚踏仙梯步步高。手攀丹桂采仙桃,仙桃不是凡人吃,鲁班仙师走一遭。——这是浙江运河沿岸人家在造屋上梁举行仪式时唱的《上梁歌》,既要图隆重又要图吉利。

月亮弯弯,囡来望娘。娘话心肝宝贝归哉,爹话一盆花归哉;娘娘话穿针肉归哉,爷爷话敲背肉归哉。唔嬷见我归,捡起罗裙揩眼泪;爹爹见我归,拔起竹竿赶市去;娘娘见我归,驮起杖后园赶雄鸡;爷爷见我归,撩开船篷外孙抱弗及;嫂嫂见我归,锁笼锁箱锁弗及;哥哥见我归,关得房门假读书。——绍兴越地生活歌谣。

一螺富,二螺开当铺,三螺捉狗局,四螺磨豆腐,五螺五爪金,六螺前堂吃饭后堂嬉,七螺磨刀枪,八螺杀爹娘,九螺竖旗杆,十螺坐官船。——绍兴越地生活歌谣。

天皇皇,地皇皇,我家有个夜叫郎。过路君子看一遍,一觉困到大天光。——绍兴越地生活歌谣。

大姑娘,俏盈盈,浪竿头里乘风凉。大风吹到海中央,和尚捞起做师娘。——绍兴越地儿童歌谣。

月亮婆婆,侬有几个囡?有三个囡。都做啥咯?大囡织绸咯。二囡做啥咯?二囡织布咯。小囡做啥咯?小囡织带咯。带对带,布对布,绸对绸,鹦哥跌落地,嫂嫂戴头笄,姆妈纳鞋底,哥哥做皇帝,阿伯胡须翘翘起。——绍兴越地儿童歌谣。

摇啊摇,摇到外婆桥。外婆真要好,买个鲤鱼烧。头勿熟,尾巴焦;刮起尾巴再烧烧,外孙吃了快点摇。——绍兴越地儿童歌谣。

绍兴城里十乘桥,一有大木桥,二有凰仪桥,三有三脚桥,四有螺蛳桥,五有鲤鱼桥,六有福禄桥,七有戴山桥,八有八字桥,九有酒务桥,十有日晖桥。走过十乘桥,坐顶花花桥。——绍兴越地儿童歌谣。

喜鹊喳喳叫,哥哥讨嫂嫂。嫂嫂年纪小,哥哥胡须翘。——绍兴越地儿童歌谣。

踢脚扳扳,扳过南山。南山有队,北山有海,南山离支,离支坳弯,新官上任，老官请出。——绍兴越地儿童歌谣。

一会哭一会笑，两只黄狗抬花轿，轿子抬到大江桥，东张张西望望，脚步趺在桥头墩，囡囡跌到外婆家，会哭又会笑，三个铜钿买支箫，呜哩呜哩吹到外婆家，外婆当我好宝宝，糖一包果一包，外加三块黄南糕。——宁波儿童歌谣。

点点窝窝，猫儿做窠，青布念布，捏着算数。——宁波儿童歌谣。

喇头比，挑猪泥，一挑挑勒海边里，擦个破铜钿，买亩田，起间屋，抬个老婆享享福，生出儿子像萝卜，酱油麻油温温吃。——宁波儿童歌谣。

砧板薄刀背来，阿爹阿娘叫来，花花轿子抬来，前门后门关来。——《蚂蚁谣》，宁波儿童歌谣。

歇后语

歇后语是一种特殊的语言形式，它生动形象、含蓄幽默，用大家熟悉的事物或习俗来比喻或隐喻，带有浓郁的乡土味。它也是鲁迅先生在《门外文谈》里赞赏的"用起来很有意思""听者也觉得趣味津津"的"炼话"里面的一种。以下列举了宁绍一带有特色的歇后语。

打了阿婆，还要投河——恶人做大。

三个指头撮田螺——笃定。

桐油畚斗——滴水勿漏。

太阳底下呷老酒——里外都热。

酒坛里捉鳖——十拿九稳。

湿面布包汤团——好得拆勿开。

黄胖春年糕——吃力勿讨好。

绣花枕头稻草包——中看勿中用。

额角头上放扁担——头挑。

弄堂里背毛竹——直来直去。

猢狲种树——拔拔种种。

老鹰飞过拔把毛——恶要。

老虎舔蝴蝶——勿够塞肚角。

寿星吃砒霜——活得勿耐烦。

四大金刚腾云——悬空八只脚。

半路杀出个程咬金——想勿到。

茅坑石板——又臭又硬。

包脚裤上钉纽襻——牢固又牢固。

上轿穿耳朵——来勿及哉。

船头上跑马——走投无路。

三十夜头等月亮——白费功夫。

叫花子吃蟹——只只鲜。

文不像读书人，武不像救火兵——派勿来用场。

十根手指连排梢——笨手笨脚。

桥倒压勿煞叉条鱼——呒心事。

小和尚念经——有口呒心。

木器店老板——木头木脑。

江西景德镇的特产——瓷器（慈溪）。

大胖子穿紧身裤——驳紧（北京）。

程咬金噶三斧头——虎头蛇尾。

秦琼的黄膘马——来头勿小。

包公断案——认理不认人。

秀才当兵——文武双全。

大姑娘做媒——有嘴讲别人，无嘴讲自己。

大姑娘上花轿——脸上哭，心里笑。

唱戏的喝彩——自吹自擂。

唱戏的穿龙袍——成勿了皇帝。

晾竿挑水——后头长。

瞎婆穿伲线——碰巧。

风吹墙头草——随风倒。

酒瓮里点灯——肚里自个明。

外面敲铜锣，里头喝俺菜卤——自晓得。

石板道地掼乌主（龟）——硬碰硬。

猪八戒照镜——里外勿是人。

隔窗吹喇叭——名声在外。

瞎子摸沙蟹——没有方向。

温汤杀鳖——慢吞吞。

三角石头——勿落位。

囫囵吞枣——勿消化。

酱油店里卖香水——路数勿对。

木匠师傅弹线——一目了然。

瞎子唱山歌——瞎开心。

豆腐薄刀——两面光。

螺蛳壳里做道场——兜勿转。

烂田里翻捣臼——越陷越深。

借代语

借代是一种修辞手法，是为了突出事物的本质特征，增强语言的形象性，起到表达简洁、特点鲜明、形象生动的效果。浙东运河流域的借代语具有浓郁的地方特色，也只有这一方土地上的人才懂得其真实含义。如绍兴人认为直接说人死了不吉利，就用"老了""去了""没了""呒有哉"等词语来代替。

古人活着时就预做好棺材，为图吉利，往往用"寿屋""寿舫""寿材"代替叫棺材，一般没有人会直接说棺材两字的。

旧时为了孩子好养活，给小孩取名时用阿狗、阿猫、阿牛的特别多。有意思的还有万用借代词，如绍兴有"彼处"和"夯个"词来代替任何人、事或物，宁波话中"哦""那波"也有类似作用，都相当于普通话里的"那个"之意。

幽默和风趣的借代语是浙东运河流域的语言特色,列举一二如下:

三只手　指小偷。

三脚猫　指静不下来的人。

僵湾佬　指个子又矮又小的人。

斗鸡眼　指内斜视的人,暗喻目光短浅。

蒸笼头　指头上很会出汗的人。

雌雄婆　比喻女性化的男人。

十三点　指做事不合情理或越规的人。

书独头　指书读多了,反而变得偏激,成了书呆子。

木性性　指做人不知变通,呆头呆脑。

电灯泡　指处在恋人中间让人讨厌的人。

牛皮糖　指无法对付的人。

沙蟹命　指劳碌命。沙蟹,海涂里的一种小螃蟹,喜动。

小棺材　特指小男孩。心里爱,嘴上骂孩子的话。

客来癫　即人来疯,家里客人来了表现得肆无忌惮的孩子。

拖油瓶　指随母嫁过来的前夫孩子,一般专指累赘。

缠脚猫　指老缠着大人要抱抱的孩子。

包龙图　指黑脸色或脸脏的人,也喻断事公正的人。

粘屁股　去别人家坐下不肯走的人。

绕笼头　指认死理的人。

万金油　什么都懂一点也能做一点的人。

拖祭包　老跟着别人而不受欢迎让人厌烦的人。

夜新鲜　白天昏沉、夜间反而清醒的人。

生葱气　指说话做事不近人情、不懂人情世故。

石缝笋　专指孤僻冷漠的人。

九头鸟　指歪点子特别多、常在背后出馊主意的人。

大好佬　指能耐大又肯帮忙的人。

笑面虎　指表面装善良其实心肠狠毒的人。

鸭屎臭　做人做事不够光彩，不够磊落。

猪头囵　指愚笨的人，也叫猪头山。囵头，猪的嘴部。

朝外货　指吃里扒外的人。

现世报　指做了坏事会马上得到的报应。

枪毙主　该吃枪子的人，骂人话。

河水鬼　河里面的水鬼，骂人该淹死。

讨债鬼　一般骂自家孩子是前世孽障，专做淘气事的孩子。

断六亲　指做人做事不通人情不合常规，以致断绝了与亲人之间的来往。六亲，指父、母、兄、弟、妻、子，泛指所有亲戚。

翘辫子　指死亡。

败门枋　即做了有辱家门，有失家族风范的事。

吭搭头　指与不靠谱的人不可为伍，不能一起做事。

大头黄鱼　指一个人的脑袋很大，做事吹牛成分多。

生病黄鱼　形容气色很差，病恹恹。

晒鲞　指干活偷懒的人或无事可做。

掰鲞　指事多人少，恨不得分身去做。

小黄鱼独吞　指大家一起做事，有人却想独吞好处。

谚语

谚语是长期流传于民间能揭示普遍而深刻哲理的固定短语。谚语既通俗易懂，又形象生动，为人们所喜爱。

敬老谚语

浙东一带素有敬老养老习俗，故敬老或教子敬老的谚语很多。

孝敬田稻自格谷，孝敬爹娘自格福。

要知后代看前代。

家中有一老，犹如有一宝。

若要好，问三老；三老勿应，必有毛病。

子孝父母安。

狗勿嫌主穷，儿勿嫌娘丑。

要让儿孝，先敬二老。

孝勿如顺。

勿听老人言，吃亏在眼前。

在家敬父母，何用远烧香。

大人自有天地心，小人勿可昧良心。

喜鹊尾巴长，讨了老婆忘了娘。

海阔洋洋，忘记爹娘。

头子死凶，爹娘勿均（养）。

小勿花，老勿板。

活到老，学到老，还有三分没学到。

儿孙自有儿孙福，勿要为儿孙作马牛。

生活哲理类谚语

浙东宁绍地区常用的有特色的谚语列举如下：

城里外甥，勿及隔壁后生。

门前一条河，讨来媳妇像阿婆。

宁可死个做官爹，勿可死个讨饭娘。

拳头打出外，胳膊拐进里。

白糖嘴巴刀子心，甜言蜜语毛竹钉。

吃的六谷糊，走的田塍路。

爹有娘有，不如自有；千铜赊，不如八百现；八百现，不如腰里缠。

带鱼吃肚皮，闲话讲道理。

吃受用，穿威风，赌脱空，嫖送终。

夏天困得早风凉，冬天困得出太阳。

前半夜打人阵，后半夜补补丁。

身边有铜（钱），走路像飞凤；身边无铜（钱），走路像瘟虫。

湖羊尾巴太油醮，黄芽韭菜炒鸡蛋，青壳螺蛳剁屁眼，老板鲫鱼火腿嵌。

有了千钿想万钿，做了皇帝想成仙。

多讲多话多遭怪，多吃多用多欠债；传来言语勿可信，灶上灶下讲勿清；马踏软地易失蹄，人听甜言要入迷。

天河对弄堂，村里家家晒酱缸；天河对笆桩，村里户户吃虾汤：天河对大门，家家户户吃大菱。

体强人欺病，体弱病欺人，静而不动眼花耳聋，有静有动无病无痛。

小心呒大错。

好蜂勿采落地花，好马勿吃回头草，好狗勿倒路中央，猎狗勿死床底下。

勿到长城非好汉，勿到黄河心勿死。

自做做么做勿起，别人做做勿中意。

心惶不定，抽牌算命。

人比人，气死人；命比命，气成病。

虎落平阳被狗欺，龙搁浅滩被虾戏。

得势猫儿猛如虎，落魄凤凰不如鸡。

一娘生九子，连娘十条心；一人肚里一个计，三人肚里会唱戏。

自个头发要人剃，是非难逃公众议。

代压代，萝卜拔起种芥菜，要知后代看前代。

穷在街头无人问，富在深山有远亲。

斟酒时甜言蜜语，劝酒时花言巧语，喝酒时豪言壮语，醉酒时胡言乱语。

嘻嘻哈哈是个佛，闷声勿响是个贼。

碗知足，盘知足，人心永远不知足。

日里昏头搭脑，夜里鲜虾活跳。

凹脸塌鼻头，茶饭担到手。

五马翻六羊，大炮换鸟枪。

屎急造茅坑，临时抱佛脚。

田怕里坎漏，家怕米桶漏。

鞭竹实心根根硬，毛竹虽高节节空。

满床倪囡勿如半床妻，亲生倪子勿如呆丈夫。

酒是穿肠毒药，色是削骨钢刀，钱是下山猛虎，气是惹祸根源。

女怕找错郎，男怕入错行。

少年勿做家，老来当狗爬。

吃饭松山挖土，做活声声叫苦。

天地良心，到处通行。

牛勿知角弯，马勿知面长。

吃勿穷，穿勿穷，算计勿好一世穷。

人靠良心树靠根，走路全靠脚后跟。

做了好事千年存，做了坏事万人恨。

宁可给乖人背包袱，勿可给笨人出主意。

耳朵勿硬，心思勿定。

呒事勿可胆大，有事勿可胆小。

不怕人家看不起，只怕自家勿争气。

头夜忖忖千条路，天亮还是摸老路。

老勿看《三国》，小勿看《水浒》。

笨是介笨，问勿肯问。

忍一步少闯祸，让三分平安过。

山怕无树地怕荒，人怕懒惰花怕霜。

鲁班师傅造凉亭，小讨饭来批评。

有心大海捞针，呒心小事难成。

风急落雨，人急生智。

出门勿弯腰，进门没柴烧。

头茶苦，二茶补，三茶吃了打老虎。

生产农时类谚语

一句话，道出农业生产规律，这样的谚语非常受百姓的欢迎。

正月茶花，二月梨花，三月桃花，四月杜鹃花，五月石榴花，六月荷花，七月玉兰花，八月桂花，九月菊花，十月芙蓉花，十一月雪花，十二月腊梅花。

天下之主，不如买主。

买主大如皇帝。

功名靠求，生意靠兜。

和气生财，生意会来。

死店活人开，买主上门来。

生意不成情意在。

若要油，菜花田里养泥鳅。

山荒出宝。

冬至栽竹，立春栽木。

一颗茶叶七颗米。

桃三李四梅九年。

寸树斗水丈地湿，造林胜似造水库。

松树上山，擦树落湾。

一年烂饭买头牛，三年薄粥造间楼。

九月廿三晴，皮匠老婆要嫁人。九月廿三落，皮匠老婆打金镯。

立夏关秧门，夏至见稻娘。

稻黄黄一日，麦黄黄一时。

儿子要亲生，田地要冬耕。

水稻水多是蜜糖，小麦水多赛砒霜。

云行东，车马通；云行西，雨凄凄；云行南，水连天；云行北，好晒谷。

一本万利开典当，二龙戏珠珠宝行，三鲜海味南货店，四季发财水果行，五颜六色绸缎庄，七星打角箍桶店，八字墙门开茶坊，九曲柜台酿酒坊，十字街头造洋房。

清明断雪，谷雨断霜。

立夏勿种田，昼夜勿得眠。

清明下秧，甭问爹娘。

宁可用菱秧，勿可秧菱田。

人补桂园荔枝，田补河泥草籽。

养囡靠娘，种田靠秧。

大水耘田勿如坐坐吃吃困。

清明要晴，谷雨要淋。

插秧勿躲雨，夏收勿歇凉。

三伏不热，五谷不结。

六月盖被，有谷无米。

惊蛰雷声响隆隆，蛇虫百脚都出洞。

三月三，田鸡蚱蜢闹田畈。

春天小人脸，一天变三变。

春寒多雨水，夏寒断滴流。

两春夹一冬，无被暖烘烘。

春无三日晴，夏无三日雨。

夫勤呒荒地，妇勤呒破衣。

春霜勿露白，露白要赤脚；三朝勿赤脚，晴到割大麦。

清明热得早，早稻一定好。

头梅勿可做，二梅勿可错。

六七月里吹北风，一二天里有台风。

夏至落大雨，八月做大水。

立秋雨淋淋，遍地是黄金。

重阳晴，一冬明；重阳雨，一冬冰。

月亮生毛，阴雨难逃。

夜里露水重，明朝太阳红。

狗吃水要晴，猫吃水要落。

泥鳅跳，雷雨到。

春不种，秋无收。

五十养子勿得力，五月种茄勿得食。

早稻要抢，晚稻要养。

文化学习类谚语

浙东运河流域的人们崇文尚学的风气不仅表现在家风家教上，也体现在平时的话语中，时时刻刻督促孩子勤学上进。

秀才不怕衣衫破，就怕肚里呒有货。

少年读书，石板刻字；青年读书，毛笔写字；中年读书，粉笔写字；老年读书，河里划水。

书到用时方恨少，事非经过不知难。

不怕勿懂，就怕装懂。不懂装懂，永世饭桶。

井淘三遍吃水好，人从三师技艺高。

日日做个有心人，不怕千万事上身。日日行走脚不停，不怕旅途千万程。

秀才饿煞勿卖书，壮士饿煞勿卖剑。

手艺是活宝，走遍天下饿不倒。

薄技在手，胜过金银。

小本领学在身，赛过祖业千万金。

一把剪刀一把尺，走尽天下都有吃。

台上三分钟，台下三年功。

外练身法步，内练精气神。

好药难医心头病，黄金难买少年时。

艺高胆大，财大气粗。

人到无求品自高，官到能穷方为清。

读得书多黄金秋，勿耕勿种自然收。

少勿学，老上吊。

家有千金，勿如日进分文。

酒乡酒谚

酒乡绍兴不仅盛产名酒，千百年来也产生了一系列与酒有关的谚语，在绍兴人的日常生活生产中广泛流传。

酒香不怕弄堂深，花香自有蜂蝶来。

东越相逢几醉眠，酒楼明月镜湖边。

陈年老酒味道醇，世交老友情谊深。

老酒日日醉，皇帝万万岁。

猛虎一杯山中醉，蛟龙两盏海底眠。

人是老格好，酒是陈格香。

糯米进仓，做酒就忙。

饭是根本肉长膘，酒行血脉烟通窍。

会喝酒的脸不红，会做贼的心不慌。

办酒容易，请客难。

酒在肚里，事在心里。

酒醉泄秘密，话多吐真言。

壶里乾坤大，杯中日月长。

酒多伤命，气多伤神。

饮酒千杯勿计较，交易丝毫勿糊涂。

喝酒莫说花钱少，一年积件老棉袄。

种田靠秧，做酒靠娘（酿）。

好肥料施田地，好酒肉待女婿。

有酒有肉多朋友，有柴有米好夫妻。有酒有肉多弟兄，大难来了各东西。

做事要帮手，喝酒要对手。

三年勿喝酒，屋里样样有。

老酒糯米做，吃了变肉肉。

吃酒不吃菜，必定要吃醉。

剁螺蛳过酒，强盗来了勿肯走。

天会雪花飞，我有老酒咪。

三杯通大路，一醉解千愁。

酒醉忘记年纪大，欢乐忘却烦心事。

借来壶瓶赊来酒，酒债如山也勿愁。

话不投机半句多，酒逢知己千杯少。

用酒待人，呒有恶意。

前世勿修，腌菜过酒。

有花方斟酒，无月不登楼。

大量喝酒醉倒人，大讲空话吓走人。

泡茶要浅，斟酒要满。

过量酒勿可喝，意外财勿可贪。

酒勿可过量，话勿可过头。

今朝有酒今朝醉，勿愁明朝喝冷水。

跑过三江六码头，吃过壶筒热老酒。

越酒行天下，东浦酒最佳。

醉乡在何方？东浦大地方。

三、民间传说

浙东运河流域人们口口相传的民间故事，以其特有的文化形式、丰富多样的情节和深远的寓意，教化着民众，深深触动并扎根于每个人的心灵。

虞舜传说

虞舜被司马迁列为中国正史开端的"五帝"之一，《史记》是这样记载舜的："天下明德，皆自虞舜始。"舜历来被视为中华道德文化的鼻祖。

舜，姓姚，因舜的眼睛大而黑，传说有两个瞳仁，因此又叫重华。舜又称虞舜，据说先秦时代有以国名作为姓氏的习惯，当时国号为有虞，故称有虞氏。相传舜出生在浙东运河边的上虞，是父系氏族社会后期部落联盟的领袖。舜的母亲在他很小时就去世了，他父亲是个盲人，又娶了妻子，生了个儿子名叫象。舜的父亲、继母、弟弟对他十分残忍，几次都想害死舜，可舜仍对他们真心孝敬、爱护有加。

舜在历山耕田，到雷泽去捕鱼，又到黄河之滨去做陶器，每件事都做得很好，而且还尽力帮助当地人，舜的行为感化了远近的人，大家都愿意跟随他。在舜的带领下，人们生活越来越好了，村镇范围日益扩大了，治理得也井井有条。

当时的部落首领尧，看到舜是一位既孝顺又有才能的贤人，决定把自己的两个女儿娥皇和女英嫁给舜做妻子。后来尧的年纪大了，在各地族长们的强力推荐下，尧把帝位禅让给了舜。至此，舜凭自己的品德和才能做了尧帝的女婿和接班人。

舜在位三十九年，时刻关心百姓的疾苦，他把国家治理得非常好。大家忠孝友爱、安居乐业。甚至连一直想置他于死地的弟弟象也被舜感化了，据说舜死后，象从封地赶来给哥哥祭扫坟墓，每到春季，都有一头长鼻大耳的象来耕耘舜的祭田。舜在晚年出巡时，病死在苍梧，寿至百岁。今天上虞境内有舜山、舜井、舜江等遗迹。

大禹传说

禹姓姒，历史上称大禹，是我国历史上杰出的治水英雄，也是中国古代第一个王朝——夏朝的创立者。

大禹主要功绩：治水与立国。

相传在四千多年前，黄河流域洪水滔天，百姓难以生活。部落首领尧命鲧负责治水。鲧采取水来土掩，堵塞的办法治水，可洪水一直不退。鲧治水失败后被流放。治水由鲧的儿子禹继续主持，禹历尽千辛万苦，疏通河流，通过河流把洪水排入大海，这种改"堵"为"疏"的方法最终使水患得到根治。

据传大禹治水，得到女神瑶姬的帮助，瑶姬送给大禹一本治水天书叫

《三清宝经》，大禹得书后找到了治水的办法，解除了水患，取得了辉煌的历史功绩。这就是传说中的"禹得天书"的故事。现在绍兴会稽山中仍留有禹得天书的遗迹。

禹因治理洪水有功，人们为表达感激之情，尊称他为大禹。舜也因此把帝位禅让给了禹，大禹在诸侯的拥戴下，正式继位，国号为夏，都城设在阳城。作为夏朝的第一位君王，后人称为夏禹，夏禹成为古代与伏羲、黄帝并肩的贤圣帝王。大禹在位的第十年，在东行到会稽后去世，安葬在会稽山（今浙江省绍兴市），绍兴至今仍有众多的如禹庙、禹陵、禹祠等有关禹的遗迹。从夏启开始，历代帝王大多都来禹陵祭拜。

卧薪尝胆

吴越两国交战，越国战败后屈辱求和，越王勾践夫妇入吴国（现今的苏州一带）当了奴隶。忍辱负重三年，吴王夫差确认越王勾践已无谋反之心后，允许他返回越国。勾践返国后，立志报仇雪耻。《吴越春秋》卷八中记载，越王勾践"苦身劳心，夜以继日。目卧则攻之以蓼，足寒则渍之以水。冬常抱冰，夏还握火。愁心苦志，悬胆于户，出入尝之，不绝于口。中夜潜泣，泣而复啸"。这就是著名的"卧薪尝胆"的故事。

勾践返回越国后，用贤人、强国力。为了告诫自己不忘复仇雪恨，他每天睡在坚硬的木柴上，还在梁上吊一颗苦胆，吃饭和睡觉前都要尝一下苦味，时刻提醒自己牢记耻辱不忘复兴大业。越王勾践一方面尝胆励志，率先垂范，采取一系列强有力措施，发展生产，增加人口，提高军民素质，另一方面广揽天下贤才重用范蠡、文种等谋士，利用吴王夫差昏庸腐败的致命弱点，投其所好，千方百计地折损吴国有生力量。经过"十年生聚，十年教训"，越国的综合国力和军事战斗力迅速提高，越国变得国富兵强，于是越王勾践亲自率领军队攻打吴国，越国终于反败为胜，一举灭吴，吴王夫差兵败后自杀。越国还乘胜进军中原，成为春秋末期的一大强国，越王勾践成为春秋时期最后一位霸主。千百年来，勾践卧薪尝胆、发愤图强、励精图治、以弱胜强的故事已成为民族精神，激励一代又一代中华儿女自强不息。

投醪出征

相传，越王勾践为报仇雪耻，与国人同甘共苦，经过十年生聚，十年教训，终于国力强盛，决定举师伐吴。出师时，有越地长老献上醪酒（带酒糟的米酒）为即将出征的将士壮胆钱行，并祝旗开得胜。勾践将此酒倒入身旁的河中，与将士共饮带有米酒的河水，此举大大激发了全军的士气，作战时人人争勇，所向披靡，终于击败吴国，报仇雪耻。此河后世称之为投醪河，投醪河至今尚存，位于绍兴市区东南方向鲍家桥到稽山中学之间。越人为雪耻而同仇敌忾的豪情壮举一直为后人称道。

西施传说

西施（生卒不详），又名夷光，诸暨苎萝村（今诸暨浣纱村）人，越国美女。出身贫寒，自幼随母在江边浣纱，故又称为浣纱女。

后人说美女有"沉鱼落雁之容，闭月羞花之貌"，沉鱼讲的就是西施。西施与王昭君、貂蝉、杨玉环并称为中国古代"四大美女"。西施传说始于春秋末期，最早记载于《墨子》《孟子》等，后又记载于《越绝书》《吴越春秋》等典籍中。

越国被吴国打败后，为迷惑吴王，越王勾践命范蠡遍寻美女，加以三年的歌舞、步履、礼仪训练，使西施由一位浣纱女变成修养有素的宫女，待人接物十分得体。此时勾践把西施献给吴王夫差。夫差对秀媚出众的西施万般宠爱，先是在姑苏建造春宵宫，又专门为西施建造了表演歌舞和欢宴的馆娃阁、灵馆等。西施擅长跳"响屐舞"，夫差又专门为其筑"响屐廊"。夫差如醉如痴，沉湎女色，不理朝政，终于走向亡国的道路。此举也被称为历史上最经典的美人计。

勾践灭吴后，有一种传说西施随范蠡泛舟五湖而去，不知所终。另一种传说是西施被沉太湖而死。

今绍兴城东有西施山遗址，诸暨有西施殿、苎萝山、浣纱石、浣纱江、浣纱村、浣纱亭等遗迹。

梁祝传说

梁山伯与祝英台是我国影响最大的民间爱情传说。梁祝的民间传说，最早见于南朝梁元帝时（552—554）的《金缕子》一书。

作于晚唐的《宣室志》有更详细的描述：东晋时上虞祝氏女英台，女扮男装求学，与会稽的梁山伯同学三年。后祝英台先归家，次年梁山伯去祝家拜访，才知其为女性。待央人求聘，而祝英台已许马氏子。后梁山伯为鄞县县令，勤政爱民，却因劳累过度死于任上，葬在鄞县西乡。祝英台经过梁山伯墓，痛哭呼号，坟墓自己裂开，祝英台跳入墓中与其同葬。宋《道乾四明图经》中有"义妇冢"及梁祝故事的记载。现宁波海曙区高桥镇有梁祝合葬墓及梁山伯庙。

宁波有句俗语"若要夫妻同到老，梁山伯庙里到一到"。

如今，越剧版的《梁祝》在世界各地的舞台上演绎着，小提琴协奏曲《梁祝》的问世，以其优美动人的旋律，更是让梁祝爱情作为中国文化一个美丽的音符，传遍了全世界。现梁祝故事以电影、戏剧、曲艺等各种艺术形式流传，范围非常广，并流传到欧美各国，被称为"东方的罗密欧与朱丽叶"。

兰亭修禊

修禊原是浙东运河边古代绍兴的民间习俗，时间在每年农历三月上旬的巳日。这天人们在水边举行祭礼，除灾祈福，破除不祥。曹魏以后，把这天固定在农历三月初三。后来逐渐演变成到郊外游春、水边宴饮的节日。

东晋永和九年（353）的三月初三，这天天气晴朗，微风习习，王羲之邀请谢安、孙绰等达官显贵和文人墨客四十一人，在山阴城外的兰亭聚会。他们沿着兰亭曲折的溪水分坐两边，用一种叫"觞"的酒杯盛上酒，放在小溪水上，酒杯顺着溪水缓缓流下，觞漂到谁的身旁，谁就得饮完这杯酒，还得赋诗一首。大家一边喝着酒，一边作着诗，尽兴享受着酒的酣畅和诗文的美妙。到结束时，共作诗31首，由王羲之编成集子，并亲自为集子书写序文，这就是有名的《兰亭集》与《兰亭集序》。这篇三百二十四字的《兰亭集序》不仅文美，而且还是我国历史上书法艺术的巅峰之作。兰亭也因此而声名大噪，成为闻名中外的书法圣地。

兰亭修禊也成为历史上最有名的修禊，一直流传至今。

山阴不管，会稽勿收

"山阴不管，会稽勿收"是绍兴民间流传的一句俗语，用来批评那些推卸责任的人和事。

传说，明朝时绍兴分为山阴、会稽两县，以城中一条小河为界。河东叫会稽县，河西叫山阴县。

一年夏天，在这条界河的一座桥上发现了一具无名尸体。附近的老百姓忙去向山阴县报告，山阴县官说："这是会稽县的事，与我县无关。"百姓又去向会稽县报告，会稽县官说："那是山阴县的事，与我县无关。"两位县官你推我挡，迟迟不来收尸验尸，一连几天，尸体已经臭气冲天，来往百姓都捏着鼻子过桥，敢怒而不敢言。

这事被徐文长知道了，他气愤之极，略加思索，便想出一个绝招：用大红纸写了一张出卖那座界桥的招贴，张贴在桥畔。这张奇怪的招贴，立即轰动全城。大家不清楚这招贴的用意，所以满城议论纷纷，等着看这场热闹。两位县官也知道了，他们想，徐文长这家伙不知又在搞什么鬼名堂了，不过他说得出做得到，如果他真将这桥卖了，被他独得钱财不说，我们的威风和面子岂不全丢光了！于是不约而同来到这座桥边，他俩读了招贴，更是勃然大怒，喝令快拿徐文长来问罪。

这时看热闹的人山人海，徐文长却不慌不忙地从人群中走了出来说："不劳两位大人费心，生员（秀才）早就在此等候多时了。徐某见桥上暴尸发臭，虽然百姓早已告知官府，无奈至今山阴勿管，会稽勿收。我想既然这桥不属两位大人管辖，这桥当然不属官府。徐某招贴卖桥有何不可？况且卖桥非为私利，为筹措丧葬费，收葬无名尸体，此乃地方公益，何罪之有？"徐文长的话驳得两位县官张口结舌，无言回对，只好令地保收尸埋葬，红着脸上轿回去了。因为徐文长为百姓做好事，从此这座桥被称作"利济桥"。而"山阴不管，会稽勿收"这句话便在绍兴民间流传下来了。

曹娥救父

曹娥，上虞人，传说她与父亲生活在舜江边。曹娥的父亲曹旰是个巫祝，负责占卜祭祀方面的工作，东汉汉安二年（143）的五月五日，曹旰驾船在舜江中迎伍神（伍子胥），不幸掉入江中，多日不见尸体，生死未知。女儿曹娥当时年仅十四岁，她日夜哭着沿江寻找父亲。村民劝她吃饭、劝她回家她都没答应，一直找了十七天，在五月二十二日这一天她也投了江，五日后在舜江的下游，曹娥的尸体背着父亲的尸体浮出了水面。民间也有传说，曹娥投江的日子是五月五日的，正好是端午节，于是浙东运河沿岸就有端午节是为了纪念孝女曹娥的说法。

《后汉书·列女传》中记载，是曹娥父亲在五月五日祭祀时掉入江中，曹娥十七日后才投江的。

曹娥投江救父，孝心感动天地，更感动了四周的乡亲，他们好生安葬了曹娥父女，又在曹娥投江救父的江边盖了一座小庙，塑了曹娥像，奉她为"孝女娘娘"，每逢农历五月五日，曹娥庙里会举行盛大的庙会，乡亲们都来祭拜曹娥孝女娘娘。曹娥投江救父故事，传到了官府那里，为了纪念她，改舜江为曹娥江。宋徽宗大观四年（1110），朝廷封曹娥为"灵孝夫人"，重建了曹娥庙，后来的历代帝王都对曹娥救父事迹大加赞扬，并刻石立碑，多次封赏，诸多达官名人也有匾额、对联题赠。曹娥是古代孝女的典范。

东施效颦

东施效颦这个故事发生在浙东运河流域的诸暨。春秋时期越国诸暨苎萝村，大美女西施就生活在这个村里。西施有个心口痛的毛病，疼痛时就会不自觉紧锁眉头，并用手捂住胸口。本来只是一个病痛时常见的动作，在外人看来，却是一副楚楚动人的模样，反而增添了几分美。西施邻居家有位姑娘叫东施，容貌丑陋却十分爱美，她看见西施因心口痛而用手捂住胸口的姿态很美，也想有样学样，于是捂着胸口、皱着眉头不停在村里走来走去，村民见了纷纷嘲笑她不但不美，反而更丑了。有的村民甚至不想见到如此丑陋的东施，而闭门不出。慢慢地，人们将丑女东施学仿西施行为叫做东施效颦。从此，在诸暨的苎萝村就多了一个东施效颦的成语。

东施效颦记载在《庄子·天运》里，流传至今，用来讽刺那些不顾事实，盲目模仿，反而弄巧成拙的人和行为。东施只知道西施皱着眉头很美，却不知道为什么皱着眉头会美。东施效颦告诉人们，学习别人一定要从实际出发，不要盲目仿效、生搬硬套。

东山再起

东山再起这一典故，指的是再度出任要职；也比喻失势后，重新得势。东山再起出自东晋杰出政治家谢安的一次人生经历。

谢安，字安石，公元 320 年出生，祖籍在陈郡阳夏（今河南太康），后南迁至会稽（今绍兴）。谢安出身高门望族，从小才华出众、容貌俊朗，为东晋朝廷和达官贵人所赏识，因不喜欢做官，他谢绝了所有的邀请。年纪轻轻的他就隐居在浙东上虞的东山，过着悠闲的雅士生活，他与名士王羲之、名僧支道等交往很多，一起游历山水、吟诗作文、教养子弟，还参加过兰亭修禊。

谢家曾经是支撑东晋政权的三大家族之一，就在谢安步入中年时，经历了父亲谢裒和长兄豫州刺史谢奕的先后离世，兄弟中郎将谢万因北征失败而被免职废为庶人等一系列变故，谢家地位日益衰落。此时的东晋王朝也被强大的前秦严重威胁着，甚至有亡国的危险。为了国家的安全和家族的荣耀，四十一岁的谢安答应朝廷的征召，准备出山。

在谢安赴任的当天，很多官员来为他送行，其中有个御史中丞叫高崧，开玩笑道，谢安，你一直高卧东山，今天到底出山了，可喜可贺！"东山再起"便由此而来。

出山后谢安也确实凭他一身治国平天下的绝世才华，完美实现了"东山再起"的美誉。在公元383年，由他亲自指挥的淝水之战以仅用八万人马战胜了前秦苻坚亲率的八十万大军，被史书记载为以少胜多的战争典范。此后，谢安还乘胜北伐，收复了洛阳及黄河以南大片失地，让岌岌可危的东晋王朝转危为安，而且也为东晋赢得了数十年的和平发展时间。

螺蛳壳里做道场

螺蛳壳里做道场，按浙东沿岸杭绍一带人们的说法，叫做小地方办大事情。

这典故与抗金名将岳飞有关。南宋时，奸相秦桧以"莫须有"的罪名将岳飞及儿子岳云、女婿张宪等处死在杭州城内风波亭中。当地员外王能、狱卒隗顺等人，打算冒险掩埋岳飞三人遗体。乘着夜色，隗顺与亲朋好友一起将岳飞等人的遗体背到城外，王能已买好三副棺木在城外等候，就这样，连夜入棺装殓。但将忠骨埋在哪里好呢？他们思来想去决定埋在钱塘门外的螺蛳壳堆里，因那里的穷人不少靠扒螺蛳为生，他们把取了肉的螺蛳壳堆在河边，时间久了，螺蛳壳堆积如山。事后秦桧等人得知岳飞遗体不知去向，立即派人四处搜查，因埋葬得很隐蔽，没有被发现。隗顺每到清明也一定会来此祭拜。

宋孝宗即位后，他任用对金主战将领张浚，发动抗金战争。张浚等人上书孝宗，请求为岳飞平反昭雪。孝宗为了收买人心，告示天下，重金求岳飞等人遗骨。这时的隗顺已去世，他儿子看到告示后，便在告示边贴了一张字条，上面写着："欲见忠臣骨，螺蛳壳内寻。"孝宗得知后，立即派人到螺蛳壳堆里去寻找，果然找到并证实了确为当年岳飞等人遗骸。朝廷挑选了黄道吉日，将遗骨迁葬到西湖栖霞岭中。为了超度岳飞等人亡灵，孝宗请了一百二十个和尚到原葬地做全堂水陆道场。

百姓因敬仰岳飞的忠烈，也纷纷涌向原葬地祭拜。中途有人问："今天道场在哪里做？"知情人说在螺蛳壳里做道场。于是"螺蛳壳里做道场"这句话便传开了，久而久之就成为一条俗语。

钱塘门外堆放螺蛳壳的地方并不大，已有做道场的一百二十个和尚了，再加众多祭拜的百姓，盛况空前，但仍井然有序，说明了小地方也能办大事情。

第四节　信仰习俗

与我国其他地方一样，浙东运河流域的风俗与信仰是紧密关联的。对于不能解释的现象与事物，人们统统认为是"神"在左右，于是创造出各式各样的"神"来，在对"神"的各种信奉与祭拜中寄托消灾降福、平安丰收的愿望，以求得精神和心理上的安慰与平衡。信仰和祭祀习俗如开光纳彩、祭祀祈福、敬神敬佛等已成为人们日常生活的一部分。

一、自然神崇拜信仰

山神

古人相信山岳是有神性的，拥有古人羡慕的飞天涉水之能，山岳便成为人们信仰的对象。《礼记·祭法》："山林、川谷、丘陵，能出云，为风雨，见怪物，皆曰神。"中国古代有关山神的传说源远流长。成书于二千多年前的《山海经》，就已记载了有关山神的种种传说。《太平广记》里也收录了大禹囚禁商章氏、兜庐氏等山神的故事。《山海经》里记载许多山神，有名字的有钟山之神烛阴、昆仑山神陆吾、槐江之山神英招、和山之神泰逢、平逢之山神骄虫等，还有许多没有名字的山神，如北山从单狐之山到堤山共有二十五位人面蛇身的山神。

古代中国人将山岳神化而加以崇拜。从山神的称谓上看山神崇拜极为复杂，各种鬼怪精灵皆依附于山，每一地区的主要山峰皆有人格化了的山神居住。历代天子封禅祭天地，也要对山神进行大祭。祭山时大多用玉石

浙东运河流域迎神赛会（摄于 1930 年前后）

和玉器埋于地下，也有用"投"和"悬"的祭法，即将祭品鸡、羊、猪或玉石投入山谷或悬在树梢。

越国故地也极其崇拜山神。越国文种献计于勾践的强国九术，第一术便是"尊天地，事鬼神"。越国所在地会稽山即是古代五大镇山之一。《管子·封禅》载："禹封泰山，禅会稽。"足见会稽山之地位。秦始皇三十七年亦登临会稽山祭祀，其事被载入《史记》。隋朝正式在会稽山敕建祠庙。唐朝廷敕封会稽山为永兴公；唐天宝十载遣吴郡太守赵居贞祭会稽山永兴公。宋朝立夏日祀南镇会稽山永兴公于越州，敕封南镇会稽山为永济王。元朝敕封南镇会稽山为昭德顺应王，刻《元成宗敕封南镇庙诏碑》。明洪武午间朝廷先后祭祀南镇会稽山三次，此后皇帝登极均遣臣告祭会稽山。康熙四十二年御题南镇庙匾"秀带岩壑"；清乾隆年间，朝廷先后十四次遣臣祭祀会稽山，乾隆御题南镇庙匾"表甸南疆"。

南镇会稽山祭祀，清朝时在绍兴府建立专祠，每年春秋二季致祭，由守土官主祭，承祭官与陪祭官俱行三跪九叩礼。

土地公公

土地神又称福德正神，俗称土地公公、社神、土伯等，民间为其建的庙宇叫土地庙、福德正神庙等，是浙东运河民间信仰中十分普遍的神灵，里面供奉的是土地公公和土地婆婆。土地庙很小，多由村民自发组织建设，小则几平方米，大则十几平方米，大都分布于街尾和乡村村口。

土地神源于古代的社神，是管理一小块地面的神。《公羊传》收录曰："社者，土地之主也。"汉应劭《风俗通义·祀典》引《孝经纬》曰："社者，土地之主，土地广博，不可遍敬，故封土为社而祀之，报功也。"对土地神崇拜是古代先民的原始崇拜，先民们觉得地载万物，取材于地，所以阴历二月初二的土地神诞生，各地村民都会祭祀土地神，以祈求地润万物，五谷丰登。

古时人们把延续香火当成家族中的一件大事，人们对土地公与土地婆推崇备至，经常到土地庙祭拜，祈求土地公与土地婆送子送福。又认为土地公与土地婆是掌管地府行政的，除了保护乡里安宁平静，同时隶属于城隍之下，掌管乡里死者的户籍。认为每个人出生都有庙有土地，一个人去世之后，道士做超度仪式时，要去其所属土地庙作祭祀活动。通过这种方式让死者到土地神那里报到，并由土地神引领其踏上轮回之路。

绍兴城内塔子桥头有个土谷祠，坐东朝西，规模不大，只有一间门面，里面供奉的也只有土地公公和土地婆婆这两尊菩萨。旧时每到土地生日，便有人来烧香、拜佛，冬至则来点蜡烛，比较热闹。大殿里供奉的土地公公和土地婆婆两尊坐像，神态慈祥亲切，两边抱对上写着"公公做事公平，婆婆苦口婆心"，坐像上方悬挂大匾一块，上书"地载五福"四字。

水神

水神是古代的司水之神。在先民的认知中，自然界管水的水神是极为重要的神祇。水神很多，分工很细。《太公金匮》记载：南海的水神叫祝融，东海的水神叫句芒，北海的水神叫玄冥，西海的水神叫蓐收。长江的水神叫奇想，黄河的水神叫冰夷。其中最著名的是共工。共工是中国古代神话中的天神，《山海经·海内经》："炎帝之妻，赤水之子听訞生炎居，炎居生节并，节并生戏器，戏器生祝融，祝融降处于江水，生共工。"

传说他与黄帝族的颛顼发生战争，不胜，怒而头触不周山，使天地为之倾斜。

水神信仰中有一个司水之神的集大成者就是龙。龙的原型是龙卷风，龙字的甲骨文原型来自龙卷风的形状。古人不能理解龙卷风奇怪而恐惧的天象，认为这是一种比虎豹熊罴更凶暴的动物，还将龙卷风难以抗拒的破坏力视作一种超自然力量，被赋予神秘色彩和天的意志。龙能够呼风唤雨，神通广大的龙王，主宰着江河湖海渊潭井泉等各种水府，口口相传的神话，最终演变成崇拜龙的文化。

浙东运河流域崇拜的水神很多，崇拜龙，也崇拜大禹。禹因治水，功泽华夏，禹的墓葬地在绍兴会稽山的大禹陵，是全国的祀禹中心。公元前21世纪，以夏王启为开端，祭会稽大禹陵成为定例。大禹的神话广泛流传，《山海经》《淮南子》《拾遗录》《太平广记》等多有收录。大禹治水时，河伯献给大禹三件宝贝：河图、开山斧和避水剑。大禹治水，不仅有伯益、后稷等上古英雄从其左右，还有应龙、玄龟、黄牛等神兽相助，十分威风。

道教流行后，此地对水神的信仰又增加了新的体系。在这个体系中，水府的领导是扶桑大帝东华帝君，也就是东皇太一。水府二号人物是水官大帝禹，负责监察水府。水府最主要的员工是龙王。水府水神被供奉在浙江海宁海神庙内。正神为浙海之神忠正王李禄，左边为猛虎大将，右边为孝灵大圣无支祁，分掌内外八将。海龙王钱镠、潮神伍子胥享配左右。伍子胥统领历代十八潮神：越上大夫文种、汉忠烈公霍光、晋横山公周凯、唐潮王石瑰、升平将军胡暹、宋周宣灵王雄、平浪侯卷帘使大将军曹春、护国弘佑公朱彝、广陵侯陆圭、静安公张夏、转运使判官黄恕、元平浪侯晏戍仔、护国佑民永固土地彭文骥、乌守忠，明宁江伯汤绍恩、茶槽土地陈旭。其中文种、汤绍恩与浙东运河关系密切。

太阳神

太阳神是民间信仰中的神灵。原始信仰、民间信仰和宗教中的太阳神有羲和、日主、东君、太阳星君、金乌等。《山海经》记载："东南海之外，甘泉之间，有羲和之国。有女子名曰羲和，方日浴于甘渊。羲和者，帝俊之妻，生十日。"《玄中记》记载："蓬莱之东，岱舆之山，上有扶桑之树，树高万丈。树颠有天鸡，为巢于上。每夜至子时则天鸡鸣，而日中阳乌应之；阳乌鸣则天下之鸡皆鸣。"民间传说这只太阳鸟为日之精，有三只脚，也叫三足乌，就住在太阳里。古代画像砖、铜镜、砖雕、青铜器、陶器上常有三足乌像，位于西王母座旁，专门为她取食。三足乌又叫金乌，主要侍奉西王母，是汉族神话中太阳之灵，人们就把金乌作为太阳的别名。

传说中的三足乌共有十只，它们住在东方大海扶桑树上，轮流由它们的母亲——羲和驾车从扶桑升起，自虞渊下沉。后来金乌作乱，同时十个一起上天，大地被烤焦，后来被羿用神箭射下九只，只剩下一只。

目前的考古资料和研究表明，浙东运河流域的太阳神崇拜源于新石器时代。浙江余姚河姆渡遗址出土的"蝶形器"，正面刻画"双鸟朝阳"图案。上面刻画火焰纹，两侧为勾喙、圆目、曲颈相向的鸟首，底部刻画羽状纹，象征伸展的双翅。出土的"金四鸟绕日饰"内层为一圆形，周围等距分布十二条旋转的齿状太阳光芒，外层图案由四只相同的火烈鸟组成，首足相接，按逆时针方向飞行。出土的"铜三鸟纹有领璧形器"有三只首尾相接的飞鸟，飞鸟形态、布局与前举金饰相近，寓意相同。充分说明越地对太阳神的崇拜起始非常早，而且一直延续下来，三足乌或者金乌是这一带所崇拜的神物。

火神

民间的火神有很多，大的有四位，第一位是祝融，他是颛顼氏的后代，本名重黎，也叫吴回。帝喾当政时，官居火正，有功，能光融天下，帝喾乃命曰祝融，死后为火官之神。第二位是燧人氏，远古时燧人氏钻木取火，使人类进入熟食阶段，后人尊为火神，又称火德真君，定时祭祀。第三位是王灵官，被玉皇大帝敕封为玉枢火府天将，是一位火神。王灵官红脸虬须，金甲红袍，三目怒视，手举金鞭，足踏风火轮，身兼火神、雷神、护法神等神职，可谓威名显赫。第四位是马王爷，也就是华光大帝。华光大帝又称灵官马元帅、华光天王、马天君等，系道教护法四圣之一，同时也是火神和雷神。马王爷的神仙形象最显著的特点是额头生有第三只眼，具有"火之精、火之星、火之阳"的寓意。另外华光大帝还有三头六臂，手持火铃火索、金枪金砖、斗诀仗剑等神兵利器。

火神都有庙供奉。绍兴至今还遗留下来一座火神庙，位于绍兴市越城区府山东麓，宝珠桥南侧，三间两进，坐北朝南。据明代万历年间《绍兴府志》记载火神庙："在宝珠桥侧。嘉靖四十四年府城多火灾，知府杨兆建。"不过，仅存的这座火神庙系清代重建。长期以来，火神庙形成了自己所特有的民间风俗，其中影响最大的要数六月二十二日火祖圣诞之盛况。清末及民国年间，火神庙会举行中元法会，由大户人家出资建造巨大的"普渡船"，在庙外甬道上焚化，前来观礼的人们将甬道挤得水泄不通。

越王台院内有一座和火神有关的古戏台，这座戏台原来在城东火神庙，始建于明万历二十五年，清代重修，后来火神庙被毁，戏台完整保留下来并移到越王台。火神的形象三头六臂，掌管着民间的火。民间相信，常常拜奉他，家里不会出现火灾。明代的大才子徐文长为火神庙题过楹联："水国祠成，蛟室龙堂皆主道；陆浑驾息，炎官热属尽归鞭。"

雷公、电母、风伯、雨师

雷电风雨这些自然现象对先人来说都是极其神秘的存在。天雷被称作雷公，也称为雷师、雷祖或降龙真人；闪电被称为电母，也称为金光圣母、闪电娘娘或朱佩娘娘；雨被称为雨师，也称为萍翳、玄冥或陈天君；风被称为风伯，也称他为风师、箕伯或飞廉。越人对雷电风雨的崇拜自占而然。

雷公形象是一位尖嘴猴脸的老者，身穿紫袍，手持铜锤或钢鞭，能发出震天动地的雷声，惩罚邪恶之徒。在民间信仰中，人们常用敲锣打鼓、燃放爆竹等方式来祭祀雷公。《朝天谢雷真经》有十二雷公之说，谓天、地、人各有十二雷公。绍兴很久以前就有雷公殿，位于市区府山中部的磨盘岗，殿宇高敞，据说明代官府家属曾借住于此。张岱的《陶庵梦忆》有记载。

电母的形象是一位容貌端雅的女子，双手各执一镜、一蛇，能发出刺眼的电光。她是雷公的妻子或助手，在闪电打雷的过程中与雷公配合默契。传说当雷公与电母吵架时，天上就会出现雷电交加的现象。在民间信仰中，人们常用烧香拜祭、画符念咒等方式来祭祀电母，求得平安吉祥。

雨师的形象是一位乌髯壮汉，左手执盂，内盛一龙，右手作洒水状。他掌管降雨之事，赐福农民。在民间信仰中，人们常用奏乐、歌舞、焚香等方式来祭祀雨师，求得甘霖滋润。

风伯的形象是一只鹿身雀头的怪兽，身上有豹纹，头上有角，尾巴像蛇。他控制八方之风，调节四时之气候。在民间信仰中，人们常用舞龙、放风筝等方式来祭祀风伯，祈求风调雨顺。

树神

远古时代，人们信奉万物有灵，认为神灵依附于树，树是有生命的，如果神灵离开，树就会死亡。在先民的植物崇拜中，最高的神祇是树神，树神不仅是万物生殖的象征，也是人类繁衍的象征。《庄子·逍遥游》说："上古有大椿者，以八千岁为春，八千岁为秋。"如此旺盛的生命力，尤其使先民们仰慕不已，把树当作生命之神。运河沿线最多的是樟树、柏树，几百年以上的老树很多，在河边，在桥旁，在村中心，被当地人奉为神树，是镇风水、保平安、聚财旺家之树，人称风水树，千百年都不会去砍的。

树神是神灵，如果时时祭拜就能得到树神庇佑，因此民间普遍存在祭祀树神祈福求吉的习俗。大树植根地下，枝叶伸向天空，成为天地之间联系的纽带，由此认为树神掌管化生万物的云雨，因此树神就成了万物生殖力的主宰，它可以使六畜兴旺，五谷丰登。人们还认为枝繁叶茂的大树是仙家的藏身之所，对此有许多禁忌。如桑树、柳树、杨树等不适宜在庭院附近种植。有顺口溜："前不栽桑，后不栽柳，门前不栽鬼拍手。"有的地方有"东宅不栽杏，栽杏不吉；西宅不栽桃，栽桃色乱"的说法。至于桃、柏、槐等树种被视为神树，丝毫不能亵渎。树上住有仙家（鬼神），自身亦会成精，任何猥亵性的举动都有冒犯神灵之嫌，便会遭到天谴。

很多大树如桂花、梧桐、扶桑、若木等则被认为是祥瑞之树。秦末汉初已经形成多种具有独特内涵的植物纹图案，如树屋图案、摇钱树、长生树、神话植物图案等，大多数表现出祈福、求富贵、求长生的美好愿望。梧桐在古人的精神世界中显然是十分具有灵性的存在，凤凰是一种高洁、吉祥的灵禽，百鸟之长，相传凤凰非梧桐不栖，非楝果不食。

仙草

在先民的心目中，仙草如灵芝、人参、雪莲、石斛等都是超自然的存在，认为它们具有神仙灵性。人们对于仙草的崇拜，最开始是认为仙草具有超自然的魔力，它能够存在千万年，自然与神灵之间具有某种神秘的联系，通过这种植物，古代部落中的巫师可以与神灵建立关系，从神灵那里获得预言启示、恩赐与庇佑。传说伏羲氏就可以用蓍草占卜，可以获得神灵的帮助，预知吉凶祸福。

仙草甚至有起死回生的功能，这增加了它的神秘感。人参被誉为百草之王，在古人的世界里，人参到达百年之后便孕育了灵性，到达千年便幻化成精，服用千年人参可以消除百病，甚至长生不老。灵芝也是如此，有特殊的精神寄托。汉乐府诗《长歌行》里有描述：一位骑着白鹿的仙人，带着诗人上太华山，采集到上等的灵芝。诗人把灵芝送给了生病的主人。主人吃下灵芝后身体日益健康，白发变黑，寿命变长。而流传于运河一带的《白蛇传》，灵芝成为男女爱情的象征。为了营救丈夫许仙，白娘子独自前往峨眉山偷盗灵芝，历经艰辛和危险，结果感动了守护灵芝的神仙，让她如愿以偿地得到了灵芝。

文学上，仙草更是文人美好精神的寄托，从《楚辞》到唐诗宋词，"杂申椒与菌桂兮，岂惟纫夫蕙茝！"到"忽如一夜春风来，千树万树梨花开"

就是最好的体现。

二、鬼神崇拜信仰

巫觋

重神信巫自古以来是浙东运河民间信仰的集中体现。《后汉书》载："会稽俗多淫祀，好卜筮。"女的叫巫，男的叫觋，设有专门的巫官主持鸡卜、鸟占，以此来决断事务、预知吉凶。小到普通百姓的生产生活，大到国家政治、军事活动，都要通过巫官占卜后才能决定如何行动。所谓"国之大事，在祀与戎"。《越绝书》载："巫里，勾践所徙巫为一里，去县二十五里。其亭祠今为和公群社稷墟。巫山者，越魍，神巫之官也，死葬其上，去县十三里许。……江东中巫葬者，越神巫无杜子孙也，死，勾践于中江而葬之。巫神，欲使覆祸吴人船，去县三十里。"这足以说明，古越族人信巫尚巫重巫的风尚之盛，从中也反映出当时巫觋地位之高贵。

在越地巫觋是一个非常流行的职业，而且是受人敬仰的职业。《说文》解释："巫，祝也，女能事无形，以舞降神者也。"《周官·司巫》中也记载："若国大旱，则率巫而舞雩。"巫觋能与神沟通，可以预知未来，还能驱鬼避邪，给人治病。通常以占卜、请神上身、跳巫舞等形式呈现。其中巫舞有一套仪式，最能使人信服。巫舞的作用一是请神灵，二是驱鬼妖。驱鬼妖的舞其实是远古集体狩猎的反映。请神灵的舞通过一定的仪式，使人相信巫觋在和超自然的、无形的神灵在沟通，从而对普通人产生无形的精神压迫，继而对巫觋和其背后的神产生敬畏之心。

鬼节

丰都城也就是鬼城，传说西汉的王方平和东汉的阴长生在此修炼，后得道成仙。汉末张道陵爷孙三代创立天师道，建立起道教的生死神官治理体系。佛教从印度传入后，融入了儒家文化和世俗文化。人死后的阴间世界，佛家称冥间。丰都城由仙而鬼，两位仙人的姓氏王、阴倒读便是阴王，遂成了阴间之王，经过历代的演绎，加上《西游记》《钟馗传》等神魔小说的渲染，丰都便被营建成一座阴森可怖的鬼城，于是有了奈何桥、鬼门关、阴阳界、天子殿、无常殿、城隍庙等阴间地府和各级阴府官职。

佛教有十界之说，就是佛、菩萨、缘觉、声闻、天、人、阿修罗、畜生、恶鬼、地狱。前四者称四圣，已经超凡入圣，脱离了生死轮回之苦，后六者叫六凡，要在秽土中不尽地轮回，最后三者又叫三恶道，是更为不

鬼节拜祭场景（摄于 2000 年）

幸的境界，地狱则是不幸之最。地狱有十八层之多，越往下层，苦难越深重。地狱中有阎罗、判官、鬼卒等凶神恶煞，还有刀山、油锅、碾盘、锯解、石磨种种酷刑，人死后最怕的是进入十八层地狱。许多地方将三月三、清明节、中元节、寒衣节四个节日，合称为四大鬼节。

越地风俗一般把阴历七月十五中元节作为主要的鬼节。每年七月一日阎王下令打开地狱之门，让那些终年受苦受难禁锢在地狱的冤魂厉鬼走出地狱，获得短期的游荡，享受人间血食，人们称七月为鬼月。这个月被认为是不吉的月份，有许多禁忌，如不嫁娶，不搬家，不能独自一个人去河边以免被溺死鬼拖下水，而成为它的替死鬼，做工程的不在这天开工奠基，商店和工厂也不选择在这一天开张。在这段时间，人们还会对死去的亲人进行拜祭招魂，烧冥钱元宝，放河灯，做法事，以祈求祖宗保佑，消灾增福，或超度亡魂，化解怨气。

无常

旧时民间相信，一个人阳寿到头了，阴间就会派出勾魂的鬼差来阳间，把死人的灵魂带入阴间，接受审查甄别，再去投胎轮回，而这勾魂的使者就是白无常和黑无常，也有说牛头马面的。至于黑白无常和牛头马面有什么区别，普通百姓也说不清楚。一说牛头马面与黑白无常都是地狱中的勾魂使者，只是分工上有所不同，人死后一般都是黑白无常去牵引魂魄，然后把鬼魂送到鬼门关，交给牛头马面。再由牛头马面压着魂魄前往黄泉，路上两边都是彼岸花，之后再继续往前走。浙东运河更多的是说黑白无常。

在城隍庙或东岳庙中，大殿后面就有一间暗室，叫作"阴司间"，一进门口长长而白色的神像就是无常。无常的样子很吓人，古书《玉历钞传》上画的无常像，身上穿着斩衰凶服，腰间束着草绳，脚穿草鞋，脖子上挂着纸锭，手里拿着破芭蕉扇、铁索、算盘，肩膀耸起，头发披下，眉毛外梢都向下，像一个"八"字，人称哭丧脸。头上一顶长方帽，下大顶小，正面竖写着四个字"一见有喜"，也有写"一见生财"的。还有一种说法是，黑白无常是阴间派来的，一个专门记录人所做的善事，所以喜欢笑，脸白，头上写着"一见有喜"，一个专门记录人所做的恶事，所以脸黑，头上写着"天下太平"。

民间有一种名叫跳无常的习俗，由人扮演，有无常、小鬼、刽子手、刘氏、掇米筛者等脚色，有剧情，如送夜头羹饭、拔除、道场等。据老人传说，跳无常习俗始于明朝。当时倭寇作乱，地方上组织乡勇，每村立有大旗一面，为号旗，旗立则安，旗倒则表示倭寇入侵。村有危急，邻近乡村的乡勇立即奔赴助战。倭寇平后，号旗已无实用，但在每年庙会中为庆祝平倭之功，祈求太平，有迎大旗跳无常的风俗。迎大旗有的地方叫大旗会，上虞、绍兴、萧山、余姚等地都有。这又是另外的故事了。

鬼

古人认为人死之后鬼魂还存在，鬼的本义是鬼魂的意思。鬼字是个会意字，下面是个人字，上面是个可怕的脑袋，意即像人的怪物。《礼记·祭法》说："庶士庶人无庙，死曰鬼。"意思是达官贵人死后有庙供奉，终年有人祭祀，成了神，普通百姓死后无庙享祭，四处漂泊，才是鬼。《说文》中解释的"鬼，人所归为鬼"，就是现在的含义。鬼是人死后的灵魂，又生活在阴间黑暗的世界中，因此从鬼引申出一种神秘的、不光明的含义。鬼的概念自人类出现就存在，这是对人死后归属的一种猜想。随着不同时代文化的叠加，如道教、佛教中关于鬼的概念，各种鬼的概念相互融合，经历不断丰富、变异、更新的过程，形成了极其繁杂的鬼文化。

浙东运河流域的人们对鬼始终是既爱又怕的。对熟悉的亲人变成的鬼、善良的鬼就会有亲情感，对恶鬼、厉鬼会很恐惧。在日常生活中的方方面面，有意无意都离不开鬼的概念。不同的地方有不同的鬼，山里有山鬼，水里有水鬼，屋里有宅鬼，到处游走的是游荡鬼。鬼几乎与人同时存在，渗透进人们生活的各个领域。

此外，与鬼有关的生活习惯，如风水、镇宅、驱鬼、避邪、祭祀、超度等习俗千百年沿袭，没有中断过。

乡村道士做道场（摄于 2000 年）

吊煞鬼

吊煞鬼就是上吊而死的鬼，又叫作缢鬼，一般是用绳索或布条绑在高处，两头打结成绳套，再用绳套将脖子套住，把垫脚的支撑物蹬到一边，使脚下悬空，颈椎会断裂而窒息，直到被活活勒死，过程痛苦缓慢，有些人死后舌头会拖在外面。这种方式自杀很容易，也很简单，旧时很多穷苦人活不下去，都会用这样的方式结束自己的生命。

在浙东运河，有一种吊煞鬼叫"女吊"，专指女性的吊死鬼。因古时上吊而死的，总是女性居多。《尔雅》一书有解释，称"蜆，缢女"，可见在周朝或汉朝，自杀的大都是女性。这里有一种地方戏叫目连戏，是专演女吊的曲目。

鲁迅先生写过名为《女吊》的文章，详细记述了这出名为女鬼，实为复仇的戏曲。女吊戏曲的大概剧情是：她（女吊）出场了。大红衫子，黑色长背心，长发蓬松，颈挂两条纸锭，垂头，垂手，弯弯曲曲的走一个全台，内行人说：这是走了一个"心"字。为什么要走"心"字呢？我不明白。我只知道她何以要穿红衫。看王充的《论衡》，知道汉朝的鬼的颜色是红的，但再看后来的文字和图画，却又并无一定颜色，而在戏文里，穿红的则只有这"吊神"。意思是很容易了然的；因为她投缳之际，准备作厉鬼以复仇，红色较有阳气，易于和生人相接近……她将披着的头发向后一抖，人这才看清了脸孔：石灰一样白的圆脸，漆黑的浓眉，乌黑的眼眶，猩红的嘴唇。听说浙东的有几府的戏文里，吊神又拖着几寸长的假舌头，但在绍兴没有。不是我袒护故乡，我以为还是没有好；那么，比起现在将眼眶染成淡灰色的时尚打扮来，可以说是更彻底，更可爱。不过下嘴角应该略略向上，使嘴巴成为三角形：这也不是丑模样。假使半夜之后，在薄暗中，远处隐约着一位这样的粉面朱唇，就是现在的我，也许会跑过去看看的，但自然，却未必就被诱惑得上吊。她两肩微耸，四顾，倾听，似惊，似喜，似怒，终于发出悲哀的声音，慢慢地唱道："奴奴本身杨家女，呵呀，苦呀，天哪！……"

一篇奇文记录了女性吊煞鬼的全部。这里有传说,走夜路时,遇到了她不要对视,她会引诱你用和她一样的方式去上吊,这叫"讨替代"。

水鬼

水鬼,是民间传说水中的鬼怪。指的是那些意外死亡于水中,或者在江河湖海里自杀,且不能投胎转世的害人恶鬼。它们暗中游荡于水底,引诱或直接将活人拉下水中淹死,做它的替死鬼,而后自己就可以投胎转世,也被人们称为水猴。这些传说主要是提醒活着的人在水上时要注意安全,或者是吓唬和警告小孩子不要去水里玩,以免溺死在水里。

浙东运河流域本就是水乡泽国,每年总是有人因各种原因不幸死在水里,所以,这里的人们对河水鬼的传说最多。其中传得最多的是说,投水自杀或是意外溺死的人,他的灵魂会徘徊在淹死的地方,受着湖水阴气的滋生,灵魂会变成水鬼。然后在水里耐心地等待、引诱,或者是直接强行将活人拉落水底淹死,从而充当自己的替身以求轮回,称为"替死鬼"。周作人《水里的东西》一文写道:河水鬼的法门也就差不多是这一类,它每幻化为种种物件,浮在岸边,人如伸手想去捞取,便会被拉下去,虽然看来似乎是他自己钻下去的。假如吊死鬼是以色迷,那么河水鬼可以说是以利诱了。它平常喜欢变什么东西,我没有打听清楚,我所记得的只是说变"花棒槐",这是一种玩具,我在儿时听见所以特别留意,至于所以变这玩具的用意,或者是专以引诱小儿亦未可知。但有时候它也用武力,往往有乡人游泳,忽然沉了下去,这些人都是识水的,论理决不会失足,所以这显然是河水鬼的勾当。

对付水鬼这里通常做法是大人去庙里讨个符咒,或和尚念过的物件,放在小孩的口袋里或挂在身上,这样水鬼就不敢近身了。

柳条、桃木剑

古时习俗,在家里放上柳条和桃枝可以辟邪,不让脏东西靠近,所以,道士先生的木剑和拂尘都用桃木做的,而柳条可以打鬼,鬼被柳条打一次会矮三寸,鬼怕柳条。

桃木在民间传说中与夸父有关。夸父追日，临死前将神木抛出，化成了一片桃林。最早的春联是用桃木板做的，又叫桃符。桃子有长寿的意思。给老年人祝寿，送上一盘寿桃，以表示祝老年人健康长寿。唐代诗人王梵志《父子相怜爱》："东家打桃符，西家悬赤索。"桃符与赤索都是挂在门前的物件。宋代洪迈《夷坚乙志》"司命真君"条写福州人余嗣的梦，涉及以桃符厌胜之说："辄有压禳之术，公到家日，取门上桃符，亲用利刃所碎，以净篮贮之。"元杂剧《后庭花》，包公智断杀人案的故事，破案的重要线索即是一片桃符。拿一片桃符镇住冤魂，所借助的正是桃符的神秘能力。

浙东运河流地区有前不栽桑、后不栽柳的习惯。桑就是桑树，柳指柳树。院前不栽桑树，是因桑与丧同音，出门见桑，变成了见丧，很不吉利。后不栽柳，一说是与殡葬死人有关，因丧杖、招魂幡都是柳木做的，坟墓后边又要栽柳树作摇钱树、墓树，所以柳树也易被人想到丧事；另一说是柳树不会结籽，种在房后、院后，恐无子嗣后代。

民间认为桃木为五木之精（五木为桑木、榆木、桃木、槐木和柳木），也称"降妖木"或"鬼怵木"，顾名思义，就是鬼害怕的木，把它叫作仙木，能镇宅。可以辟家里倒霉、意外的事之类的邪，可以化解家宅大门正对邻居大门、路、墙脚等的凶煞，可以化解小人口舌是非，还可以化解烂桃花。桃木剑在家中悬挂是有讲究的，一般要挂门上，或者客厅的东墙，不可以和金属类物品一起放，更不可以摆放在金属类物品的正上方或正下方。

三、道教信仰

玉皇大帝

在浙东民间信仰中，玉皇大帝又称"天""天公""苍天""老天""老天爷"等，被认为是神界皇帝、万神之王。在一般人的意识中，天是最大的，因此从原始社会开始就敬天，并有系统的祭天仪式。在道教神系中玉皇也是天界地位最高的神之一，道经说玉皇居住在昊天金阙弥罗天宫，妙相庄严，法身无上，统御诸天，综领万圣，主宰宇宙，开化万天，行天之道，布天之德，造化万物，济度众生，权衡三界，统御万灵，无量度人，为天界至尊之神，万天帝王。认为玉皇总管三界（天上、地下、空间），十方（四方、四维、上下），四生（胎生、卵生、湿生、化生），六道（天、人、魔、地狱、畜生、饿鬼）的一切阴阳祸福。

玉皇诞辰是阴历正月初九。南宋吴自牧《梦粱录》："正月初九日为玉皇上帝诞，杭城中行香诸富室，咸就承天观阁上建会。"传言天上地下的各路神仙在这一天都要隆重庆贺。每年的腊月廿五，玉皇要降临下界，巡视察看下界情况，依据众生的善恶作出赏罚。民间也有接玉帝活动，称为"斋天"。古时儒家祭天非常隆重，须用太牢即牛、羊、猪三牲全备之礼，且须用酒，后来受佛教素食影响，认为玉帝、三清、三官等高阶神明为素食者，提倡素食，不用荤，用糖果、水果、糕饼等敬奉。

民间祭祀玉皇大帝，主要是希望玉帝能在来年赐福人间，消灾祛病，保佑大家平安健康、万事如意。各地祭拜的方式有所不同，有的会在堂屋墙壁上贴玉帝的画像，供台上则摆上祭品，有的则会直接供奉玉帝的塑像，并摆上供品。一般要写平安文书，在纸上写下自家的地址、姓名，向玉帝祈求平安并赐福，后与纸钱一起焚烧。

王母娘娘

浙东地区的民俗认为，王母娘娘，又称西王母、瑶池金母、金母元君等，是统领三界女仙之主，主宰万物的创世女神。西王母之名最早出现在《山海经·大荒西经》中，是一位半兽形象，是掌管瘟疫刑杀的大神。她的形象是："其状如人，豹尾虎齿而善啸，蓬发戴狂，是司天之厉及五残。"后来认为她可能是母系氏族时期原始部落的女首领，是天地人神的代言人，负责主持祭祀等事宜，之后西王母的形象逐渐演变为美貌华贵的女神形象，且拥有至高无上的权力和地位。

民间盛行玉皇大帝信仰后，热心的道教更将女仙首领的西王母嫁给了玉帝，西王母成为天界第一夫人，尊称"王母娘娘"。她住在西方昆仑山，有城千里，玉楼十二，琼华之阙，光碧之堂，九层元室，紫翠丹房，左带瑶池，右环翠山。天上天下、三界十方，女子得道登仙者，都归西王母管辖。她"一月三登玉清，在宴昆仑，五校众仙"，有"三千侍女、上官金华玉女七百人"做其侍卫。《吴越春秋》说：越人"立东郊以祭阳，名曰东皇公；立西郊以祭阴，名曰西王母"。说明阴历七月十八为西王母诞辰。到了这一天，人们都要去祭拜西王母，希望得到西王母的庇佑，让自己和家人过得幸福如意，顺心快乐。寺庙纪念西王母会举行庙会，让人们交换各种农具和生产生活物资，迎接即将到来的秋收。

据说王母娘娘的蟠桃园内有九千棵桃树，凡是吃了蟠桃的人都可延年益寿。每年阴历的三月初三，王母娘娘会举行盛大的蟠桃会，并邀请三界众神仙一起品尝。

太上老君

太上老君为道教三清尊神之一的道德天尊，全称"太清道德天尊"。太上老君不等同于老子，老子为其化身。杜光庭《太上老君说常清静经注》称："太者，大也。上者，尊也。高真莫先，众圣共尊。故曰太上老君。老者，寿也，明老君修天修地，自然长寿，故曰老也。君者，尊号也，道清德极，故曰君也。以明老君为众圣之祖，真神之宗，一切万物莫不皆因老君所制，故为宗祖也。"太上老君意思就是至高无上、先于天地、超脱生死的至尊神灵。

道教三清大殿中，通常供奉的三位尊神是道教的最高神三清，即玉清元始天尊、上清灵宝天尊、太清道德天尊。据《集说诠真》引《读书纪数略》云："三清者玉清圣境，元始居之；上清圣境，道君居之；太清仙境，老君居之。"道德天尊，传说居住在大罗天上太清仙境。道观中的三清殿，都有道德天尊的神像。神像是一位白须白发的老翁，手执羽扇，眉目慈祥。道德天尊的神诞日是阴历二月十五日，这一天要举行祝诞聚会或祈福延寿道场。

在浙东地区，人们都认为太上老君是炼丹的，也炼制一些法器，所以只要与冶炼有关的，都会把老君奉为祖师爷。民间铁匠、炉匠、烧窑等这些行业也叫老君行。阴历二月十五寿诞日，从事这些行业的都会去老君庙祭拜，希望可以获得祖师的庇佑，让祖师赏财赐福。由于太上老君的地位崇高，而且心地善良，普通百姓也会去祭拜。祭拜太上老君，所使用的香有讲究，不能使用檀香，安息香和乳香也不可以，要用百合香、降真香、柏香。用水果祭拜老君时，不能用李子和石榴。如家中供奉老君，要把神像摆放在光明的地方，可以供在大厅或安静的房内，但不可供在卧室，更不可以背靠厕所和厨房。

东海龙王

东海龙王名字叫敖广，是古代神话传说中的龙族之王，也是所有水族之王。统治东海之洋，主宰着雨水、雷鸣、洪灾、海潮、海啸等。道教称东海龙王名敖广，南海龙王名敖明，西海龙王名敖顺，北海龙王名敖吉，合称四海龙王。唐玄宗时，诏祠龙池，设坛官致祭，以祭雨师之仪祭龙王。宋徽宗诏天下五龙皆封王爵：封青龙神为广仁王，赤龙神为嘉泽王，黄龙神为孚应王，白龙神为义济王，黑龙神为灵泽王。

龙王是古代龙神崇拜、海神信仰的产物。龙是古代神话传说中生活在海里的神异生物，旧有"龙有九似"之说，兼备各种动物之所长。名字有很多，有鳞的叫蛟龙，有翼的叫应龙，有角的叫虬龙，无角的叫螭龙，小的叫蛟，大的叫龙。龙在历史传统与文化中扮演了十分重要的角色，古代有龙图腾崇拜，人们就将想象的各种高超的本领和优秀的品质美德都集中到龙的身上，以龙为荣、为尊。龙骁勇善战，智慧威严。他能显能隐，能细能巨，能短能长。吞云吐雾，呼风唤雨，鸣雷闪电，变化多端，无所不能。它象征着地位、富裕与吉祥。

东海龙王也叫海龙王，是最受宁波百姓欢迎的大神之一。人们认为，凡是有水的地方，无论江河湖海，都有龙王驻守。海龙王能生风雨，兴雷电，管理地方的水旱丰歉。因此，浙东运河流域到处都有龙王庙。如遇久旱不雨，乡民们会到龙王庙祭祀求雨，如海龙王还没有显灵，就会把神像抬出来，在烈日下暴晒，直到天降大雨为止。

龙影响着人们精神与生活的许多方面。浙东地区带有龙的地名不计其数，如绍兴有龙山、龙横江、泗龙桥、龙珠里、龙头岗、龙尾山村等，宁波有龙观乡、云龙镇、龙山镇、龙宫村、画龙村、龙王溪等。在日常生活中，吃有龙虾、龙眼、龙须面，建筑有龙宫、龙亭，行有龙舟、龙车。正月十五舞龙灯，五月端午赛龙舟。风水宝地叫龙穴，抽水的水车叫龙骨水车，谚语有称"大水冲了龙王庙，一家人不认一家人"。

八仙

八仙是民间传说中的道教八位神仙。八仙之名字早时说法不一，所列神仙各不相同，到明代吴元泰《东游记》正式确定铁拐李、汉钟离、张果老、吕洞宾、何仙姑、蓝采和、韩湘子、曹国舅为八仙。

八仙与道教中其他神仙不同，全部来自人间，每个人成仙之前都有多彩多姿的凡间故事，得道之后与其他神圣庄严的神仙形象完全不一样，他们虽位列仙班，但仍活跃在人们生活中，如翘脚铁拐李背一个葫芦，据说里面装着仙药，专门给穷苦人治病救人。汉钟离袒胸露乳，手摇棕扇，大眼睛，红脸膛，头上扎了两个丫髻，憨态可掬，像个可爱的孩子。张果老背着一个道情筒，倒骑白驴，云游四方，宣唱道情，劝化度人。吕洞宾是八仙中人情味最浓的一个，潇洒、风趣，为民除暴安良，斩妖除怪，还好酒好色，有"狗咬吕洞宾，不识好人心"的歇后语。何仙姑云游世界，漂洋过海，时时处处为黎民众庶排忧解难，扶危济困。蓝采和手持三尺有余的大竹板，一边打着竹板，一边踏歌而行，沿街行乞，玩世不恭，似狂非狂。韩湘子是一位手持长笛、风度翩翩的英俊少年，寄托了文人墨客得道成仙的美好希冀。曹国舅头戴纱帽，身穿红袍官服，手持阴阳板（玉板），与其他仙人的打扮迥然不同。

八仙深受浙东地区民众的喜爱。一般道教宫观都有供奉八仙之处，或是专门建个八仙殿。八仙也常出现在年画、刺绣、瓷器、花灯及戏剧中。八仙祝寿也是民间艺术常见的祝寿题材，每当酬神或重要节会时，上演《醉八仙》或《八仙祝寿》等八仙戏。民间最具盛名的话题是八仙过海。除此之外，浙东地区每家都有八仙桌，桌面四边长度相等，四脚平整着地，四方四正，桌子每边配椅子或凳子，一边坐两人，四边围坐八人，故雅称八仙桌。因为八仙每人都有一样法器，一般称为暗八仙，就是芭蕉扇、葫芦、花篮、荷花、剑、笛子、渔鼓、玉板，常出现于刺绣、木雕、陶瓷等民间艺术品之中，代表吉祥之意，随场景不同而变换。

财神

财神是掌管财富、赐财开运、迎祥纳福的神，在民众的心里有着尊崇无比的地位。财神庙的楹联写出了拜财神祈求财富所应具有的正确态度和需要遵循的道德规范。如："财路随缘取之有道；神灵主理造化在天。""吾宗以忠厚相承，知先世积金皆由积德；此地为秀灵所聚，愿后昆多宝更要多贤。"

浙东地区的民间财神信仰与财神崇拜中，财神不是一个人，而是一群人。被尊为财神的有赵公明、关公、比干、范蠡、柴荣、五显财神、和合仙官、利市仙官、文昌帝君等。其中有文财神和武财神之分。通常以祭拜五路财神为主。五路财神有文、武、义、君、偏五财神的说法，也有东西南北中五财神的说法。浙东一般拜东南西北中五路财神。比干是商纣重臣，遭妲己残害，挖心而死，所以比干无私心，公正无私，贵为文曲星，为东路财神；关公忠肝义胆，贵为西蜀五虎上将，香火旺盛，掌管西路财源；南路财神，柴荣又名柴王爷，曾一路推车向南经商求财，为南路财神；赵公明为虚构人物，相传其生于中原北地，为北路财神。王亥相传是夏朝商国第七代君主，发明牛车，开辟商道，是历史上最早的商人，商业始祖，为中路财神。

浙东民间习俗，每当除夕吃了分岁的年夜饭后，就要等待接财神，到了正月初二还要祭财神，正月初五迎财神。其中又以拜赵公明财神更为普遍。赵公明又叫赵公元帅，既是财神，又是道教的护法四帅之一。民间还将其神像贴于门上，作为门神镇邪祈福。他的职责中，除了有"除瘟剪疟，保病禳灾"一项，还有"买卖求财，公能使之宜利和合。但有公平之事可以对神祷，无不如意"的功能。赵公明财神像顶盔披甲，身穿战袍，手里执鞭，胡须黑而浓，形象威猛，他的画像旁边画有聚宝盆、大元宝、宝珠、珊瑚之类。越地以阴历三月十五日为赵公明生日，每到此日，人们都要祭祀财神。

灶神

在古代人们信奉的众多神灵中，灶神的地位是最高的。灶神俗称灶君、灶王爷。灶神是谁历来说法不一，有认为是炎帝、黄帝、祝融、宋无忌等，后来演变成是玉皇大帝派到人间考察民情的司命之神。灶神是民间最富代表性、最有广泛群众基础的流行神，寄托了民众能吃上饭、吃好饭的美好愿望。浙东地区差不多家家灶间都供着灶王爷。

秦代以前，祭灶是国家祀典的"七祀"之一，到了汉代，祭灶被列为大夫"五祀"之一，并且灶神被人格化，赋予新的功能。郑玄注《礼记》说："（灶神）居人间，司察小过，作谴告者也。"灶神除了掌管人们饮食，赐予生活上的便利外，灶神也是玉皇大帝派遣到人间考察一家善恶之职的官。每年的腊月二十三，灶王爷要升天，报告每家一年的情况，人们要为灶王爷摆上供品，供上好吃好喝的，这就是祭灶。祭灶时，麦芽糖和酒是必需品。酒是为了让灶王爷喝

祭灶神（摄于20世纪90年代）

得晕头转向，麦芽糖又甜又粘把灶神的嘴糊上，意思是灶神嘴吃甜了，就不好再恶言恶语，只能说好话，再就是麦芽糖粘住嘴巴，想说坏话张不开口，只能说个含含糊糊。宋代范成大《祭灶诗》即云："古传腊月二十四，灶君朝天欲言事。风车云马小流连，家有杯盘丰典祀。猪头烂熟双鱼鲜，豆沙甘松粉饵圆。男儿酌献女儿避，酹酒烧钱灶君喜。婢子斗争君莫闻，猪犬触秽君莫嗔。送君醉饱登天门，杓长杓短勿复云，乞取利市归来分。"除夕这一天要把灶神接回来，行接灶神之礼，奉祀灶神回到神位，再在灶壁贴上新的灶君纸马。

人们对灶王爷必须恭恭敬敬，不得用灶火烧香，不得击灶，不得将刀斧置于灶上，不得将污脏之物送入灶内燃烧。这里有句说这人或这家不行了的语言叫"倒灶"，意思是说这人或这家灶头都倒了，肯定不行了。

福禄寿星

福禄寿三星，起源于人们对远古星辰的自然崇拜。立春时节的正南方，有三颗星距离相近，连成一条直线，民间将这三颗星称为禄、福、寿，把这三颗星看成三个吉祥的星官，分别掌管人世间的幸福、俸禄、寿命等，称为福禄寿三星。所谓"三星高照，新年来到"，当夜晚看见三星高挂南天，便是春节到来之时。

福禄寿三星，古人按照自己的理解和感受，赋予他们非凡的神性和独特的人格魅力。福禄寿三神仙成为民间世俗生活理想的真实写照。福禄寿成为人们最受欢迎的三个大神，作为民间吉祥如意的象征，民间祝寿时，常在正屋面墙上悬挂福、禄、寿的中堂，两侧寿联必定是"福如东海，寿比南山"。

浙东地区信奉福星的形象是头戴官帽，手持玉如意或手捧小孩，为天官一品大帝，天官赐福由此而来。每逢新年伊始，家家要在门上贴福字，而且要倒着贴，取其谐音"福到了"，意含福神临门的意思。禄星原是星神，称文昌星、文曲星、禄星，形象是手捧如意，寓意高官厚禄。高官厚禄是士人一心向往的目标。由于科举考试主要是做文章，禄神崇拜便包含了对文运的祈求，所以禄神不仅仅是士人的主宰神，也是一般崇拜文化、崇拜文才的百姓所喜爱的文神。寿星又叫老人星、南极老人。年画中寿星的形象为白发老翁，手持龙头拐杖，前额隆起，形似寿桃，象征长寿。另外还有一种象征表达法，用蝙蝠、梅花鹿、寿桃三样东西，取其谐音表达福、禄、寿的含义。

人们常常把福禄寿组合起来表达各种美好的祝愿。如福寿双全，福寿无疆，福禄双全等，而且经常用他做题材，表现在刺绣、木雕、陶瓷、年画、翡翠等工艺品上。

月老

月老，又叫月下老人，是民间传说中主管婚姻的神，也就是媒神。月老最早出自唐人李复言的小说《续玄怪录》。小说描述的是月下老人翻奇书定姻缘的故事，此后月老便逐渐成了家喻户晓的人物，其形象被塑造为一个慈祥老人一手挽着红丝，一手携杖悬婚姻簿，童颜鹤发，奔驰于烟雾缭绕中的人物。月老依据神秘的婚姻簿将婚姻命定的男女用红丝线系足，从此无论如何他们都将成为夫妻。月老是一个流传久远、对浙东运河流域人们影响广泛的婚姻神，反映了人们对爱情与婚姻"前世注定今生缘"的观念。

浙东地区都有祭拜月老的月老祠、月老庙或月老殿。杭州有西湖白云庵月下老人祠，祠前挂着楹联：愿天下有情人，都成了眷属；若是前生注定事，莫错过姻缘。绍兴的月老祠还有一个名字叫作"鸿禧堂"，面积不大，香火却很旺盛，据说很灵验，每年前去烧香许愿的人很多。祠前面有一棵相思树，年代悠久，苍翠挺拔，树上缠绕着许多红色绫线，意思无非是祈求姻缘早成，寄托对美好姻缘的憧憬。上虞和宁波因为是梁山伯与祝英台的故乡，梁祝爱情成为东方的爱情经典，山伯庙成了当地的月老祠。

送子娘娘

送子娘娘尊号是"大慈大悲救苦救难送子娘娘"，又被称为"注生娘娘"，通常坐在碧霞元君的右侧，是民间道教信仰中掌管生子的神。旧时城隍庙、东岳庙都有祭祀。

送子娘娘常见的神像为安详端坐，怀里抱着个娃娃。传说求子的女子摆上香果贡品，烧香跪拜祷告，请求送子娘娘赐子于她，然后求签，如果求的是吉签，就表示送子娘娘达其所愿，赐子给所求女子，求子的女子应起身将事先准备好的小衣裳给送子娘娘怀中娃娃穿上，然后再拜谢。不管是哪里的道观，送子娘娘的香火都是十分旺盛的。

道教碧霞元君又被称为"东岳泰山天仙玉女碧霞元君"，道经称之为"天仙玉女碧霞护世弘济真人"。碧霞元君庇佑众生、灵应九州。碧霞意指东方的日光之霞，元君是道教女神的尊称，其圣诞为阴历四月十八日，一说三月十五。

碧霞元君也被民间称为送子娘娘，等同于佛教的送子观音。明代王阳明在绍兴建伯府第时，因一直无子嗣，专门在门前挖了个池子，取名碧霞池，不久果然生子王正忆。在各地的元君祠、元君庙或元君行宫中，碧霞元君都是美丽、慈祥、善良、智慧的仙女形象。碧霞元君肩披羽衣、锦绣霞裙、登云珠履、白玉翠冠、手持如意，一左一右分别是眼光娘娘和送生娘娘，传说是她的两个分身。碧霞元君诞辰这天，很多女性都会到元君祠或行宫烧香跪拜，将生活中的愿望或送姻缘、送子嗣等人生大事，向碧霞元君倾诉，祈求娘娘护佑，以期实现愿望。

八字

八字是古代算命先生根据一个人出生时的具体时间去推理这个人一生命运的方式。将人的出生年、月、日、时各配以天干、地支，每项两字，依次排列成八个字，俗称八字，然后找出其所属五行，再以相生相克之说来推断其祸福寿夭。排八字相传起源于战国时代的鬼谷子，一说起源于唐代的李虚中。

旧时越地有许多专门给人排八字的先生，俗称算命先生，大多为眼睛有病的人所从事，所以又叫算命瞎子，或瞎子先生。算命先生有在家或街上坐待上门来算的，也有拿个胡琴或幡走乡串村游走的。来算命的人要给算命先生报酬，命越好付的钱就越多。

浙东地区的人一生有几个时间点位，家里人或自己会去排八字算命。出生后几天内第一次排八字。这一次排八字算命主要是看小孩命里是否犯煞，如弓箭煞、阎王煞、短命煞等，如犯煞就要设法化解。如犯弓箭煞，就要在孩子满月洗澡时，用一枝桃枝做成的小弓箭，放进洗澡水里，洗好后连同洗澡水一起倒掉。再是看孩子与家里的其他人是否相冲，主要是和父母亲是相生还是相克，如有，就要请先生根据情况化解。再看孩子五行的强弱或缺失，如有缺失，可以在取名时弥补。缺金的名字中加金字旁的字，缺水的加水字旁等。第二次排八字是在找对象确定关系前，一般男方家长会拿将定亲女孩和自家男孩的出生日期到算命先生那里去，看是否相合，如合就确定下来，如不合一般会结束关系。越俗中八字的作用是很大的。再就是遇到重大事件无法做出决定时，也会请算命先生算上一卦，以明确下一步方向。

风水

风水最早叫堪舆，指天理与地理。到两晋时，郭璞说过，堪舆研究的是气，是一种看不见摸不着的能量场或波，这种场风一吹就散了，有水就停止。故把堪舆称为风水。风水就是研究人与自然怎样和谐统一，并让自然再助人一把力的一套理论。民间相信风水的好坏直接影响家族的盛衰吉凶。浙东地区非常讲究风水。

风水理论极为复杂，理论体系浩繁，派别众多。如形法重在择址选形，理法偏重于室内外方位格局，日法则在选择吉日良辰以事兴造，符镇法是补救先天不利的方法。按照应用对象又有阳宅和阴宅之别。阳宅风水也就是阳宅相法，是为活人居住的城郭、住宅相形择址；阴宅风水是阴宅葬法，是为死者寻找选择下葬的陵墓坟冢。

阳宅风水按所处环境不同，又有井邑之宅、旷野之宅、山谷之宅等类别的区分，风水著作《三元地理正传》所论详尽。旷野之宅和山谷之宅，因为它与周围自然地理环境关系密切，多注重形法；井邑之宅，因为外部环境的限制，通常形法、理法并举。风水中的形势派，注重觅龙、察砂、观水、点穴、取向等辨方正位；风水中的理气派，注重阴阳、五行、干支、八卦、九宫等相生相克理论，并且建立了一套严密的现场操作体系，用罗盘确定方位。无论形势派，还是理气派，尽管各有众多的实际操作方法，但都遵循以下三大原则：天地人合一原则，阴阳平衡原则，五行相生相克原则。其宗旨是审慎周密地考察、了解自然环境，利用和改造自然，创造良好的居住环境。

明末华亭人蒋大鸿反清失败，隐居会稽，研习玄空派风水，定蒋氏罗盘，注历代风水经籍，收徒无数，自成一派，死后葬于若耶溪畔。

奈何桥

奈何桥指的是民间神话体系中人死后去阴间转世投胎前的必经之地。关于奈何桥的说法，各地相传几乎一致。

相传人死后要走过一条路叫黄泉路，经过一条河叫忘川河，忘川河上有一座桥叫作奈何桥。奈何桥尽头有个望乡台，望乡台是最后遥望家乡和亲人的地方。在这里，可以最后望一眼这一生的爱恨情仇，回忆这一生的魂牵梦绕。望乡台旁边有个老婆婆名孟婆，手里捧着一碗孟婆汤，每个人都要走上奈何桥，孟婆都要问是否喝碗孟婆汤。要过奈何桥，就要喝孟婆汤，不喝孟婆汤，就过不了奈何桥，过不了奈何桥，就不能投生转世。凡是喝过孟婆汤的人就会忘却今生今世所有的牵绊，了无牵挂地进入轮回道开始下一世的轮回。

据说，孟婆汤用忘川河里的水熬成，孟婆汤又叫忘情水，一喝便忘记前世今生，所有爱恨情仇都随这碗孟婆汤遗忘得干干净净。另有传说，阳间的每个人在这里都有自己的一只碗，碗里的孟婆汤，其实就是活着的人一生所流的泪，孟婆将每个人的泪收集起来，煎熬成汤，在离开人间，走上奈何桥头的时候，让他喝下去，忘却活着时的爱恨情愁，干干净净走上黄泉路，重新进入轮回。

走到奈何桥上时，是一个人最后拥有今世记忆的时候。这一刻，许多人还执着于前世未了的心愿，却又明白这些意愿终将无法实现，就会发出一声长长的叹息，这也是奈何桥成名的原因。

奈何桥边黄泉路上还有一种花叫彼岸花，花开时看不到叶，有叶时看不到花，花叶两不相见。有一块石头叫三生石，记录前生今世的一切。

阴曹地府

阴曹地府指人死后所在的地方。人们历来对阴曹地府心怀恐惧，认为人死进入地府后，需要活人的供奉和祈祷，以保佑后代的平安和幸福。因此设定一些特定的节日和场所，如清明节、中元节等，用专门的仪式向阴曹地府祈求，以求得平安或消灾。越地人认为人死后去的另一个世界就是阴曹地府。

经过神话与传说不断的演绎，阴曹地府类似于阳间，也有一个严密的管理体系执掌着冥府的一切。该体系以东岳大帝为尊。他是冥界主宰，主万物生死，道经说他是太昊伏羲的化身，而幽冥只是他掌权的一部分。东岳大帝下面是北阴酆都大帝，为北极紫薇大帝在幽冥的化身，他是天下鬼神之宗，位居北府，执掌幽都，是冥界地府实际上的最高神。北阴酆都大帝下面是五方鬼帝。东方鬼帝郁垒、神荼，是古代最早的两位门神，西方鬼帝是赵文和王真人，北方鬼帝张衡、杨云，南方鬼帝杜子仁，中央鬼帝周乞和嵇康。五方鬼帝之下是罗酆六天，分别有六位真灵鬼神。此外，还有一大群酆都诸圣，如佐理太上灵君、助理玄滋天君、酆都上相君等。神官之下有十殿阎王，分别是秦广大王、楚江大王、宋帝大王、仵官大王、阎罗大王、卞城大王、泰山大王、都市大王、平等大王、轮转大王。十殿阎王之下有四大判官，分别是赏善司大判官魏徵、罚恶司大判官钟馗、察查司大判官陆之道、阴律司大判官崔钰。四大判官之下还有十大阴帅。十大阴帅之下是孟婆和城隍、土地之类。如此形成阴曹地府的庞大管理系统。

人死后去阴间共需经过十三站，依次是土地庙、黄泉路、望乡台、恶狗岭、金鸡山、野鬼村、迷魂殿、酆都城、十八层地狱、供养阁、鬼界堡、莲花台、还魂崖。过了十三站，便进入五道轮回。

阴曹地府是人们对于生死轮回和因果报应的信仰折射，认为人在世间所做的一切都会受到天道或阴曹地府的监督和裁判，无论是公开或隐秘，无论是现世或来世，都会得到相应的奖励或惩罚，要摆脱地狱苦难，生前一定要多行善，不作恶。

洞天福地

洞天福地是道教所称仙境的一部分，多以名山胜水为景，认为此中有神仙主治，为众仙所居，道士居此修炼或登山请乞，就可得道成仙。洞天意指山中有洞室通达上天，福地指的是神仙居住之地。

东晋《道迹经》说："五岳及名山皆有洞室。"唐代司马承祯对洞天福地学说进行了系统整理，提出了十大洞天、三十六小洞天和七十二福地的体系。司马承祯首先绘制出了天地宫府图，完成了洞天福地在现实世界中相应地点的命名，还在每个地点安排了一个仙人坐镇。其中浙东运河流域中有三处洞天三处福地。它们是洞天第九四明山洞，名丹山赤水天，在越州上虞县，真人刁道林治之；第十会稽山洞，名极玄大元天，在越州山阴县镜湖中，仙人郭华治之；第二十七金庭山洞，名金庭崇妙天，在越州剡县，赵仙伯治之；福地第十五沃州，在越州剡县南，真人方明所治之；第十六天姥岑，在剡县南，真人魏显仁治之；第十七若耶溪，在越州会稽县南，真人山世远所治之。

道教认为，洞天福地世界和现实世界一样，也由日、月、山、川、星等组成，而且与现实世界存在一定的联系。仙人可以自由出入两界，凡人察觉不到他们的存在；凡人有时候会误入仙境，不过往往是因为迷路。道家描述的洞天福地非常神秘，同时也很美好，所以洞天福地被道家弟子视为成仙后的去处，也是凡人所向往之地。明时王守仁就筑室福地若耶溪旁的极玄大元天会稽山洞，又叫阳明洞天，养身悟道，还改名王阳明，终成一代心学大师。

四、佛教信仰

烧香拜佛

烧香是为了拜佛。清人王有光说:"香为神佛所贵,烧香所以敬神佛也。"烧香代表着人们对神佛的信仰,通过烧香这种仪式,向神佛表示礼敬,并通过香烟的上升与神佛沟通,或借此吸引神佛光临,倾听祈福者的呼声,满足他们的愿望,庇佑他们。越俗很注重烧香拜佛,平常一般以家庭妇女为主,大都去寺庙庵观,也有在家里供佛烧香的

佛家烧香一般用三炷香,分别代表供养佛、法、僧。点香之后,双手将香平举至眉,平举在额头前方,默念持诵,拜佛的话,合掌拜三下。然后第一根香插在中央,表示供养佛,觉而不迷;第二根香插在右边,表示供养法,正而不邪;第三根香插在左边,表示供养僧,净而不染。寺院上香时,讲究比较多。寺院烧香分为高香、保香、许愿香和还愿香。一般人通常都是希望借此点燃自己的心香,烧的是保佑香,祈祷父母长寿、家人平安健康、美好姻缘、子孙满堂、升官发财之类。在进寺院门的时候,中间的一道门,只有出家人才能进,一般人不可以走,只能走边上的门。去寺庙一般要早晨去。

拜佛还是拜菩萨,要看你求什么。如果想求人生智慧,求在事业上指点迷津,求希望在困境中拨开云雾,就要去拜佛。如祈求儿孙满堂、财源广进、学业进步、平安康寿等,就要去拜菩萨。每个月的初一、十五是固定的烧

高香(摄于 20 世纪 90 年代)

香时间。其他如弥勒菩萨圣诞、观音的诞辰等佛朝日都要去烧香拜佛。

宋慧开禅师《颂平常心是道》中有四句:"佛在灵山莫远求,灵山只在汝心头。人人有座玲珑塔,心向玲珑塔下修。"这是否定了烧香拜佛的意义,拜佛只是要转变己心、正信佛法、觉悟人生即可。

财神菩萨

财神菩萨是最受老百姓欢迎的神明,请财神、拜财神,祈求财神爷保佑自己生意兴隆,财源广进,这是很直接很公开的愿望。和道教不同,佛教本意并不倡导拜财神,但为了迎合世人的需求,才有了财神菩萨,让大家可以向这财神菩萨求财。

佛教中有四大天王,也就是东方的持国天王、南方的增长天王、西方的广目天王与北方的多闻天王,四大天王扶持佛法,誓愿守护这个世界的众生,让他们安居乐业、财宝充盈、福德增长。其中多闻天王既是护法神,也是佛教第一财神。多闻天王身披金甲,黄面短须,庄严英武,左手持吐银鼠,右手持混元珍珠宝伞。宝伞护民生,银鼠吐财宝。其他财神还有藏传佛教各大教派所供养的五姓财神。居中央的是绿财神,东方不动佛的化身,能令一切事业圆满成功,使一切受用富饶增长;右前方是白财神,能祛病,免除贫苦,增长善业;右后方是黄财神,能增长福德、寿命、智慧、物质及精神上之受用;左前方是黑财神,能消除怨敌、偷盗、病魔等障碍,令受用增长;左后方是红财神,能招聚人、财、食等诸受用,令自在富饶。还有多宝如来、古祥天女和雨宝菩萨被称为财富三尊。

浙东地区的老百姓还喜欢笑呵呵的大肚布袋弥勒菩萨和观音菩萨身边的善财童子。越俗一般在阴历每月的初一、十五上香供养财神菩萨,其他就是财神菩萨的生日,特别是正月初五接财神菩萨最热闹。

观音菩萨

观音菩萨又叫观世音菩萨、观音娘娘、观音大士、送子观音,越地人称她是大慈大悲救苦救难观世音菩萨。人们不仅在寺庙里供奉她,还有专门的道场,运河东岸的舟山就是观音菩萨的道场,而且还在家里供奉她。

观音菩萨因其在佛法中的特殊地位与法力，深得民众喜爱。她是救苦救难的神灵，为了救度众生，愿意把自己的寿命作为筹码，换取众生的福祉；是善缘的象征，可以帮助消灾免难，减少业力的影响；是带来财运和好运的神灵，人们会祈求她的庇佑和加持；还可以消除业障，提升智慧和慈悲心；可以摆脱生死轮回，实现涅槃；可以送来子嗣，血脉得以延续。因此，观音菩萨被认为是非常神圣和强大的神灵，她的形象已经深入到所有人的内心，获得俗世的膜拜。

拜观音菩萨是越地民俗之一。俗传观音菩萨阴历二月十九日出生、九月十九日出家、六月十九日得道，民间和佛门这三个日子都要举行祭祀活动。尤其农历二月十九，观世音的出生日会特别隆重，《金陵岁时记》中记载："善男信女于此三月茹素，曰观音斋。"这一天，婚后迟迟不孕的女子，会前往观音殿烧香，祈求观音菩萨送给她一个孩子。这一天，人们还会买鱼、乌龟等小动物，带到江河湖泊里放生。一些体弱多病的孩子，会在大人的带领下到观音庙，让孩子在观音像前跪拜磕头，认观音菩萨为干娘，希望观音菩萨能保佑这个孩子健康成长，这叫拜干娘。有些人把观音佩放在佛台上，诵经礼佛后给小孩戴上，希望观音菩萨能够保佑小孩平安成长，这叫戴观音佩。

求签问卜

求签问卜是浙东运河流域人们经常去做的习俗，每当家里有大事难决，就会去庙里烧香求签，请神佛帮自己释疑或做决定，一般都是婚姻、前程、事业、子嗣等家中大事。所以走进寺院和道观时，总能看到有人怀着虔诚的神情，认真地摇着签，当签从签筒内掉下，就会拿着签到旁边的师傅那里问签，请师傅讲解签文的含义。这个过程就是求签。

过去基本上所有的寺院和道观里都摆着签筒，香案上的签筒很少有空闲的时候。签一般用竹、木等材料制作，上面写着签的等级，如上上签、下下签，相应写着签文。签文大都是古诗文或偈语。在神佛前要虔诚地祷告，默默向神佛诉说自己的愿望，然后摇动签筒，直到有一根签从中跳出，必须是一根，这根签就是神赐之签。依签上所写词句，常人只知道是上签还是下签，其他意思根本无法读懂，也就无法判断吉凶祸福，所以一定得请大师解签，而解签是要付钱的。求签是问卜的一种，不知从什么时候开始。

签的种类很多，按数量分，有二十八签、六十签、一百签等；按功能分，有观音灵签、关帝灵签、诸葛神算、妈祖灵签等。观音灵签是一百签，按吉凶可分为三种：上签二十二支，中签六十支，下签十八支。观音灵签每支签都有其特殊的含义。

解签者在分析时，会根据签的等级察言观色说一些大道理，也说一些应对的策略，一般是劝人为善，多做善事之类，能起一些劝诫教化作用。至于求签者怎样理解，信与不信，那就取决于本人的心境了。

庙会

庙会又叫庙市或集市，是民间宗教及岁时风俗，一般在农历新年、元宵节、二月二龙抬头等特殊节日举行。最初的庙会起源于远古时代的宗庙社郊制度。每逢祭祀之日，为渲染气氛，人们还会演出一些精彩的歌舞，即社戏，也称庙会戏。庙会还是一种综合性的民俗活动，和宗教信仰、商业民俗、文艺娱乐等诸多方面都有关系。各地的庙会又会有各不相同的特点，浙东运河流域的庙会源远流长，花样繁多。

宁绍平原遍地庙会，历时久远。绍兴灵芝镇在每年的七月初二、初三举办隆重的水乡庙会，那天一早，群众用船将位于兴隆庵内的黄元帅请出来，沿着各个村庄进行巡游，船队所经村落提前在河埠头搭建祭台，龙舟一到，岸上群众就点燃香烛，祈求平安，船上的人上岸跳无常舞。绍兴王坛舜王庙会，先在舜王庙大殿举行祭舜大典，然后进行舜帝巡游。1926年，日本摄影师樱井一郎目睹了双江溪舜王庙会场景，并用相机记录了绍兴舜王庙会。上虞崧厦镇五龙庙会，每年阴历八月十五日至二十日举行，届时四面八方善男信女纷纷云集于此，念经、祈祷、烧香、点烛，进行民间祭祀，组织大型迎神活动，以保佑一方风调雨顺和家人平安。庙会期间，村民还请来各路戏班表演助兴，热闹非凡。绍兴陶堰严助庙会，也叫百家庙会，张岱《陶庵梦忆·严助庙》有记载。庙会要动用二十艘大船载盘铃，用幼童扮演故事中的人物，以人多热闹取胜。每年从正月十三到十七连续五天，家家高挂红灯，烛火辉煌，并演戏五夜以娱神，人山人海，热闹非常。百家庙的大戏台，戏台前柱上的楹联相传是徐渭所书"盛盛盛盛盛盛盛；行行行行行行行"名联，写出了台上台下演戏听戏热闹无比的盛况。萧山有临浦庙会、洪园庙会。宁波鄞江庙会是集祭祀、歌舞、文娱、商贸于一体的传统民俗活动，一年中有三个庙会，即三月三、六月六、十月十，其中以十月十场面最为盛大。奉化萧王庙会曾建有庙众、庙堡等组织，每年正月十三日至十八日，历时六天六夜的庙会由庙堡轮流举办。其他如象山大塘红庙庙会、宁波咸祥庙会、圣姑庙庙会等数不胜数。

水陆法会

水陆法会是佛教中仪式最隆重的法会，也叫悲斋会、水陆会、水陆道场，全称是法界圣凡水陆普度大斋胜会。法界圣凡泛指十方三世一切众生。水陆是一切众生受报的地方，众生有水、陆、空三处，但是水中与陆上的众生受苦最重，而天空中的众生受乐比较多，因此这个法会着重在超度水陆两处的众生，所以称为水陆法会。

普度即是对六道众生全部度化，都令他们得到解脱。大斋指不限制的普施饮食。胜会指在这个法会中，除了施食以外，又有诵经持咒等法施，可以令受苦的众生心开意解，得到佛法滋润，所以称为胜会。水陆法会的意义和功德主要在于超度众生、培福积德、净化心灵、凝聚信仰和弘扬佛法等。

启建一堂水陆法会，需要七昼夜才能功德圆满。法会分为内坛、外坛。外坛又分大坛、诸经坛、法华坛、净土坛、药师坛、华严坛，内坛一个坛，总共有七个坛口。大坛主要礼拜《梁皇宝忏》，奉诵《药师经》《金刚经》《梵网经》等。药师坛主要讽诵《药师经》、礼拜药师佛圣号等。法华坛主要讽诵《法华经》《楞严经》等。净土坛主要讽诵《阿弥陀经》、念佛、绕佛、拜佛等。诸经坛主要讽诵《无量寿经》《观无量寿经》《金光明经》《圆觉经》等。华严坛主要默诵《华严经》等。内坛主要有结界、发符悬幡、上堂、上供、告赦、请下堂、供下堂、授幽冥戒、圆满供、圆满香等佛事。在一堂完整的水陆法会当中，除了七个坛口各自负责的诵经、念佛之外，还夹带有小斋天、延生普佛、三时系念、瑜伽焰口等佛事。第七天，法会圆满收官，举行送圣仪式，至此法会结束。

举行一次水陆法会，所需要时间比较长，参加的法师一般需百位以上，需要的费用非常高，一般寺院只有在特别重大的节日才会举行。水陆法会由信徒共同发起、集资修设的，称为众姓水陆，如果财力雄厚，由一家发心独资营办的，称为独姓水陆。

礼忏

礼忏又叫拜忏，即礼拜诸佛菩萨，忏悔过去所作的罪业。越地但凡信佛之人，都会拜忏，通过礼佛、诵读经文的方式，以表忏悔之意。凡夫俗子对于过去生所带来的罪业和今生已造的罪业，如果从今以后想不再继续造罪，佛教为凡夫众生设置了一个忏悔罪业的法门，就是把自己的心放进佛法的水中去洗，用拜忏洗刷已经染污的心灵。

拜忏有不同的法门，如常见的有大悲忏，这种忏法仪式简单庄严，根据《大悲咒》而作，以三七日为期，诵念《千手千眼大悲心咒行法》。还有慈悲水忏，也称水忏，讲述皈依诸佛菩萨，忏悔罪业，宣传因果报应，发愿信佛修行。又如梁皇忏，讲述六根三业，忏悔解冤，六道四恩，礼佛报德，回向发愿，洗涤过去的恶因，发菩提心，多用来灭罪消灾，济度亡灵。其他有药师忏、净土忏、地藏忏等。拜忏的形式有三种：作法忏，在佛前披陈过罪，身口所作，都要依于法度，从而消除犯戒之罪；取相忏，于定心而运忏悔之想，如佛来摩顶，以感瑞相为目的，从而消除烦恼之性罪；无生忏，正心端坐，而观无生之理，从而消除障中道之无明。拜忏一般有五个程序：请圣明证、说己罪名、立定誓愿、读诵礼拜、入教明证。

拜忏一般去寺庙，也可在家里。最好是自己做，如果还没有学会，或者觉得拜的不够多，可以礼请僧尼来做，或代亡故的亲友来做。

超度亡灵

超度是指通过念经或做法事使鬼魂脱离苦难的佛教做法。

人死之后的生命主体称为亡灵，民间一般认为人死之后变成鬼，而且永远做鬼，但佛教不认同这个说法。佛教看凡界的众生，共分为天、人、神、鬼、畜生、地狱等六大类，在这六类之中来来去去，又称为六道轮回，所以人死之后不一定成为鬼。佛教有一种法门可以使人超出并度脱六道轮回的生死之外，就是超度。为亡灵超度在浙东运河流域是很常见的一种习俗。

超度的期限要在死后的四十九天之内。佛教认为，对凡夫俗子来说，除了福业特别大的人，死后立即上生六欲天，定业深的人，死后立即上生禅定天，罪业特别重的人，死后立即

绍兴乡村超度非正常死亡的亡灵场景
（摄于 20 世纪 60 年代）

堕地狱，至于一般的人，死了之后尚有四十九日的缓冲时间，等待业缘的成熟，再决定轮回的去向。在这期间，如有家属以供养三宝及斋僧布施的功德为他回向超度，亡者便会由于善业功德的感应而得到超生的帮助，可上生六欲天。过了四十九日之后，已经随着亡者自己的业力而去投生，那时再作超度的功德，只能增加他的福力，或减少他的苦难，但已不能改变他已经投生的处所了。如是枉死的人，或者死得凄惨，由于怨结不解，他们纵然已经化生鬼道，还会在人间游荡，这就是通常传闻的闹鬼。这样的

情形，需要诵经超度，佛力引荐往生善道。如果请寺庙的僧侣来超度，也叫做法事，有一套专门的仪式，诸如设坛、设供、持《大悲咒》、用七金纸过火持咒、招请佛、菩萨、金刚护法降临、大礼拜、大供养等，家人只要配合着做就好了。

吃素斋

吃素斋是浙东地区人们口头的一种表达方式，一般指的是吃素食，不碰荤腥。从佛教的角度来说，吃素与吃斋是完全不一样的。吃素通常说的是指只吃蔬菜瓜果，不吃荤腥食物，吃斋除了不沾鱼肉等动物之外，还讲究不吃葱、洋葱、蒜、大蒜、韭五辛，并且还要做到过午不食。佛教把吃饭的时间分为几段。其中早晨到中午这段时间，尤其是早晨，是天、佛菩萨吃饭的时间，下午特别是晚上，是饿鬼吃饭的时间，修行的人与天、佛菩萨吃饭的时间是一致的，一过午就不再进食。还有就是吃素和吃斋的对象不同，吃素任何人都可以做，没有身份的限制，只要自己愿意就行。不论是出于宗教信仰还是自身健康原因，吃素逐渐成为越来越多人的选择。而吃斋是专门人士的行为，通常是宗教人士因戒律规定不允许吃荤腥只允许吃素，这是宗教一种追求心灵虔诚与纯洁的仪式。

信佛的老一辈人，每到初一、十五都有吃斋的习惯。在这些人的观念中，吃斋和吃素是一回事，如吃荤腥就等于是造下了杀孽，这对于想要求善果的老人来说，是一种罪过。当然，由于每个人对佛菩萨的信仰程度不一，在遵守吃素斋的规则上也不尽一致，有的严苛一些，有的随意一些。如在自己家里，讲究一些的老人，连锅碗瓢盆都必须和吃荤腥的人分开。如去寺庙吃素斋，虽不用担心会碰到荤腥，但也有其他的规矩。如取食时以吃够为原则，不得浪费；如果是一桌人围着吃，每个人至少要吃完一个盘中的食物，也是不浪费食物的意思。

五、宗族信仰

祭祖

国人有慎终追远的传统，过节总不会忘记祭拜先人，也就是祭祖。浙东地区的习俗同样如此，只是这里俗语不叫祭祖，叫请祖宗。各地祭祖形式有些差异，有的到墓地祭拜，有的到宗祠祭拜，大多在家里祭拜。按照这里的观念，自己的祖先和天、地、神一样，四时八节都要祭拜。列祖列宗的在天之灵时时刻刻关心着后代子孙们，在世的人要通过祭祀来祈求并报答他们的庇护和保佑。

除夕祭祖是一年中最重要的祭祀。早先，祭祖仪式于除夕下午在族人祠堂举行，大家身穿盛装参加，仪式较为隆重。而每家在吃年夜饭前，既要请菩萨，也要请祖宗，意思是接老祖宗回家过年。在绍兴，这个仪式要等天黑以后进行，先将整鸡、整块猪肉、整条鱼等一应最好的食物摆上桌，碗筷放好，酒水斟满，然后点燃檀香和蜡烛，家人一一上前拜请祖宗前来吃年夜饭，再轮着上前添酒，尤其是小辈，更要虔心礼拜，酒斟三巡叩拜后，就要焚烧提前准备好的念过佛菩萨的金条、金银元宝给祖宗。祭拜时，口中还得感谢祖宗保佑，家族兴旺平安，再求祖宗来年继续保佑。

在余姚，除夕祭祖被称为拜阿太。桌上供奉酒菜，点燃两支蜡烛，桌前放一只垫子，家人轮流跪拜，恭请祖宗回家过年。稍过一会儿，烧纸钱太宝。在宁海等地，以净茶、新饭、五色果等祭祀，俗称拜天地。有的

逢年过节祭祖宗大人的场景（摄于 20 世纪 90 年代）

地方祭祀祖宗时，中堂要悬挂历代祖宗图像，供净茶、汤团，合家老少按次叩拜，俗称供帧子。

清明祭祖扫墓是另一个重要节日，一些宗族会举行整族大祭，在外地工作的族人都要赶回参加。

郡望

郡望是地望和郡姓的合称，郡是行政区划，望是名门望族，郡望合起来，表示某一地域或范围内的名门大族。该风俗起始于魏晋时期。清钱大昕《十驾斋养新录·群望》："自魏晋以门第取士，单寒之家，屏弃不齿，而士大夫始以郡望自矜。"

《百家姓》中，在每个姓氏前面都注明了郡望。隋唐时期，北方地区有四个非常有名的高门望族，河北保定一带的范阳卢氏，河北清河崔氏，河南郑州一带的荥阳郑氏，山西太原王氏。

清王士禛《池北偶谈》云："唐人好标望族，如王则太原，郑则荥阳，李则陇西、赞皇，杜则京兆，姚则吴兴，张则清河，崔则博陵之类，虽传志之文亦然。"

标注自己或先人的郡望是寻根意识的表现，特别是当有人离开祖居郡望地去外地开枝散叶后，为使后代子孙不忘祖居地，就把自己的郡望写得清清楚楚，也方便同郡望族人联宗认亲。郡望之外还有堂号，古代同姓族人聚族而居，往往数世同堂，或者同一姓氏的支派、分房集中居住在一起，就给这一支取个堂号，成为同族人的共同徽号，是家族文化中用以弘扬祖德、敦宗睦族的符号标志。堂号和郡望一样，是人们寻根问祖时的一个标志。

浙东运河流域族群在经过晋、宋两次大规模的北方士族、皇室南迁后，侨居着许多北方的名门望族，如旧时王谢堂前燕中的琅琊王氏、陈郡谢氏，绍兴市区有京兆杜氏、颍川陈氏、江夏黄氏等。也有本地郡望为会稽大族，如会稽虞氏、会稽夏氏、会稽顾氏等。

祠堂

祠堂、宗祠也叫家庙，浙东地区通常叫祠堂。是本族供奉祭祀祖先的专门建筑，也是举办宗族事务、修编宗谱、议决重大事务的重要场所。祠堂除了作为祭祀场所之外，还是执行族规家法的地方。族人的冠礼、婚礼、丧礼，基本上都在本族祠堂进行。有的宗族规定，族人之间或族人家庭之中，发生争执，都要到祠堂中裁决。因此，旧时候的祠堂在一定意义上具有一族公堂的性质。

浙东的祠堂基本都是四面围合的台门样式。大门前一般都有一大块空地叫道地。道地前会建一个池塘。这个池塘既有聚风水的意义，也有火灾时取水灭火作消防池的作用。门口会有一个内凹式的屋檐，大门外有栅木、仪门、台阶，有的还有照壁及高耸着的两根旗杆。正中间设双扇黑漆大门，门上悬挂某氏宗祠的匾额。进门后，过前厅，会有一个大天井。有的祠堂在正厅外面建一个戏台，在祭祀、本族有大事

摆放在祠堂里的祖宗牌位（摄于2004年）

时、过年过节等吉庆之时会请戏班子来演戏，既为飨祀祖宗，也为娱乐族人。正厅中间会挂书写堂名的匾额，族内祖上如有功名或做过官宦的，会有皇帝所赐匾额，或名人褒扬匾额。正厅前抱柱上挂有黑漆鎏金对联。正厅后墙是神龛，供奉历代祖上的神主牌位。

旧时浙东沿线村村都有祠堂，根据家族大小、实力强弱，祠堂的规制有大有小，但不管大小，只要祠堂在，这个宗族的根就在，游子不管走多

远，只要回来，就是落叶归根。

家训

家训也叫家规、家教，是指一个家庭对子孙后代立身处世、持家治业的教诲或行为准则。一个有名望、有地位的家庭都注重家训的作用，家训对家族内每个人的教养都有着重要的约束力。所谓家有家规，国有国法，指的就是这个意思。家训一词最早出自《后汉书·文苑传》："髫龀凤孤，不尽家训。"中国最早的家训可以追溯到周公的《诫伯禽书》。

作为古代家庭教育的一种形式，家训是维系和发展一个家庭不可或缺的精神纽带。家训之所以为世人所重，因为它推崇忠孝节义、教导礼义廉耻。另一方面提倡什么和禁止什么，也是家训中的重要内容，如节俭当崇、邪巫当禁等。家训中有许多治家教子的名言警句，成为人们尊崇的治家良策，成为修身齐家的典范，如"一粥一饭，当思来之不易"的节俭持家思想等。史上最为著名的家训，有《颜氏家训》《朱子治家格言》等。每个家族的家训侧重有所不同，但大致都包括了以下内容：遵守家法、国法，和睦宗族、乡里，孝顺父母、敬长辈，合乎礼教、正名分，修身齐家。

浙东地区也有一些十分有名的家训传承下来。如晋代王羲之的琅琊王氏家训，以信为首，以行达信，开门施教，贵在待人。王氏家训把处理好人与人的关系放在首位，把"信"作为立身处世的第一要务。宋范仲淹担任越州知府期间，兴办府学，延聘名师，且为官清正廉明，勤政为民。他在引导子孙正品立身上定了《六十一字族规》《义庄规矩》，以及《诫诸子书》教育自家子弟。他的后代整理形成了《范文正公家训百字铭》《范式家规》等家训家规。陆游家学深厚，家规严明，祖上就有家训《修心鉴》存世，他本人也非常重视陆氏家风的传承，对子孙有"富贵苟求终近祸，汝曹切勿坠家风"的告诫。他对后代的期望教诲，在《放翁家训》中集中阐述，有近 200 首教子诗。王阳明家书《示宪儿》，周恩来的《十条家规》等都是优秀的名训。

族谱

　　家谱名称繁多，有宗谱、世谱、族谱、家乘、祖谱、谱牒、宗谱、会通谱、统宗谱、支谱、房谱等许多名称。家谱主要是记录家族的来源、迁徙的轨迹，包括该家族生息、繁衍、婚姻、文化、族规、家约等历史文化的全过程，是一个家族的世系繁衍以及家族中重要人物事迹的历史图籍。家谱是一种很珍贵的人文和历史资料，属于国史、地志、家谱三大文史资料之一，具有历史学、民俗学、人口学、社会学和经济学的意义。明清时期，地方上出现了专门替人修造家谱世系的职业，叫作谱匠。

　　家谱的记载以父系家族世系和人物为中心，汉代开始萌芽，社会上出现有《周官》《世本》等谱学通书，到魏晋南北朝时，家谱成了世族间婚姻和仕宦的主要依据，得到迅速发展。隋唐五代后，修谱之风从官方迅速普及到民间，出现了家家有谱牒、户户有家乘的现象。每次修谱都是同姓同族人之间的大事，其目的主要是说世系、序长幼、辨亲疏、尊祖敬宗、睦族收族，而且十分注重亲亲之道、优秀家风的提倡。宋代以后私人修谱盛行，家谱逐渐从官府、世家大族走向了普通百姓。随着修谱的普及和人口的增加，明清时期家谱的规模越修越大，出现了"会千万人于一家，统千百世于一人"的统谱，一部统谱横向汇集十几个省上百个支派的世系，纵向追溯几百上千年，动辄几十世系，蔚为壮观。这种通谱联宗的风气，与喜好依附名人的习气有很大的关系，往往将历史上的本姓将相名人统统收罗在内，甚至为了抬高家族地位和声望，追溯先祖时，一定要上溯到一个名人或皇帝方才罢休，哪怕是冒认攀附也行，出现了凡是姓范的必是范仲淹的后代，姓王的都是王羲之后代的现象。另一方面，本族历史上的坏人全都被踢出宗谱，概不留名。清时官方还鼓励家谱的纂修，康熙、雍正都曾号召纂修家谱，地方官员也热衷于劝说百姓编修家谱，且乐于为其写序题签，这使得家谱数量大增，纂修家谱成为家族生活的头等大事。

　　家谱编纂的体例也日渐繁复，一部体例完整的族谱，包括名人题字、目录、谱例、修谱人氏名录、谱序、像赞、世系、列传、祠图、祭祀礼仪、字辈排行、族规、家训、志、文等内容。浙东地区留世的家谱数量庞大，如绍兴宝祐桥百岁堂周氏家谱，新昌石氏宗谱，刘宗周编纂的明崇祯六年绍兴水澄刘氏家谱，慈溪竹山胡氏宗谱，余姚孙氏宗谱等。

族长

族长又叫宗子。旧时，一族之人为了自身或共同的利益，会推举族内德高望重有能力的男性长者为本族族长。族长有很大的宗法权力，宗族内部的管理和各项事务的主持一般都由族长负责，小如家庭内部、邻里之间的纠纷，以及每家的婚丧喜庆，大如祭祖、祠庙管理、修订族规、添置族产等事务都须由族长主持。

族长制的出现最早可追溯到宋代，宋代理学家提出恢复宗子法主张后，宗子的族长地位，在民间家族中被普遍承传下来。

历史上，一姓在某地立足并开枝散叶后，一般都是聚族而居，因为是农耕社会，人们上山打柴，下地干活，一年四季，基本上都在同一地方，生活的半径很小。随着时间的推移，生齿浩繁，四世同堂或五世同堂现象时有出现，渐渐演变成一个宗族，一个宗族变成一个自然村，这个村大多由姓氏所在村的地形地貌命名。浙东地区的村名许多由此形成，如王家埭、孙岙、汪家坞、孔家桥等。一个自然村就成了一个小社会，小社会的内部矛盾、外部纠纷经常会产生。在处理这些矛盾和纠纷时，就需有能维护族群利益的人主持公道，形成核心。族长就在这样的背景下产生。族长可以主持祭祖，代祖先立言，代祖先行事；还可以制订和修改各种家训族规，决断家族事务，规约族人行为，并充当族人纠纷案的裁判。族长和其他长者一起决定族田和其他共有财产的管理权和分配权。对于触犯家规的族人，族长有权决定各种处罚和惩治。一般来说，每个族长之下还有族房长、士绅学士、掌事的董首等，形成一个专门的宗族管理阶层。

族规

族规是家族制定的，约束和教化本族人的家族规矩，仅对本族内的族人有效，对其他人无用。族规的名称很多，如家法、家约、族约、祠规等。平常所说的"国有国法，族有族规"，充分体现了家族规约对族人的影响力。族规系宗族制定，内容不一，但大都包含敦人伦、笃宗教、课子弟、正闺门、慎交游、勤职业、崇节俭、忍小忿、恤贫苦、睦乡邻等内容。家族权力的行使，必须以族规为准则。族规的核心是敬宗和收族两大方面。敬宗是强调传统的追溯，旨在建立家族血缘关系的尊卑伦序；收族是着眼于现实，寻求家族内部长期和平共处、聚而不散的途径。

宗族观念是旧时家族传承的核心观念，为保证族人能够在日常生活中遵守这些观念，每个宗族都会根据本族的传统，制定相应的族规家法，以强化宗族观念的维系功能，使宗族内的公共秩序和共同利益得以保障。因此，族规家法是宗族观念的重要载体，既是规范族众行为的基本准则，又是协调宗族内部人际关系、处理族众之间利益纠纷的重要依据。历代族谱中有关族规家法的内容是其重点。如《余姚朱氏宗谱》在族规家法中表明："重孝悌以敦根本，饬典礼以笃尊亲，敬长上以厚伦纪，和宗党以息争竞，严职业以端品行，辨嫡庶以正名分，慎嫁娶以安婚配，禁强暴以尚礼义。"浙东地区历来重视文教，人才辈出，科第进士之人连绵不绝，因而对宗族内的族人教导更加严苛。

族产

族产是一个家族的公有财产，这些族产维系着整个家族的运行，在传统社会中对家族的凝聚和发展起着十分重要的作用。族产的形式有很多，诸如族田、山地、祠堂、宅第、仓廪、家庙、桥梁、耕牛、桥渡、滩涂、水碓、碾房等生产工具和生活设施。浙东地区对族产还有一种称呼，叫作堂中，指的就是同一堂内大家共有的财产。族产是一个家族几代人共同积累的财产，自古以来就有"不得独自侵占，不得典卖分散"之说。

族产的形成来源主要有几个途径。析产提留，就是一个家族分家析产时，会拿出一定比例的田地充作族产；族人派捐，就是族中有人娶媳妇、生孩子时，要捐一笔喜庆银，这些派捐用来购买族田；族人义捐，就是族内比较富裕的人主动捐献，或银或田或房子等，充作族产。如清代绍兴城中京兆杜氏以杜煦为首的兄弟三人累计捐赠族田上千亩。族产中最重要的是族田，又称祭田、祠田、义田、书灯田以及公役田、福田等，名目繁多。唐宋时期，各类族田在地方志和族谱中就已有记载。

族产主要用于建祠修墓、纂谱联宗、办学考试、迎神赛会、门户应役、兴办公益（如修水利、修路桥、设渡、设茶亭等）以及应付与外族的民事纠纷、诉讼，其中以祭祠开支为最大。此外，族产收入还用于族内赈济贫困，赈恤孤寡。还有就是兴办学堂，用于培养家族人才，让族人通过读书走上仕途。在一个地区，一个家族能否成为名门望族，族产的多少是一个重要的标准。

族产由族长及族内专人管理。一般情况下，家族共有的田产采取董事制、经理制的管理方法，并受家族的共同监督，有的家族采取分房管理制度，由各支房轮流管理族产的收入与使用。

主要参考文献

宋宝庆《会稽续志》

明万历《绍兴府志》

清乾隆《越中杂识》

绍兴市县文联编《浙江风俗简志》，1985 年印

浙江民俗学会编《浙江风俗简志》，浙江人民出版社 1986 年版

余姚市民间文学集成办公室编《中国民间文学集成·宁波市余姚市故事歌谣谚语卷》，浙江省民间文学集成办公室 1988 年印

萧山市民间文学集成办公室编《中国民间文学集成·杭州市萧山市故事歌谣谚语卷》，浙江民间文学集成办公室 1989 年印

上虞县民间文学集成办公室编《中国民间文学集成·上虞县故事歌谣谚语卷》，浙江民间文学集成办公室 1989 年印

程蔷主编《中国民间传说》，浙江教育出版社 1989 年版

姜彬主编《吴越民间信仰民俗》，上海文艺出版社 1992 年版

高丙中主编《民俗文化与民俗生活》，中国社会科学出版社 1994 年版

丁世良、赵放主编《中国地方志民俗资料汇编·华东卷》，书目文献出版社 1995 年版

乌丙安主编《中国民间信仰》，上海人民出版社 1995 年版

叶大兵主编《中国百戏史话》，浙江人民出版社 1995 年版

绍兴市地方志编纂委员会编《绍兴市志》，浙江人民出版社 1996 年版

张荷主编《吴越文化》，辽宁教育出版社 1998 年版

《周作人民俗学论集》，上海文艺出版社 1999 年版

董建成摄影，王维友撰文，《水乡夕拾》，浙江摄影出版社 2003 年版

顾志兴《浙江藏书史》，杭州出版社 2006 年版

董建成摄影，王锡荣、乔丽华选编，《鲁迅和他的绍兴》，上海文化出版社 2007 年版

陈勤建主编《中国民俗学》，华东师范大学出版社 2007 年版

裘士雄、吕山编注《越中竹枝词》，西泠印社 2008 年版

李永鑫主编《绍兴市非物质文化遗产读本》，西泠印社 2009 年版

高有鹏主编《庙会与中国文化》，人民出版社 2008 年版

吕大吉主编《宗教学通论》，中国社会科学出版社 2009 年版

王全吉、周航主编《浙江民俗故事》，浙江文艺出版社 2009 年版

孟文镛主编《越国史稿》，中国社会科学出版社 2010 年版

赵任飞主编《民国绍兴县志资料第一辑》，广陵书社 2011 年版

赵任飞主编《民国绍兴县志资料第二辑》，广陵书社 2011 年版

李永鑫主编《越地风情习俗》，西泠印社 2011 年版

李永鑫主编《越地童谣游戏》，西泠印社 2011 年版

李永鑫主编《越地民俗工艺》，西泠印社 2011 年版

赵任飞主编《古越藏书楼研究资料集》，广陵书社 2012 年版

李永鑫主编《绍兴通史》，浙江人民出版社 2012 年版

冯晓霞《浙东藏书史》，浙江工商大学出版社 2013 年版

邱志荣、陈鹏儿主编《浙东运河史》，中国文史出版社 2014 年版

浙江省历史学会、杭州历史学会、浙江安贤生命博物馆编《浙江民俗文化》，浙江大学出版社 2015 年版

袁瑾主编《地域民间信仰与乡民艺术》，中国社会科学出版社 2017 年版

鲁瑞佳主编《宁波民俗》，中国文史出版社 2018 年版

楼立伟主编《图说绍兴水城》，西泠印社 2018 年版

邱志荣、赵任飞主编《闸务全书三刻》，广陵书社 2018 年版

邱志荣主编《绍兴水利志》，中国水利水电出版社 2021 年版

屠剑虹主编《绍兴古城地名文化》，百花文艺出版社 2022 年版

后 记

　　自从接到编纂《浙东运河民俗风情》这一任务始，常常思考，该用什么样的方式把这些既古老又鲜活，既传统又富有生命力的民俗风情呈现给读者呢？这些说不完的习俗，写不尽的规矩又该如何取舍呢？

　　整整两年，日夜冥想，查阅资料，踏查浙东运河的每一段，亲身体验沿岸人家的生活与生产，寻访沿河每一处独特的风景……作为一个土生土长的本地人，对这些习俗既熟悉又亲切，而这样的习俗将由自己来呈现给读者又感到无比的自豪，即使坐了两年的冷板凳，也感觉非常值得。我试着想用今天的语言讲述过去，用通俗的方式解读习俗，让读者既喜欢又能从中学到点东西，所以数次转换写作风格，数易其稿，甚至还推倒重来，真正体会到了其中的不易。因本人才疏学浅，时间紧迫，许多民俗风情我只能诠释其中之一二，望读者谅解。

　　书中大部分照片为董建成先生提供，也有部分照片引自楼立伟先生主编的《图说绍兴水城》，在此表示衷心的感谢。写作过程中得到邱志荣、那艳、秦绍波、蔡彦等同人的全力支持与帮助，在此也一并表示谢意！

　　希望通过翻阅此书，能唤醒您内心深处的记忆，想起儿时拿到压岁钱的欢欣，一家人除夕守岁的温馨，正月初一穿新衣的快乐……我试着将这些古老的习俗变成有生命的乐章，甚至是游子回乡的脚步！

赵任飞

2023 年 8 月